本书系河南省哲学社会科学规划项目"智慧学习环境下高校论证式教学框架及效果研究"(2023CJY054)的阶段性研究成果

# 混合学习环境下高校课堂论证式教学研究

陈新亚 著

中国社会科学出版社

图书在版编目（CIP）数据

混合学习环境下高校课堂论证式教学研究／陈新亚著．—北京：中国社会科学出版社，2024.3
ISBN 978-7-5227-3176-6

Ⅰ.①混⋯　Ⅱ.①陈⋯　Ⅲ.①高等学校—课堂教学—教学研究　Ⅳ.①G642.421

中国国家版本馆 CIP 数据核字（2024）第 044021 号

出 版 人	赵剑英
责任编辑	党旺旺
责任校对	周　昊
责任印制	王　超

出　　版	中国社会科学出版社
社　　址	北京鼓楼西大街甲 158 号
邮　　编	100720
网　　址	http://www.csspw.cn
发 行 部	010-84083685
门 市 部	010-84029450
经　　销	新华书店及其他书店
印　　刷	北京明恒达印务有限公司
装　　订	廊坊市广阳区广增装订厂
版　　次	2024 年 3 月第 1 版
印　　次	2024 年 3 月第 1 次印刷
开　　本	710×1000　1/16
印　　张	21
字　　数	332 千字
定　　价	108.00 元

凡购买中国社会科学出版社图书，如有质量问题请与本社营销中心联系调换
电话：010-84083683
版权所有　侵权必究

目　　录

第一章　绪论 …………………………………………………………（1）
　第一节　研究背景 …………………………………………………（1）
　第二节　研究目的与问题 …………………………………………（9）
　第三节　研究意义 …………………………………………………（11）
　第四节　研究方法 …………………………………………………（12）
　第五节　核心概念界定 ……………………………………………（13）
　第六节　研究思路 …………………………………………………（16）
　第七节　本章小结 …………………………………………………（18）

第二章　文献综述 ……………………………………………………（19）
　第一节　论证式教学的学科基础与典型策略 ……………………（19）
　第二节　论证式教学实践的研究现状 ……………………………（38）
　第三节　论证式教学效果评价的研究现状 ………………………（81）
　第四节　本章小结 …………………………………………………（90）

第三章　混合学习环境下高校课堂论证式教学框架的构建
　　　　 及应用 ……………………………………………………（92）
　第一节　混合学习环境下高校课堂论证式教学框架构建的
　　　　　目的 ………………………………………………………（92）
　第二节　混合学习环境下高校课堂论证式教学框架构建的
　　　　　依据 ………………………………………………………（93）
　第三节　混合学习环境下高校课堂论证式教学框架的构建 ……（113）
　第四节　混合学习环境下高校课堂论证式教学框架的应用 ……（123）
　第五节　本章小结 …………………………………………………（128）

第四章　教师指定论题和正反方的线上线下同步论证式教学 ……（129）
  第一节　研究设计与实施 …………………………………（130）
  第二节　数据收集与分析 …………………………………（147）
  第三节　研究结果与发现 …………………………………（157）
  第四节　研究讨论与结论 …………………………………（180）
  第五节　本章小结 …………………………………………（185）

第五章　小组自选论题和正反方的线上可视化论证式教学 ………（187）
  第一节　研究设计与实施 …………………………………（188）
  第二节　数据收集与分析 …………………………………（204）
  第三节　研究结果与发现 …………………………………（213）
  第四节　研究讨论与结论 …………………………………（241）
  第五节　本章小结 …………………………………………（247）

第六章　个人自选论题和正反方的线上可视化论证式教学 ………（248）
  第一节　研究设计与实施 …………………………………（249）
  第二节　数据收集与分析 …………………………………（265）
  第三节　研究结果与发现 …………………………………（272）
  第四节　研究讨论与结论 …………………………………（293）
  第五节　本章小结 …………………………………………（297）

第七章　研究总结与展望 ……………………………………………（299）
  第一节　研究总结与结论 …………………………………（299）
  第二节　启示与建议 ………………………………………（305）
  第三节　创新点 ……………………………………………（314）
  第四节　不足与展望 ………………………………………（315）

参考文献 ………………………………………………………………（317）

后　记 …………………………………………………………………（333）

第一章

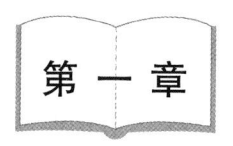

绪　　论

国内外很多高校已经开展了论证式教学实践并取得不错的效果，论证式教学在提升学生的批判性思维等综合能力方面具有重要价值。然而，高校在开展论证式教学过程中仍面临一些问题，如学生的参与人数受限、他们在论题和正反方选择方面缺乏自主性、学生经常表述缺乏证据支持的观点、论证结构清晰性有待提升等，这些问题会在一定程度上影响论证式教学的效果。为解决传统论证式教学中的这些问题，充分发挥论证式教学对学生学习体验和思维发展的积极作用，将互联网和可视化技术融入论证式教学是一个较好的选择。本章在深入分析研究背景的基础上，提出本书研究的目的与问题，指出研究的意义，并进一步明确研究所使用的方法，界定研究中的核心概念，最后详细阐述论文的研究思路。

第一节　研究背景

一　高校开展论证式教学的必要性

提升学生的批判性思维是全球高等教育的目标之一[1]。很多国家或组织从宏观层面颁布了系列政策支持学生批判性思维的发展。联合国教科文组织将批判性思维归为"21世纪人才必备软技能"[2]。美国21世纪学

---

[1] Robert H. Ennis, "Critical Thinking: A Streamlined Conception", Teaching Philosophy, Vol. 14, 1991.

[2] UNESCO, "Soft Power for the 21st Century" (November 1, 2016), http://www.unesco.org/new/en/media-services/single-view/news/soft_power_for_the_21st_century/.

习联盟指出，21世纪的学生要具备"4C"能力，"4C"能力包括批判思维与问题解决能力（Critical thinking and problem solving）、交流沟通能力（Communication）、创新能力（Creativity and innovation）以及合作能力（Collaboration）①。中国在《国家中长期教育改革和发展规划纲要（2010—2020年）》中提出，"高校必须将培养和提高学生的批判性思维作为自己生存和发展的重要教学目标之一"②。《关于一流本科课程建设的实施意见》中将培养学生的高级思维、大胆质疑的精神和能力作为提升课程高阶性的重要体现③。《中国教育现代化2035》将批判性思维列为创新型人才必须具备的基本素质④。

很多实践研究的结果表明，学生批判性思维的培养不仅有利于他们创新和创造力的发展⑤，还能够提高他们的学业自我效能感、独立解决问题的能力、课堂参与度、学习兴趣以及分享并接纳其他人观点的能力⑥⑦。

尽管大学生意识到了批判性思维的重要性，认为批判性思维能够促进他们积极思考⑧⑨，但他们的批判性思维水平仍有待提升，很多大学生

---

① Battelle for Kids, "Partnership for 21st Century Learning" (2019), https：//www.battelleforkids.org/networks/p21/frameworks-resources.

② 教育部：《教育信息化十年发展规划（2011—2020年）》（2012），http：//www.moe.gov.cn/srcsite/A16/s3342/201203/t20120313_133322.html。

③ 教育部：《教育部关于一流本科课程建设的实施意见》（2019），http：//www.moe.gov.cn/srcsite/A08/s7056/201910/t20191031_406269.html。

④ 国务院：《中国教育现代化2035》（2019），http：//www.moe.gov.cn/jyb_xwfb/s6052/moe_838/201902/t20190223_370857.html。

⑤ 张长海：《基于批判性思维和创造力的我国大学生信息素养教育模式研究》，《中国图书馆学报》2016年第42期。

⑥ Aeran Choi, Elsun Seung, DaEun Kim, "Science Teachers' Views of Argument in Scientific Inquiry and Argument-Based Science Instruction", Research in Science Education, Vol. 8, 2019.

⑦ 卢忠耀、陈建文：《大学生批判性思维倾向与学习投入：成就目标定向、学业自我效能的中介作用》，《高等教育研究》2017年第38期。

⑧ Malikhatul Lailiyah, Prilla Lukis Wediyantoro, "Critical Thinking in Second Language Learning：Students'Attitudes and Beliefs", Ijole-International Journal of Language Education, Vol. 5, No. 3, 2021.

⑨ Aroosa Zia, Umar Farooq Dar, "Critical Thinking：Perception and Disposition of Students in a Medical College of Pakistan", Journal of the Pakistan Medical Association, Vol. 69, No. 7, 2019.

不知道如何区分事实和观点,其论证能力仍需要增强①。对于我国大学生而言,思维沉默、思维妥协、思维顺同等问题还比较常见②。大学生在课堂讨论中表现较为保守,他们在锻炼批判性思维的相关活动中参与度不高,师生互动明显不足。高校课堂中传统的教学方式是导致上述问题的关键因素,在传统教学中,教师主导课堂并给学生讲授知识,学生被动接受老师的讲解,绝大多数学生只是具备记忆和理解能力,而他们的分析问题、解决问题、判断问题以及评价问题等高阶思维方面的综合能力还有待提升。由此可见,课堂教学是促使学生批判性思维能力发展的重要环节。

  课堂中已经采用了多种方式提升学生的批判性思维,如苏格拉底式对话法、论证式教学、基于问题的学习以及小组合作学习③④⑤。论证式教学属于其中的一种重要方式。

  论证式教学是指教师将论证活动引入课堂,让学生经历类似科学家的评价资料、提出主张、为主张进行辩驳等过程,从而培养学生科学的思维方式⑥。在论证式教学中,学生需要提出自己的主张并使用证据来支持这些主张,如果找不到合理的证据,他们就要思考原因以及如何改变这些主张。由此可见,论证式教学的目的不是仅仅向学生灌输一系列已知现象,而是鼓励他们批判性地思考,基于证据解释自己的主张和想法,并承担调查、质疑和辩论等多重角色,这个过程能够锻炼学生的批判性

---

① Richard Arum and Josipa Roksa, *Academically Adrift: Limited Learning on College Campuses*, Chicago: University of Chicago Press, 2011, p. 154.

② 叶映华、尹艳梅:《大学生批判性思维的认知特点及培养策略探析——基于小组合作探究的实证研究》,《教育发展研究》2019年第39期。

③ Dennis Fung, Christine Howe, "Group Work and the Learning of Critical Thinking in the Hong Kong Secondary Liberal Studies Curriculum", *Cambridge Journal of Education*, Vol. 44, No. 2, 2014.

④ Bagus Shandy Narmaditya, Dwi Wulandari, Siti Rosnita Sakarji, "Does Problem-Based Learning Improve Critical Thinking Skill?" *Jurnal Cakrawala Pendidikan*, Vol. 37, No. 3, 2018.

⑤ Alfonso Rodriguez-Dono, Antoni Hernández-Fernández, "Fostering Sustainability and Critical Thinking through Debate-A Case Study", *Sustainability*, Vol. 13, No. 11, 2021.

⑥ 何嘉媛、刘恩山:《论证式教学策略的发展及其在理科教学中的作用》,《生物学通报》2012年第47期。

思维技能[1]。心理学家也认为，在论证过程中，由于学生要在合理的支持和反驳中产生高质量的答案，这就涉及他们高层次的思维技能，论证有助于培养学生的批判性思维技能[2]。

很多实践研究的结果表明，论证式教学能够有效提升大学生的批判性思维技能[3]。此外，除了批判性思维技能之外，论证式教学对于学生的专业知识[4]、论证技能[5]、知识获取效率、演讲技巧、反驳能力[6]也有积极影响。

国内外已经对论证式教学开展了很多探究，国外论证式教学研究主要集中在探究论证与知识间的关系、论证质量的评价标准、影响论证式教学的相关因素以及开展论证式教学所用的素材等方面[7]。我国的论证式教学研究大多通过对国外研究现状文献的综合分析，以此提出相应的论证式教学策略，缺乏论证式教学实证性的研究成果[8]，论证式教学设计方面的研究也不多[9]。

---

[1] 武宏志：《论批判性思维的核心元素：论证技能》，《延安大学学报》（社会科学版）2016年第38期。

[2] Pilar Jiménez-Aleixandre, Anxela Bugallo Rodríguez, Richard A Duschl. "Doing the Lesson or Doing Science: Argument in High School Genetics", *Science Education*, Vol. 84, No. 6, 2000.

[3] Rabia Latif, Sadaf Mumtaz, Rafia Mumtaz, Aamir Hussain, "A Comparison of Debate and Role Play in Enhancing Critical Thinking and Communication Skills of Medical Students During Problem Based Learning", *Biochemistry and Molecular Biology Education*, Vol. 46, No. 4, 2018.

[4] Kuan-Hue Yeh, Hsiao-Ching She, "On-line Synchronous Scientific Argumentation Learning: Nurturing Students' Argumentation Ability and Conceptual Change in Science Context", *Computers & Education*, Vol. 55, 2010.

[5] Laura Hemberger, Deanna Kuhn, Flora Matos, Yuchen Shi, "A Dialogic Path to Evidence-Based Argumentive Writing", *Journal of the Learning Sciences*, Vol. 26, 2017.

[6] Ya-Ching Fan, Tzu-Hua Wang, Kuo-Hua Wang, "Studying the Effectiveness of an Online Argumentation Model for Improving Undergraduate Students' Argumentation Ability", *Journal of Computer Assisted Learning*, Vol. 36, No. 4, 2020.

[7] 任艳红、李广洲：《图尔敏论证模型在科学教育中的研究进展》，《外国中小学教育》2012年第9期。

[8] 魏亚玲：《基于图尔敏论证模型的高中化学课堂教学分析》，硕士学位论文，南京师范大学，2014年，第39页。

[9] 于璐：《基于论证式教学的高中物理教学设计研究》，硕士学位论文，曲阜师范大学，2021年，第102页。

二 高校传统论证式教学存在的问题

国内外很多高校在传统环境下开展了论证式教学的实践活动并取得不错效果,论证式教学能够有效提升大学生的沟通社交能力、学习成绩、论证技能以及批判性思维技能[1]。在传统教学环境中,学生基于激烈的论证氛围,通过不断地和他人争论达到解决问题的目的,学生在解决问题过程中也会有多方面的收获。

鉴于时间和空间等因素的限制,传统教学环境会给论证式教学的过程和效果评价带来一些问题。学生缺乏平等的参与机会以及充足的参与时间、不好意思直接反驳他人[2]是传统论证式教学过程中比较常见的问题,这些问题会在一定程度上影响学生参与论证的主动性和积极性[3],导致学生多表现为被动学习。学生不能充分体验论证以及论证内容无法留痕会影响论证式教学效果评价的全面性和客观性。

学生缺乏平等的参与机会既包含学生缺乏参与提出论题的机会,也包含学生缺乏参与论证过程的机会。一方面,教师指定论题虽然能够确保论题的科学可辩性以及与课程内容的相关性,但学生对老师指定的论题可能会缺乏兴趣,导致他们参与论证的积极主动性不高[4]。另一方面,受限于大班教学和课堂时间,每次论证中只有少部分人可以参与,而其余的人只能作为观众,这些观众没有机会在论证中发表自己的想法[5],也难以通过论证建构知识或通过交流讨论提升论证等技能。

学生缺乏充足的参与时间会导致他们难以深入思考其他论证者的发

---

[1] Kristi Kaeppel, "The Influence of Collaborative Argument Mapping on College Students' Critical Thinking About Contentious Arguments", *Thinking Skills and Creativity*, Vol. 40, 2021.

[2] Ming Ming Chiu, Yu Won Oh, Ioana A Cionea, "Serving the Greater Social Good for Personal Gain: Effects of Polite Disagreements in Online Debates", *Communication Research*, Vol. 3, 2021.

[3] Anton E. Lawson, "Sound and Faulty Arguments Generated by Preservice Biology Teachers When Testing Hypotheses Involving Unobservable Entities", *Journal of Research in Science Teaching*, Vol. 39, No. 3, 2002.

[4] Angela Petit, "Already Experts: Showing Students How Much they Know About Writing and Reading Arguments", *Journal of Adolescent & Adult Literacy*, Vol. 45, No. 8, 2002.

[5] 刘星、杨斌:《辩论与讲座对非全日制研究生情绪影响的研究》,《研究生教育研究》2022年第1期。

言内容，进而不能有效地回应其他论证者，最终影响学生间交互的质量。在传统的课堂环境中，一次面对面论证的时间是比较固定的，比如一节课或几节课，这就要求学生快速消化和吸收对方的发言内容并给予回应，学生在短暂的时间内很难完成这些任务[1]。无法提供与自己主张相关的证据[2]、论证中存在错误概念等是传统环境下论证式教学中常见的问题，这些问题导致学生很难通过多次发言锻炼其批判性思维技能。鉴于传统环境下学生的发言次数和论证内容等难以被精确记录，这也给探讨学生的发言次数与其批判性思维技能之间的关系带来障碍。

有些学生由于"碍于面子""私人关系"等社会情感因素[3]，不好意思和其他学生当面产生激烈的争执和"冲突"，导致学生在论证中很少出现反驳的行为[4]。即使有些学生能够反驳对方，他们的反驳也缺乏足够的证据支持[5]。由此可见，在论证过程中，学生"没有观点"或"简单附和"的问题仍比较严重，学生之间彼此支持、尽快达成一致观点的"和谐"场面在传统论证式教学中也比较常见。

学生缺乏平等参与论证的机会以及论证内容无法留痕会影响论证式教学效果评价的全面性和客观性。论证有助于学生学习专业知识和论证的知识、锻炼其论证和批判性思维技能以及智力能力[6]。论证的知识可用来区别和辨别论证，关注论证"是什么"和"怎么样"，这需要学生充分体验论证后才能够回答。但传统环境下由于每次论证的参与人数有限，学生对于论证"是什么"和"怎么样"的问题感受不深。此外，在论证

---

[1] Saad A Khan, Hanan Omar, Muneer Gohar Babar, Chooi G Toh, "Utilization of as an Educational Tool to Learn Health Economics for Dental Students in Malaysia", *Journal of Dental Education*, Vol. 45, No. 8, 2012.

[2] 任艳红、李广洲：《图尔敏论证模型在科学教育中的研究进展》，《外国中小学教育》2012 年第 9 期。

[3] 罗秀玲、黄甫全：《应用信息技术促进科学论证教学》，《电化教育研究》2014 年第 35 期。

[4] Amanda Crowell, Deanna Kuhn, "Developing Dialogic Argumentation Skills: A Three-year Intervention Study", *Journal of Cognition and Development*, Vol. 15, No. 2, 2014.

[5] Jens Breivik, "Argumentative Patterns in Students' Online Discussions in an Introductory Philosophy Course", *Nordic Journal of Digital Literacy*, Vol. 15, No. 1, 2020.

[6] Christa S C Asterhan, Baruch B Schwarz, "Argumentation for Learning: Well-Trodden Paths and Unexplored Territories", *Educational Psychologist*, Vol. 51, No. 2, 2016.

式教学中，虽然有研究关注学生的专业知识[1]、批判性思维技能[2]、论证技能[3]的评价，但评价方式都是问卷调查法，学生在填写问卷的时候具有一定的主观性。如果能够对学生留痕的内容等进行评价，评价结果的客观性则相对较高。但在传统环境下，学生的论证内容等稍纵即逝并不能被记录和留痕。

三 技术支持下高校论证式教学的优势

教育部在《关于加快建设高水平本科教育全面提高人才培养能力的意见》中指出，要推进现代信息技术与教育教学深度融合，重塑教育教学形态，以现代信息技术推动高等教育质量提升的"变轨超车"[4]。因此，利用技术优势解决传统论证式教学中存在的问题是当下的重要任务，其中，互联网和可视化技术是支持论证式教学活动高质量开展的有效工具[5]。

技术支持的线上环境能够给学生提供平等的参与机会以及自由的参与时间[6]、学生可以以匿名方式参与论证[7]、异步可视化的方式能够帮助

---

[1] Neil Mercer, Lyn Dawes, Rupert Wegerif, Claire Sams, "Reasoning as a Scientist: Ways of Helping Children to Use Language to Learn Science", *British Educational Research Journal*, Vol. 30, No. 3, 2004.

[2] D Wulandari, S Liliasari, T Widhiyanti, "The Effect of Argument-Driven Inquiry on Chemistry Reaction-Rates to Enhance Pre-service Chemistry Teachers Critical Thinking Skills", *Journal of Physics: Conference Series*, Vol. 5, 2021.

[3] Nonik Indrawatiningsih, Purwanto Purwanto, Abdur Rahman Asari, Cholis Sa'dijah, "Argument Mapping to Improve Student's Mathematical Argumentation Skills", *TEM Journal*, Vol. 6, 2020. 国务院：《中国教育现代化 2035》（2019）。

[4] 教育部：《教育部关于加快建设高水平本科教育全面提高人才培养能力的意见》，(2018), http://www.moe.gov.cn/srcsite/A08/s7056/201810/t20181017_351887.html. 2018。

[5] Weillie Lee, Chi-Hua Chiang, I-Chen Liao, Mei-Li Lee, Shiah-Lian Chen, Tienli Liang, "The Longitudinal Effect of Concept Map Teaching on Critical Thinking of Nursing Students", *Nurse Education Today*, Vol. 33, 2013.

[6] Laura Hemberger, Deanna Kuhn, Flora Matos, Yuchen Shi, "A Dialogic Path to Evidence-Based Argumentive Writing", *Journal of the Learning Sciences*, Vol. 26, 2017.

[7] Maryam Eftekhari, Elaheh Sotoudehnama, S. Susan Marandi, "Computer-aided Argument Mapping in an EFL Setting: Does Technology Precede Traditional Paper and Pencil Approach in Developing Critical Thinking?", *Educational Technology Research and Development*, Vol. 64, No. 2, 2016.

学生梳理论证结构①、学生的论证内容也易于留痕和保留②，这些为解决高校传统论证式教学中的问题提供了新思路，促使学生主动地参与论证过程，并在过程中积极建构知识或在和他人的交互中提升多方面技能。

一些在线平台、异步交流工具等为所有学生提供了平等的参与机会和灵活的参与时间，所有学生都可以借助这些平台或者异步交流工具参与论题的提出或者参与论证过程，充分发挥他们的积极主动性。学生也可以按照自己的时间随时随地发表自己的想法③，灵活的参与时间能够激发学生产生比传统课堂上更有思想和理性的对话④，促使其高质量地开展知识建构。这些在线平台、异步交流工具等还能够让学生以匿名的方式参与论证，减少他们彼此反驳时的尴尬感，给学生创造轻松自由的反驳环境，而自由的环境促使学生更主动地参与论证，这也是线上环境相比于传统面对面环境在提升学生批判性思维方面的优势⑤。

一些可共建、共编辑的在线可视化工具不仅能够增加学生论证过程的清晰性，也便于学生之间异步协作完成论证，进而提升学生间交互和论证的质量。对于可视化论证而言，其经常采用大量的图形、线段、箭头等可视化元素清晰地反映观点与论据之间的相互联系，帮助学生系统化和概念化地呈现论据⑥。此外，在线环境下的可视化论证允许学生随时编辑、修改和删除，这为多个学生之间开展协作论证提供了便捷条件。最后，基于在线可视化工具的论证也能够帮助教师精准定位学生的弱点

---

① Sönmez Elif, Akkas Büsra Nur Çakan, Memis Esra Kabatas, "Computer-aided Argument Mapping for Improving Critical Thinking: Think Better! Discuss Better!" Write better! *International Journal of Contemporary Educational Research*, Vol. 7, No. 2, 2020.

② Chun-Yen Tsai, Chih-Neng Lin, Wen-Ling Shih, Pai-Lu Wu, "The Effect of Online Argumentation Upon Students' Pseudoscientific Beliefs", *Computers & Education*, Vol. 80, 2015.

③ Amanda Crowell, Deanna Kuhn, "Developing Dialogic Argumentation Skills: A Three-year Intervention Study", *Journal of Cognition and Development*, Vol. 15, No. 3, 2014.

④ Susan Ko and Steve Rossen. *Teaching Online: A Practical Guide*, 2nd Edition. New York, 2008, p. 172.

⑤ Paula San Millan Maurino, "Looking for Critical Thinking in Online Threaded Discussions", *Journal of Educational Technology Systems*, Vol. 35, No. 3, 2006.

⑥ 杜爱慧：《论证式教学：一种有效的探究教学模式》，《教育导刊》2011年第9期。

所在①。

技术支持的在线平台为所有学生参与和体验论证提供了条件，多次的参与能够加深学生对于论证"是什么"以及"怎么样"的感受，进而增加学生关于论证的知识。同时，在技术的支持下，学生在论证过程中产生的所有论证内容和发言次数等信息都能够被记录，这些留痕的内容不仅有助于学生在论证结束后对论证进行反思，基于这些留痕内容的分析还能够提高教学效果评价的客观性，帮助人们客观地评价学生的专业知识水平、论证技能以及批判性思维技能等②，科学地探究学生的发言次数与其批判性思维技能的关系。

第二节 研究目的与问题

高校在传统环境下所开展的论证式教学存在学生的参与人数和思考时间受限、学生鲜有机会自选论题和正反方、论证的结构不清晰、论证的过程和内容无法留痕等难题，技术的应用为解决上述问题提供了新思路。本研究在对论证以及论证式教学相关文献梳理的基础上，尝试构建"混合学习环境下高校课堂论证式教学框架"，用以指导混合学习环境下高校课堂论证式教学实践和研究的开展。基于该框架，研究在高校的混合学习环境下设计三种不同形式的论证式教学，并探究学生在经历过论证式教学后，其批判性思维技能、论证技能、专业知识水平的变化情况以及学生对于论证式教学的态度。本书的核心研究问题为：如何在混合学习环境下利用不同技术设计有利于大学生批判性思维技能、论证技能以及专业知识水平提升的论证式教学？考虑到已有研究发现论题和站方的确定方式（教师或学生确定）会对论证式教学效果产生影响，本研究拟在混合学习环境下利用不同技术开展以下三个子研究，每个子研究的核心问题如下。

---

① Chrysi Rapanta, Douglas Walton, "The Use of Argument Maps as an Assessment Tool in Higher Education", *International Journal of Educational Research*, Vol. 79, 2016.

② Christa S. C. Asterhan, Baruch B. Schwarz. Argumentation for Learning: Well-Trodden Paths and Unexplored Territories. *Educational Psychologist*, Vol. 51, No. 2, 2016.

研究一：教师指定论题和正反方的线上线下同步论证式教学研究

（1）教师指定论题和正反方的线上线下同步论证式教学设计包括哪些关键步骤和内容？

（2）教师指定论题和正反方的线上线下同步论证式教学实施后，学生的批判性思维技能有何变化？学生的发言次数和批判性思维技能关系如何？

（3）教师指定论题和正反方的线上线下同步论证式教学是否有助于学生论证技能和专业知识水平的提升？

（4）学生对于教师指定论题和正反方的线上线下同步论证式教学有怎样的态度？

研究二：小组自选论题和正反方的线上可视化论证式教学研究

（1）小组自选论题和正反方的线上可视化论证式教学设计包括哪些关键步骤和内容？

（2）小组自选论题和正反方的线上可视化论证式教学实施后，学生的批判性思维技能有何变化？学生的发言次数和批判性思维技能关系如何？

（3）小组自选论题和正反方的线上可视化论证式教学是否有助于学生论证技能和专业知识水平的提升？

（4）学生对于小组自选论题和正反方的线上可视化论证式教学有怎样的态度？

研究三：个人自选论题和正反方的线上可视化论证式教学研究

（1）个人自选论题和正反方的线上可视化论证式教学设计包括哪些关键步骤和内容？

（2）个人自选论题和正反方的线上可视化论证式教学实施后，学生的批判性思维技能有何变化？学生的发言次数和批判性思维技能关系如何？

（3）个人自选论题和正反方的线上可视化论证式教学是否有助于学生论证技能和专业知识水平的提升？

（4）学生对于个人自选论题和正反方的线上可视化论证式教学有怎样的态度？

第三节 研究意义

本书旨在借助混合学习环境的优势让学生全员参与论证、发挥学生在论题和正反方选择的自主性、提高论证结构的清晰等,进而促使论证式教学更好地发挥其教学效果。

一 理论意义

首先,本书基于论证和论证式教学的相关研究构建"混合学习环境下高校课堂论证式教学框架",该框架不仅能够指导混合学习环境下高校课堂论证式教学的步骤和内容,也为其教学效果的评价提供了理论支撑。其次,基于"混合学习环境下高校课堂论证式教学框架",本书在混合学习环境下开展了三种不同形式的论证式教学研究,这为混合学习环境下论证式教学的相关研究提供了理论框架的参考。最后,基于三次研究的发现和反思,总结混合学习环境下高校课堂论证式教学的设计与实施要点,这为中国高校开展混合学习环境下的教学改革提供理论层面的参考。

二 实践意义

本书的实践意义在于通过探索混合学习环境下中国高校课堂论证式教学的基本步骤和内容,让学生平等参与到论证式教学活动中,充分发挥其主体性和自主性,促使学生在学习过程中更多地进行建构学习和交互学习。学生能够在论题选择、正反方选择、参与时间等方面拥有更大自主性,同时他们还能够通过可视化的方式让论证结构和过程更为清晰,此外,研究也为教师在混合学习环境下开展论证式教学实践提供依据,鼓励教师不断优化混合学习环境下论证式教学的设计,促使课堂氛围从单向、统一化、缺乏交流向多向、互动化、充满交流转变。同时,对相关技术工具的应用与完善也可为其他高校教育者提供技术使用方面的借鉴。

第四节 研究方法

为了帮助研究者深入了解混合学习环境下三种不同形式论证式教学的效果,达到优化论证式教学的目的,本书采用内容分析法和访谈法两种研究方法。

一 内容分析法

内容分析法是对研究内容进行客观、系统和定量描述的研究方法[1]。内容分析法的实施通常包含以下几个步骤:研究者首先依据研究问题界定研究,梳理出研究样本。然后界定研究的分析单元,确定研究所使用的编码体系,依据编码体系把文字、非量化的信息等内容转化为定量数据。最后对定量数据进行分析,并得出科学的结论[2]。由此可见,内容分析法的优点在于它能够更深刻、精确、全面地反映内容本质,从而得到从一般定性分析中难以发现的规律。

在本书中,每个子研究都根据具体研究的需要,基于不同的数据分析方法(主要包括主题分析、滞后序列分析),对收集到的学生论证内容数据、反思数据等进行相应的内容分析。

二 访谈法

访谈法指研究者通过与受访人面对面交谈了解其心理和行为的心理学研究方法。从形式上看,访谈又分为正式和非正式访谈、集体和个体访谈、结构化、半结构化和无结构化访谈[3]。半结构化访谈是依据一个大致的访谈提纲对受访者进行的非正式访谈。半结构化访谈对所要询问的问题等有基本要求。在本书中,为了了解学生对于论证式教学的感受,在学生每次经历完论证式教学活动后,研究者都会从每个小组中随机抽取若干名学生作为受访者,依据访谈提纲对他们进行半结构化访谈。

---

[1] 风笑天:《社会性研究方法》,中国人民大学出版社2009年版,第108页。
[2] 李克东:《教育技术学研究方法》,北京师范大学出版社2002年版,第207页。
[3] 杨善华、孙飞宇:《作为意义探究的深度访谈》,《社会学研究》2005年第5期。

第五节 核心概念界定

本书中需要进行操作性界定的核心概念主要包括混合学习环境、论证、论证式教学、可视化论证以及批判性思维技能五个概念。

一 混合学习环境

混合学习环境是一种将面授教学与技术中介的教学相互结合而形成的学习环境，它是支持课堂与在线学习相结合的学习方式中所有要素的集合，其中课堂和在线学习活动被视为混合学习环境的核心要素[1]。混合学习环境强调在线学习环境与课堂教学环境的融合，结合线上学习和实体教学的优势，为学生打造一个适应知识构建的场域[2]。因此，混合学习环境的塑造需要充分发挥线上线下各自的优势，找出介于在线学习中取得知识和面对面交互取得知识的平衡点[3]。混合学习环境中营造良好的社交环境能够促进师生、生生之间的交互，创造良好的学习氛围，这种良好的学习氛围能够提高学习者的学习期望值和学习满意度[4]。

在本研究中，混合学习环境指的是课堂的线下活动和在线学习活动结合的教学环境。课堂的线下活动主要包含教师讲授相关知识、给学生分组、对学生的论证进行评价和指导以及学生展示论证等。在线学习活动主要包含学生异步提出论题、协同准备论证、讨论正反方的选择以及参与论证活动等。

二 论证

论证的英文单词是 argument 或 argumentation。Argument 是一种狭义的

---

[1] 卢丹：《批判性思维导向的混合学习环境设计与应用研究——以大学实用英语写作课为例》，博士学位论文，东北师范大学，2018 年，第 29 页。

[2] 吴南中：《混合学习视域下的教学设计框架重构——兼论教育大数据对教学设计的支持作用》，《中国电化教育》2016 年第 5 期。

[3] Osguthorpe Russell T., Graham Charles R., "Blended Learning Environments: Definitions and Directions", *Quarterly Review of Distance Education*, Vol. 4, No. 3, 2003.

[4] Jen-Her Wu, Robert D. Tennyson, Tzyh-Lih Hsia, "A Study of Student Satisfaction in a Blended E-Learning System Environment", *Computers & Education*, Vol. 55, No. 1, 2010.

论证，它是一个从论点出发寻找论据支持的过程，强调提出观点一定要有论据支撑。相比而言，argumentation 是一种广义论证，它是消除人们意见分歧的手段，人们通过提出至少一个命题来证明其立场并说服理性批判者接受其立场，由此可见，argumentation 需要考虑到可能的反驳①，故常常被称为"论辩"。在本书中，论证指的是 argumentation，即学生对于某个论题被分为正方或反方，正反方都要证明自己站方的观点并说服对方接受其立场。

基于论证对话特点又可以将论证分为争论性论证、协商性论证、协商一致的共同建构以及快速达成共识的论证四种类型②。其中，争论性论证是指一方不仅要说服对方改变自己的立场，还要捍卫自己的观点，其本质上是话语冲突，即一方不接受或质疑另一方的话语，并且制造出相反的话语。在本书中，论证对话指的是争论性论证，即学生不仅要维护己方的观点，还要对对方的观点进行反驳，双方基于多次的反驳对论证进行总结和归纳。

三 论证式教学

论证式教学是教师通过将论证活动引入课堂，让学生经历类似科学家的评价资料、提出主张、为主张进行辩驳等过程，从而培养学生科学的思维方式③。由此可见，对于论证式教学而言，其主要包含两个关键要素，一是论证式教学活动的组织，二是论证式教学效果的评价。论证活动的组织是论证式教学的关键，论证活动的组织也会给学生思维方式带来改变。在本书中，教师将论证活动引入高校课堂，让学生围绕论题分别从正反两个角度开展争论性论证，并基于此测评他们多方面的知识和能力。

---

① Anat Zohar, Flora Nemet, "Fostering Students' Knowledge and Argumentation Skills Through Dilemmas in Human Genetics", *Journal of Research in Science Teaching*, Vol. 39, No. 1, 2002.

② Christa S. C. Asterhan, Baruch B. Schwarz. Argumentation for Learning: Well-Trodden Paths and Unexplored Territories. *Educational Psychologist*, Vol. 51, No. 2, 2016.

③ 何嘉媛、刘恩山：《论证式教学策略的发展及其在理科教学中的作用》，《生物学通报》2012 年第 47 期。

四 可视化论证

可视化论证是指用可视化的方式传达论证信息以及在论证中做出明确的推论[1],通过对论证文本元素的空间排列来呈现概念之间的隐含关系[2]。论证文本元素的空间排列可以通过可视化表征工具实现,如概念图、思维导图、论证图等,这些工具能够增加论证过程的清晰性。

在本书中,可视化论证指利用论证图作为论证可视化的表征工具。论证图是利用长方形表示文本、箭头表示文本关系的可视化流程图,其中长方形用来突出命题,箭头用来突出命题之间的推理关系,同时也有一些文字,如 because、but 和 however 说明推理关系,because 表示支持,but 和 however 表示反对(见图 1.1)。

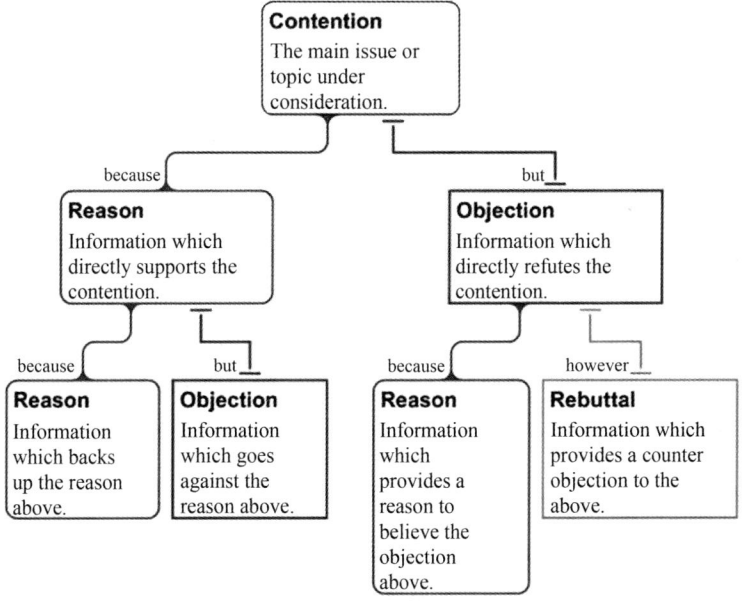

图 1.1 论证图示例

---

[1] Ioanna Vekiri, "What is the Value of Graphical Displays in Learning"? *Educational Psychology Review*, Vol. 14, No. 3, 2002.

[2] Daniel H. Robinson, Kenneth A. Kiewra, "Visual Argument: Graphic Organizers are Superior to Outlines in Improving Learning from Text", *Journal of Educational Psychology*, Vol. 87, No. 3, 1995.

五 批判性思维技能

批判性思维是指"一个人为了决定什么和相信什么而进行的思考"[1]。批判性思维包含批判性思维倾向和批判性思维技能两个类别[2]。批判性思维倾向是个体积极评判认知对象的一种心理状态,主要内容包含寻求真理性、思想开放性、分析性、系统性、自信性、好奇性以及成熟性七个维度[3]。批判性思维技能是个体在实践中所表现出来的积极评判认知对象的行为,该行为能够体现论证者对对象的阐释、分析、评价、推理以及解释[4]。

为了测量学生的批判性思维技能,本研究分别采用纽曼的批判性思维深度分析框架[5]和 Murphy 的批判性思维过程框架[6]测评学生的批判性思维深度和批判性思维行为。其中,纽曼的批判性思维深度分析框架内容主要包含以下十个维度:相关性、重要性、新颖性、拓展性、清晰性、合理性、观点的联系、批判性评论、实际应用和理解的广度。Murphy 的批判性思维过程框架将批判性思维分为五个过程,分别为辨识、理解、分析、评价以及创新。

第六节 研究思路

本书研究过程主要分为以下三个阶段(见图 1.2)。

(1) 文献研究与框架建构阶段:首先,通过文献调研明确高校开展

---

[1] Robert H. Ennis, "Critical Thinking: A Streamlined Conception", *Teaching Philosophy*, Vol. 14, 1991.

[2] 刘儒德:《论批判性思维的意义和内涵》,《高等师范教育研究》2000 年第 12 期。

[3] 彭美慈、汪国成、陈基乐、陈满辉、白洪海、李守国、李继平、蔡芸芳、王君俏、殷磊:《批判性思维能力测量表的信效度测试研究》,《中华护理杂志》2004 年第 9 期。

[4] Peter Facione. *The California Critical Thinking Skills Test: CCTST*. San Jose, CA: California Academic Press, 2002, pp. 156 – 163.

[5] David Newman, Brian Webb, Clive Cochrane, "A Content Analysis Method to Measure Critical Thinking in Face-to-face and Computer Supported Group Learning", *Interpersonal Computing & Technology*, Vol. 3, No. 2, 1995.

[6] Elizabeth Murphy, "An Instrument to Support Thinking Critically about Critical Thinking in Online Asynchronous Discussions", *Australasian Journal of Educational Technology*, Vol. 20, No. 3, 2004.

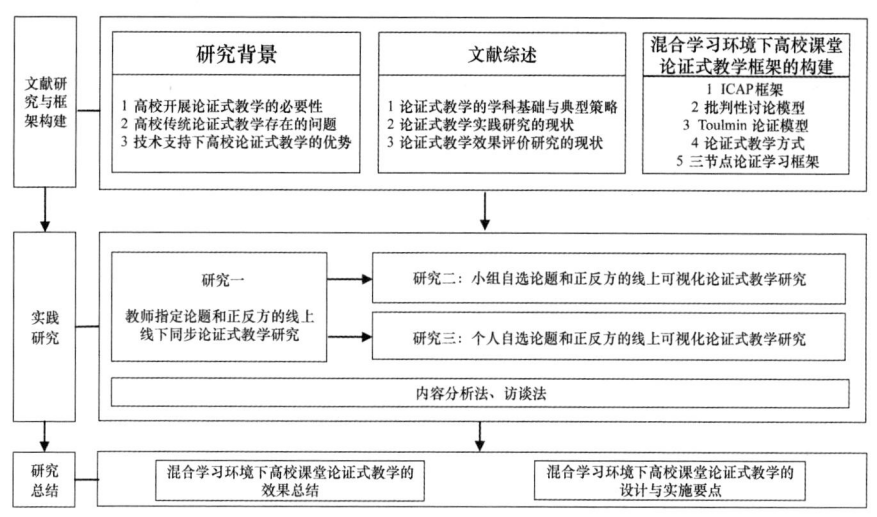

图 1.2　研究技术路线

论证式教学的必要性，梳理高校传统论证式教学中存在的问题以及技术支持下论证式教学的优势，进而确定研究目的与问题以及相关概念的操作性界定（对应第一章）。其次，通过文献调研梳理论证式教学的学科基础、典型策略、实践研究现状以及效果评价的研究现状，在借鉴已有做法的基础上明确本研究的创新之处（对应第二章）。最后，通过对论证及论证式教学相关文献的调研，基于ICAP框架、批判性讨论模型、Toulmin论证模型、论证式教学方式以及三节点论证学习框架，构建"混合学习环境下高校课堂论证式教学框架"，作为本章的研究框架和理论依据（对应第三章）。

（2）**实践研究阶段**：在高校混合学习环境下开展三种不同形式的论证式教学研究，其中，研究一旨在探究教师指定论题和正反方的线上线下同步论证式教学的关键步骤和内容，并通过分析学生的论证内容、反思内容以及半结构化访谈内容评价该教学方式的效果（对应第四章）；研究二旨在探究小组自选论题和正反方的线上可视化论证式教学的关键步骤和内容，并通过分析学生的论证内容、反思内容以及半结构化访谈内容评价该教学方式的效果（对应第五章）；研究三旨在探究个人自选论题和正反方的线上可视化论证式教学的关键步骤和内容，并通过分析学生的论证内容、反思内容以及半结构化访谈内容评价该教学方式的效果（对应第六章）；三个研究之间的逻辑关系如下：研究一为混合学习环境下基础论证式教学的应用实践，其得到的研究发现与实践反思可为研究二和研究三中论证式教学每个步骤的内容设计提供适当的优化调整思路。

（3）研究总结阶段：根据实践研究的发现，总结混合学习环境下高校课堂论证式教学的效果，提出混合学习环境下高校课堂论证式教学的设计与实施要点，以此为高校在线上线下结合环境下开展论证式教学提供一定的理论指导和实践参考（对应第七章）。

第七节　本章小结

本章首先分析了高校教学中开展论证式教学的必要性。其次，总结出高校传统论证式教学中存在的问题以及技术支持下高校论证式教学的优势，由此提出了本书的研究目的与问题，并简要介绍了主要的研究方法，以及对核心概念进行了操作性界定。最后，阐述了本书的研究思路，对本书的整体结构进行了说明。

第二章

文献综述

研究混合学习环境下高校课堂论证式教学,不仅需要从理论层面了解论证式教学的学科基础以及教学策略,还需要从实践层面了解已有的研究中论证式教学如何开展以及如何评价其应用效果。本章首先从理论层面梳理论证式教学的学科基础以及典型策略,然后从实践层面梳理论证式教学的开展过程以及教学效果的评价。

第一节 论证式教学的学科基础与典型策略

在论证式教学中,学生不仅要维护自己/己方的观点,还要反驳他人/反方的观点,反驳他人的观点意味着要和他人产生互动,学生也是在和他人的互动中凸显自身的主体性地位。因此,互动和主体性属于论证式教学的关键词,心理学和教育学的一些理论和理念分别为学生在论证中开展高效互动、凸显自身的主体性提供了学科基础。此外,由于学生缺乏论证经验等,导致他们较难参与到论证中,通过采取一些策略不仅能够提高学生参与论证的积极性,还能够促使他们在论证中产生高质量的发言。

一 论证式教学的学科基础

(一)心理学基础

作为论证式教学的关键词之一,互动意味着学生彼此之间要开展论证,他们在互动中深化对事物本质的理解以及提升自身综合能力。在以小组为单位的论证式教学中,其互动类型既包含同一站方内组员的互动,也包含不同站方间人们的互动。认知冲突为促使不同站方间人们的互动提供了理论依据,社会互赖理论为同一站方的组内组员互动以及不同站方间人们互动的开展提供了理论指导。

1. 认知冲突

认知冲突是一种心理学的认知状态,指学生原有认知结构不能够同化对新知识的理解或新现象的解释,进而产生的与所学新知识之间无法包容的矛盾①。认知冲突包含主体内认知冲突和主体间认知冲突两类。主体内认知冲突是个体图式形成、修正和发展的认知冲突过程②。主体间的经验知识差异、文化差异以及认知方式差异等是造成主体间认知冲突的主要原因③。外部环境刺激是认知冲突产生的基础④。

认知冲突能够有效地调动学习者的认知内驱力,因为学习者产生的认知冲突给他们自身认知心理带来不平衡,进而激发他们的求知欲,鼓励他们开展认知结构的同化和顺应,并最终促进自身知识的建构⑤,这也是提升学生思维技能的重要手段和途径⑥。

总结而言,认知冲突解释了论证中不同站方间产生冲突的原因,这些原因也能够让学生之间产生互动。在论证式教学中,正反方的形式有助于学生之间产生认知冲突,让一方建立的认知结构与对方的观点之间产生矛盾,进而鼓励双方针对观点不断地开展基于论据的支持或反驳,这也代表了学生知识同化和顺应的过程。学生在此过程中不仅深层次建构了知识,也能够提升自身的思维水平。

2. 社会互赖理论

社会互赖理论产生于 20 世纪初期,它是指在特定的社会情境中,人们自身的互动方式由其目标结构决定,互动方式能够在很大程度上决定

---

① 袁维新:《认知建构论》,中国矿业大学出版社 2002 年版,第 176 页。
② 皮亚杰·王宪钿译:《发生认识论原理》,商务印书馆 2014 年版,第 68 页。
③ 李海峰、王炜:《经验认知冲突探究法——一种翻转课堂模式下的深度协作知识建构学习策略探索》,《电化教育研究》2020 年第 1 期。
④ 皮亚杰·王宪钿译:《发生认识论原理》,商务印书馆 2014 年版,第 68 页。
⑤ 马宁、李亚蒙、何俊杰:《群体知识建构视角下教师混合式研训的组内交互及知识建构层次分析》,《现代教育技术》2019 年第 4 期。
⑥ 田成良:《引发认知冲突,发展科学思维》,《物理教师》2018 年第 5 期。

该情境的结果①。对于互赖类型而言,基于群体的关系可以分为积极互赖、消极互赖和无互赖三种类型。积极互赖指成员的目标一致或互补,彼此之间积极合作实现目标。消极互赖指成员的目标存在利益冲突,个体目标的实现需要以击败其他成员为前提,成员之间存在相互竞争的关系。无互赖指成员间基本无互动,个体之间相互独立,成员目标的实现对其他成员没有影响。

不同类型的互赖能够让人们产生不同的心理过程和结果。积极互赖给人们带来的心理过程具有诱导性、可替代和积极投入的特点,其结果通常也是积极的。相比之下,消极互赖给人们带来的心理过程具有阻抗性、不可替代和消极投入的特点。消极互赖和无互赖通常会带来消极的结果。

鉴于积极互赖能够对学生产生积极的影响,在组织小组合作活动时,教师要采取措施促使学生之间产生积极互赖。具体而言,教师可以从结果互赖、方法互赖和边界互赖三个方面进行设计。结果互赖是指通过设置共同的目标或奖励促使成员之间积极互赖,鼓励成员朝着共同的目标或奖励前进。方法互赖既可以表现为划分任务片段,让每个组员承担任务的不同部分,也可以表现为鼓励成员学习不同的材料,然后再共同学习材料。基于边界互赖,教师可以特征相似的学生划分为许多小团体,小团体成员之间由于相似性会促使积极互赖的产生②。

综上所述,社会互赖理论能够反映论证式教学中参与者的互动类型。同一站方的人员之间是积极互赖,他们有共同的一致性目标,组员之间彼此积极合作"抵抗"对方的批判性"攻击",同时也能够对对方发起批判性的"攻击"。不同站方的人员之间是消极互赖,他们之间具有竞争关系,其目标的实现需要以战胜对方为前提,这样才能够在论证中"获胜"。

(二)教育学基础

作为论证式教学的关键词之一,主体性代表了学生在论证式教学过

---

① David W. Johnson, Roger T. Johnson, *Cooperative Learning and Social Interdependence Theory*. In Bandura A, et al (Eds.). Social Psychological Applications To Social Issues, Verlag: Springer. 1998, p. 214.

② 郑淑贞、盛群力:《社会互赖理论对合作学习设计的启示》,《教育学报》2016年第6期。

程中充分发挥自身的积极主动性参与到论证活动中。主体性教育理论和首要学习原理为人们了解主体性教育的内涵以及如何发挥学生的主体性提供了理论指导。

1. 主体性教育理论

主体性教育理论产生于20世纪80年代,它是主体性理念应用于教育领域的产物。主体性理念主要表现为发挥人自主性、能动性以及创造性三个方面。自主性是指人们能够独立自主地支配自己的思想和行为,主要包括人的自强、自我评价、自我调控能力等。能动性指的是人们积极主动地适应或顺应外部世界,包括人的强烈的兴趣、积极参与的态度、较高的求知欲以及较强的社会适应性。创造性指的是人们能够改变或颠覆性的超越现实。它主要包括人具有强烈的创新意识、创造思维能力以及动手实践能力①。

主体性教育理论强调学生要发挥主体性作用,认为教育要能够凸显以人为本的思想,充分发挥学生的价值以及尊重学生的尊严②。倡导学生积极参与教学活动,将充分发挥学生的自主性、主动性以及创造性作为发展和提高教育质量的重要途径③。

综上所述,在论证式教学中,学生能够通过参与论证中体现其主体性。自主性和主动性主要表现为学生基于自身掌握的知识等自主参与论证,且以正反方的形式开展争论性论证能够促使学生积极主动参与,因为他们为了"战胜对方"就要对自己方的观点进行维护以及对对方观点进行反驳。创造性是指学生能够在反驳中通过推翻对方的观点产生创造性的想法。

2. 首要学习原理

首要学习原理是指学生可以通过类比、建模、推理以及论证的方式解决问题,这样能够充分发挥学生最大的认知参与度和创造性,进而带

---

① 方正泉:《主体性教育理论视角下的高校社会实践教育》,《江苏高教》2014年第2期。

② 吴航:《我国主体性教育理论研究的现状及反思》,《华中师范大学学报》(人文社会科学版)2000年第6期。

③ 黄崴:《主体性教育理论:时代的教育哲学》,《教育研究》2002年第4期。

来最有意义的学习活动①。首要学习原理的具体内容如图 2.1 所示。

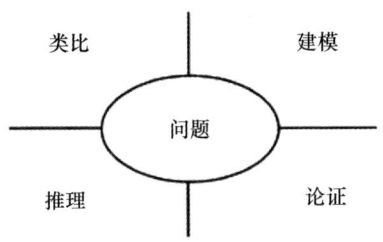

图 2.1 首要学习原理

类比是将某一个特定对象的信息转换为另一个特定对象的信息，这就促使学习者更多地关注特定对象在结构上的共性，因为只有这样他们才能够合理、恰当、科学地进行转换②。学生学会解决问题主要表现为他们实现了迁移，即学生能够解决相似的问题，而类比是迁移能力的重要表现。

建模关注的是学习者概念的转变，这些概念经过不断地演进和重组产生不同的形式，用来表征学习者对概念的理解和转变情况，通过建模，学习者能够将内部的心理模式给予外化③。当学习者解决问题时，他们需要构建一种现象的心理模式，然后将这一模式作为预测、推断、猜想或实验的基础。当学习者的现象心理模式构建好之后，他们通过建构、操纵和检验模式能够将其具体化，学习者在具体化的过程中也会学到更多，其概念转变也会更多。

推理是对因果关系的阐述，因果推理要求学生能够提供明晰的解释、进行合理的推断和预测以及获得对应的启示。由于问题反映了各个实体之间的因果关系，为了解决问题，人们必须理解问题空间中的因果关系。理解问题空间中的因果关系不仅要求学生能够从观察到的数据中总结出

---

① 乔纳森·戴维、盛群力、向佐军：《首要学习原理》，《当代教育与文化》2015 年第 7 期。

② Mary L. Gick, Keith J. Holyoak, "Schema Induction and Analogical Transfer", *Cognitive Psychology*, Vol. 15, 1983.

③ David Jonassen, Johannes Strobel, Joshua Gottdenker. "Model Building for Conceptual Change", *Interactive Learning Environment*, Vol. 13, No. 1, 2005.

结果的强度和方向等,也能够将因果关系凝练为概念性的描述①。

论证由主张以及主张相关的因果推理、论据、辩驳条件以及反驳等组成②。论据、辩驳、因果推理等能够促进学生转变其概念,这对于解决良构或非良构问题都至关重要。因此,论证也被视为理性解决问题和化解争议的有效方式。

总结而言,在论证式教学中,学生需要围绕论题(问题)开展争论性论证,通过争论性论证解决问题,问题解决具体表现为正反双方针对论题达成了哪些共识、存在哪些不同、这些不同点存在的原因等。学生主要通过论证的方式对论题进行讨论,论证过程中也可以使用类比、建模以及推理支持论证,并以此提升论证的质量。

二 论证式教学的典型策略

在论证式教学中,教师采用策略不仅可以提高学生的参与兴趣和参与质量,也能够让教学更好地发挥其效果。已有研究中提出了多种旨在提高学生论证活动质量的策略,比较典型的包含运用提问表策略、运用主张表策略、竞争策略、两难情境策略、角色扮演策略以及小组合作策略③。

(一)运用提问表策略

提问表(Questionchart)是由很多问题组成的表格,在这些问题的引导下,学生能够更好地参与论证以及理解所学的知识。在论证式教学中,提问表对于听众而言尤为重要,因为听众能够通过该表和发言者高效互动。听众在提问表的指导下提出问题,并和发言者之间开展反思性的对话及高层次理智的推理互动。此外,提问表也可以帮助听众理解理论和证据之间的关系,促使组员之间协商共享,并在协商共享中进一步对理论和证据进行梳理。

虽然提问表没有统一的模板和格式,其所包含的问题要根据不同的

---

① David Jonassen, *Reconciling a Human Congnitive Architecture*. In S. Tobias & T. Mto Instruction: Success or Failure? New York: Routledge, 2009.

② Stephen Edelston Toulmin, *The Use of Argument*. London: Cambridge University Press, 1958.

③ 潘瑶珍:《科学教育中的论证教学》,《全球教育展望》2011年第2期。

论证活动进行调整,但它通常包含以下几类问题:预测性问题、理论性问题、结果性问题、关联预测性理论与结果发现的问题等,表2.1展示了一张提问表的基本信息。从表2.1可以看出,预测性问题是持表人关于某个现象的个人预测。理论性问题关注的个人预测的论据支撑。关联预测性理论与结果发现的问题主要指的是论据和预测之间的互相支持情况。

表 2.1　　　　　　　　论证活动中的提问表示例

问题的类别	具体问题
预测性问题	你猜想该现象是什么情况?
	你认为最后结果怎样?
	你有怎样的预测结果?
	你觉得你的预测是否正确?
理论性问题	你知道哪些内容?
	你为什么这样思考?
	你怎样得到你的解释?
	你的依据有哪些?
	你基于哪些证据而这样思考?
	你为什么这样预测该现象?
	你是否喜欢你自己提出的理论?
关联预测性理论和结果发现的问题	你认为哪些将发生?它们是否真的发生?
	你从哪里找到你的理论?
	你的理论和发现之间有怎样的联系?
	为什么是或不是那样?
	你发现哪些新结果?
	你是否实现对该现象的预测?

"提问表"策略已被运用于论证式教学实践中并取得了不错的教学效果。如在线下口头论证式教学中,为了探究"提问表"对小学生论证参与度的影响,Herrenkohl 和 Guerra[①]以四年级学生为研究对象,在其科学

---

① Leslie Rupert Herrenkohl, Marion R. Guerra Herrenkohl. Participant Structures, Scientific Discourse, and Student Engagement in Fourth Grade. *Cognition and Instruction*, Vol. 16, No. 4, 1998.

课中开展了准实验研究,对照班 11 人(3—4 人/组),实验班 13 人(3—4 人/组),两个班学生都参与 10 次课堂论证活动(如不同体重的人如何在跷跷板中保持平衡?),论证活动包含三个环节,教师讲解专业知识(约 10 分钟),然后小组内成员共同准备论证(约 30 分钟),最后所有小组汇报论证的核心内容(约 30 分钟),当一个小组汇报时,其他小组扮演观众的角色,对照班的观众没有"提问表",实验班的观众有"提问表",教师在提问表中准备了一些问题,如预测是什么、依据是什么、哪里找到的依据、结果是否支持理论等。每组汇报结束后,观众都会将"提问表"给对应的小组。研究通过录音收集了小组汇报过程中的数据,根据 Hatano 和 Inagaki[①] 的参与度框架,研究对学生的十次论证内容进行编码,该框架包含四部分内容,分别为协商中建立规则或标准、尝试理解他人的想法、将预测、理论和结果合理关联以及挑战他人提出的主张,结果表明,"提问表"有助于提高学生的参与度,相比于对照班,实验班的学生更经常在协商中建立规则或标准、尝试理解他人想法、将预测、理论和结果合理关联以及挑战他人提出的主张。

(二)运用主张表策略

主张表(Assertionchart)的设计理念一般是参考 Toulmin 论证模型,在该模型中,为了支持一个主张,论证者不仅要提供支持主张的资料、对主张和资料的关联性进行说明(依据),还要提供支援和反驳,并最终给主张的成立加上一个限定条件,从而促使主张更具有科学严谨性。在主张表中,这些要素被具化为若干具体的问题,学生在回答问题过程中全面支持主张。

在论证式教学中,学生能够通过主张表全面理解和支持自己的观点,主张表不仅有助于学生记录和思考科学探究的活动过程,还能够为学生提出自己的主张和解释主张提供参考,促使他们高效地完成论证活动。主张表没有统一的格式要求,它只要能够反映 Toulmin 论证模型的不同要素即可。因此,不同的教师可以针对不同的论证活动与不同年龄的学生

---

① Giyoo Hatano, Kayoko Inagaki, *Sharing Cognition Through Collective Comprehension Activity*. In L. B. Resnick, J. M. Levine & S. D. Teasley (Eds.), Perspectives on Socially Shared Cognition (pp. 331 – 348). Washington, DC: American Psychological Association, 1991, pp. 33 – 37.

设计出形式多样的主张表。表2.2展示了一个具体的主张表,在该表的支持下,学生能够在解释观察到的现象以及回应别人的质疑中更好地展开解释与讨论,并最终提升自身的综合能力。

表 2.2　　　　　　　　论证活动中的主张表示例

我观察到什么现象?		
我怎样找到相关理论支持我的解释?	我怎样进行科学解释?	我能够提供哪些论据?
		和我的解释一致
		和我的解释不一致
对于我的解释,别人存在哪些质疑?		
我怎样看待别人的质疑?理由是什么?		
我的结论有哪些?		

已有研究表明,在论证式教学中,"主张表"的应用能够帮助学生学习知识、提升其批判性思维技能以及论证技能。在吴其蔓,关钡琪和胡位荣(2021)[①]的研究中,为了让高一学生学习"光合作用的原理和应用"这一单元,研究利用"主张表"开展了课堂论证式教学,论证活动包含两个步骤:(1)教师创设情境,导入新课:课中教师先给学生播放竹子快速生长的视频,之后提出一个问题:植物需要依靠外界及自身的什么条件才能不断长大?(2)教师讲解和引导,学生完善"主张表":每讲完一个知识点,教师都会通过问题引导学生思考和讨论,然后给每位学生发放"主张表",表中包括以下六个问题:我的初步主张是什么、我主张的理由是什么、他人对我的主张有什么质疑、他的理由是什么、我认为他的说法是否合理以及我最后的主张是什么。学生基于思考和讨论独自完善"主张表"。教师对学生"主张表"中的内容进行了分析,结果

---

① 吴其蔓、关钡琪、胡位荣:《基于TAP模型的"光合作用的探究历程"教学设计》,《中学课程资源》2021年第3期。

表明,"主张表"有助于学生系统地梳理他们在讨论过程中的主张、证据以及别人的质疑等,该过程不仅锻炼了其批判性思维技能和论证技能,还帮助学生深入理解光合作用的概念和作用原理。

(三)竞争策略

竞争策略简单而言就是让人针对一个论题持有不同于科学的或他人的观点,他们在对不同观点的争执中深化对于论题的理解。通常情况下,每个人对于某一种现象都有自己的看法,这些看法有时候会和正确科学的概念或他人的看法产生冲突,于是就形成了"竞争"。在论证式教学中,教师可以选择具有争议性的论题激发学生产生不同的想法,并为他们提供相关的参考素材支持其参与论证活动。

一些论证式教学的实践研究中已经应用了竞争策略,围绕教师所指定的论题,学生既可以从多个角度开展论证[1],也可以从两个对立的角度通过正反方的形式进行论证[2],无论是多个角度还是两个对立的角度,学生都能在"竞争"中锻炼论证和批判性思维等技能。如方旭燕[3]探究了线下口头论证式教学对大学生思辨能力的影响,研究以 64 名英语专业的大二学生为研究对象,在其为期一个学年的英语课(共 34 周,2 课时/周)中开展了准实验研究,该课程有两个班,对照班 40 人,采用教师讲学生听的教学方式。实验班 24 人,采用线下口头论证的教学方式。在课前,教师指定论题,每次论证 4 名学生参与,参与者自选正反方(2 人/方),每个学生在一学年中约有 5 次参与论证的机会。参与者基于站方准备论证,他们在准备过程将论证结构、论点、论据等写出来。在课中,教师先讲解相关知识,然后正反方围绕论题开展论证(约 30 分钟)。论证结束后,其他同学可以提问,论证者回应提问。最后教师点评双方的论证。论证者根据现场辩论的观点和师生点评整理写成反思日记。为了测试学生的思辨能力,研究收集了三方面数据:第一,在论证活动的前后,两个班的学生分别做了教师自制的辩论测试,该测试要求学生针对一个论

---

[1] 翎斐、胡瑞萍:《论证与科学教育的理论和实务》,《科学教育月刊》2006 年第 8 期。

[2] 刘星、杨斌:《辩论与讲座对非全日制研究生情绪影响的研究》,《研究生教育研究》2022 年第 1 期。

[3] 方旭燕:《英语辩论教学对提高英语专业学生思辨能力的一项实证研究》,《海外英语》2019 年第 8 期。

题自选正方或反方,然后提供论据等,研究利用文秋芳等人[①]的思辨能力层级理论模型对学生回答的内容进行分析,该模型包含五个部分,如相关性、逻辑性等,结果表明,实验班学生在这五个方面的表现均优于对照班,说明在提升学生思辨能力方面,线下口头论证式教学比传统教学更有效。第二,在论证活动结束后,实验班的学生做了教师自制的问卷,该问卷包含元思辨能力和思辨情感两部分,结果表明,在元思辨能力方面,91.6%的学生认为线下口头论证式教学有助于培养他们独立思考的习惯,促使他们多角度地看待问题。对于思辨情感而言,87.5%的学生表示自己变得更开放容忍、看待问题更为客观和公正,83.3%的学生认为他们的好奇心和探索精神被激发。第三,在论证活动结束后,研究对实验班的部分学生进行了访谈,结果表明,受访者认为他们的思辨能力得到提升,反应能力也得到了锻炼。

(四)两难情境策略

相比于竞争策略,在两难情境中,个体无法针对情境做出"是"或"非"的断然判断,因为他们在阐述"是"的证据时还要考虑到"非"的合理性。人们只能对矛盾情境进行分析和思考,通过收集资料和证据形成自己的观点和想法,然后将这些想法与他人进行深入讨论或论证,这个过程不仅能够让学生深入理解相关知识与概念,也能提升自身的决策和判别能力。

在论证式教学的相关研究中,两难情境的产生通常基于社会或生活中有争议的话题,且学生在两难情境中开展论证能够锻炼自身的论证等技能。如为了探索线下口头论证式教学对学生论证技能和专业知识水平的影响,Zohar 和 Nemet[②]以九年级学生为研究对象,在其生物课中开展了准实验研究,对照班87人,采取教师讲学生听的教学方式。实验组99人,部分学生围绕两难情境参与两次课堂论证活动。在课前,教师指定具有两难性质的论题,如"当父母知道自己带有纤维瘤的隐性遗传因子,

---

① 文秋芳、王建卿、赵彩然、刘艳萍、王海妹:《构建我国外语类大学生思辨能力量表的理论框架》,《外语界》2009年第1期。

② Anat Zohar, Flora Nemet, "Fostering Students' Knowledge and Argumentation Skills Through Dilemmas in Human Genetics" *Journal of Research in Science Teaching*, Vol. 39, No. 1, 2002.

他们是否要生小孩?"在对该问题做出决策时,学生既要使用遗传学知识从科学角度阐述自己的观点,也要考虑来自生物伦理学等方面的挑战,这就要求学生从生物、伦理、健康、责任多个角度全面思考,进而支持自己的观点或者让他人接受自己的观点。所有学生都有准备论证的时间。在课中,教师先讲解专业知识,然后随机挑选论证者,第一次论证13人参与(分2组,一组6人,一组7人),第二次论证11人参与(分2组,一组5人,一组6人),每次论证两组依次围绕两难的论题展示核心的论证内容,最后教师评价论证。研究的效果检验分为两个方面,一方面是测试学生的论证技能是否提升,另一方面是测试学生的专业知识水平是否提升。为了测试学生的论证技能,研究收集了两方面数据,第一,通过录音录制学生在论证展示过程中的话语,参考 Resnick, Salmon, Zeitz, Wathen & Holowchak[①] 以及 Pontecorvo 和 Girardet[②] 的论证技能分析框架,研究将学生的论证技能分为以下六类,分别为明确的结论、理由、让步、隐含的结论、反对以及对反对的反对,然后基于该框架对学生的话语进行内容分析,结果表明,相比于第一次论证,学生在第二次论证中为每个结论提供理由的平均数量显著增加,说明线下口头论证式教学有助于提升学生的论证技能。第二,在论证活动的前后,两班学生分别针对教师自定的遗传学困境发表见解,教师基于 Means 和 Voss[③] 的论证等级框架给学生打分,0分表示缺乏论据,1分代表至少提供一个简单的论据,2分代表学生能够对自己的理由再次解释,结果表明,实验班学生的得分高于对照班,说明在提升学生的论证技能方面,线下口头论证式教学比传统教学更有效。

为了测试学生的专业知识水平,在论证活动的前后,两班学生分别填写教师自制的问卷,该问卷包含20道遗传学相关的多选题,结果表

[①] Resnick, Lauren B. Salmon, Merrilee Zeitz, Colleen M. Wathen, Sheila Haley Holowchak, Mark, "Reasoning in Conversation", *Cognition and Instruction*, Vol. 11, No. 4, 1993.

[②] Clotilde Pontecorvo, Hilda Girardet, "Arguing and Reasoning in Understanding Historical Topics", *Cognition and Instruction*, Vol. 11, No. 4, 1993.

[③] Mary L. Means, James F. Voss, "Who Reasons Well? Two Studies of Informal Reasoning Among Children of Different Grade, Ability, and Knowledge Levels", *Cognition and Instruction*, Vol. 14, No. 2, 1996.

明，实验班学生的表现优于对照班，说明在促进学生学习专业知识方面，线下口头论证式教学比传统教学更有效。

（五）角色扮演策略

在现实生活中，人们在做决策时不仅要考虑科学因素，还要考虑其他很多因素，如社会因素、人类情感因素、经济因素，甚至是某些特定团体的利益等。在论证式教学中，学生也需要做出决策，角色扮演在鼓励学生基于科学证据提出主张的同时，还可以让学生从同理心的角度出发，体验其所扮演角色的情感态度等，并经历他人的质疑，这不仅可以充分调动学生参与论证活动的积极性，也能促使他们从全面的角度思考问题，在认知和情感上产生冲突，进而形成更加新奇且深刻的体验。

角色扮演在论证式教学中具体表现如下：基于论题的具体场景，学生扮演某一种角色，然后以这一角色的立场为出发点，为该角色提出对应的主张和论据，学生在设身处地中对自己的角色进行解释，且通过解释加深对于论题知识的理解[1]。如 Salminen 和 Marttunen[2] 探究了在线下口头论证式教学中，性别、论证环境（面对面或线上）、观点性质（自己选择或被分配）对高中生论证技能的影响。研究人员和任课教师合作开发了一门跨学科课程，该课程主要结合了语言和宗教教育内容。27 名选课者中女生为 18 人，男生为 9 人。在一个学期中，所有学生在连续两天内共参与两次课堂论证活动。每次论证活动都包含四个阶段：（1）教师指定论题：两次的论题分别是"芬兰是否需要新的核电站"和"我们是否应该允许转基因生物"。（2）学生阅读和分析文章（每次 60 分钟）：教师每次都会给学生提供五篇论题相关的文章，在第一次论证中，学生被分成五组（5—6 人/组），每组选择一篇文章阅读和分析，每个组员都要分析不同利益相关者的观点及支持证据。之后，每组向其他学生介绍文章的要点和分析结果。在第二次论证中，学生两人一组，一半的小组阅读

---

[1] Li Zhang, Richard Beach, Yue Sheng, "Understanding the Use of Online Role-play for Collaborative Argument Through Teacher Experiencing: A Case Study", *Asia-Pacific Journal of Teacher Education*, Vol. 44, No. 3, 2016.

[2] Timo Salminen, Miika Marttunen, "Defending Either a Personal or an Assigned Standpoint: Role Play in Supporting Secondary School Students' Argumentation Face to Face and Through Chat", *Journal of Argumentation in Context*, Vol. 7, No. 1, 2018.

并分析篇幅较长的两篇文章,另一半小组阅读并分析篇幅较短的三篇文章,分析的内容和第一次论证相同,最后每组向全班展示他们的分析结果。(3)学生通过角色扮演发表意见(30分钟):每位学生从不同利益相关者的角色出发写下对论题的看法,如可以扮演成政治家、环保主义者等发表对"芬兰是否需要新的核电站"的看法。(4)正反方辩论:学生两两自由结合并自选正反方,有些学生的站方与其在第三个阶段所发表的意见一致,是其角色扮演时持有的观点,而有些学生的站方和角色扮演时的相反,这些则被称为被分配的观点。每次论证约一半的学生在教室开展面对面论证,时间为20分钟,另一半学生在计算机教室通过线上聊天开展论证,时间为30分钟。为了测试学生论证技能的变化,研究收集了面对面论证者的话语内容(录音)和学生在线论证的话语内容,上述数据均通过两种方式进行内容分析,第一,研究者自制了分析框架,该框架将学生的语句分为三类,分别为争论性的(支持立场的主张或论点)、反对争论的(反驳或对反驳的详细说明等)以及非争论的(如管理任务、计划要讨论的内容等)。第二,基于 Baker, Quignard, Lund 和 van Amelsvoort[①] 的论据等级分析框架,研究将学生的论据质量分为三个等级,分别为差(没有论据支持)、不详细(有论据但不充分)以及好(有充分的证据)。结果表明,在论证的过程中,(1)男生比女生更频繁地进行反驳。(2)与线上论证相比,学生在面对面论证时更频繁地产生非争论话语。(3)在面对面的论证中,反对争论的言语在男生中更为常见,而在线上论证中男生和女生的表现没有差异。(4)学生在分配的观点中所提供的论据质量更高。

(六)小组合作策略

在学生的学习过程中,同伴由于处于和学习者相近似的发展阶段,他们有时候能够帮助个人更高效地进行知识建构。鼓励同伴之间积极开展语言互动,让两个或多个个体共同工作、合作进行社会化协商与讨论

[①] Michael James Baker, Matthieu Quignard, Kristine Lund, Marije van Amelsvoort, *Designing a Computer-Supported Collaborative Learning Situation for Broadening and Deepening Understanding of the Space of Debate* In Proceedings of the Fifth International Conference of the International Society for the Study of Argumentation, Amsterdam, Amsterdam: Sic Sat Publications, 2002, pp. 55-61.

是提高学生学习效率的有效方式之一①。

对于论证式教学而言，小组合作能够汇集组员的不同见解，这为学生收集资料、查找论据、全面思考提供了有利条件。为了让学生更好地开展小组合作论证，Kuhn② 提出了小组合作论证式教学中所包含的十种活动（见表2.3），它们分别为产生推理、精致推理、以证据支持推理、评价推理、发展推理进入论证、检查并评估反面推理、产生反驳他人推理的论点、对反驳的论点产生抗辩（反反驳）、考虑正方两方面的论据以及评估两面的论点。在这十种活动的引导下，小组逐步深入开展论证。教师或教练在这十种活动中主要扮演协助引导者角色，引导学生深入思考论题。

表2.3　　　　　　小组合作论证教学中的十种活动

活动名称	学生了解的内容	具体例子中的活动流程
产生推理	1 观点的基础是推理 2 不同推理能够形成多样的观点	1 让学生发表对"死刑"的初始看法 2 让学生将推理写在卡片上 3 教练引导学生，让学生明白每个人都能够产生多种推理，关键是清楚推理的目的 4 鼓励学生解释推理的原因 5 判断推理的合理性，不合理的推理被淘汰
精致推理	支持观点需要高质量的推理	1 教师让学生反思其推理的质量，并给学生讲解优化推理的方法 2 学生通过反思修改完善推理 3 教师让学生思考推理的合理性以及实用性 4 教师要求每个学生至少提出一个推理
以证据支持推理	证据可以强化推理	1 优化推理时需要明确哪些证据 2 教师给学生提供支持其立场的资料证据 3 小组一起阅读资料证据，商讨如何通过这些资料证据优化推理 4 小组总结支持的证据并记录在证据卡上，该卡也能够和推理卡关联

---

① Lev Vygotsky, *Mind in Society: The Development of Higher Psychological Processes*, Cambridge: Harvard University Press, 1978, p.104.

② Deanna Kuhn, *Education for Thinking*, London: Harvard University Press, 2005, p.201.

续表

活动名称	学生了解的内容	具体例子中的活动流程
评价推理	有些推理比其他推理更合适	1 小组共同讨论将推理卡分为最好、好、可以三类 2 如果小组提供推理归类的依据，这些依据也被记录 3 每一组员至少产生一个合理的推理 4 小组成员间重复进行推理
发展推理进入论证	推理相互连接以建构出论证的框架	1 小组合作建构论证 2 小组讨论论证中使用的推理、推理之间的关系，并呈现对应的论据 3 小组选出一名成员提出论证，并用视/音频记录小组的评论
检查并评估反面推理	对手也会拥有推理	1 教练让双方交换推理，并提示各方都要考虑对方可能产生的推理，让学生明白知道对方小组推理原因的重要性 2 教师为每个小组提供对方的推理，并交换讨论看法 3 教师要求学生评估对方小组的推理，并将其合理的归为三类
产生反驳他人推理的论点	对其他推理产生对立论证	1 反驳对方小组，并记录反驳的论点 2 小组一起讨论并选出反对方推理最有效的论点 3 当小组内意见一致时，他们将反对的论点贴在推理卡片上，并由一个组员保管
对反驳的论点产生抗辩（反反驳）	反面推理是可以被反驳的	1 筛选对方小组反驳自己论点的推理卡 2 小组成员讨论反方的意见，他们可以巩固对方的推理以免被批评、对批评进行反驳、舍弃该论点等 3 产生适当的反反驳，设法降低反驳论点的强度 4 将抗辩卡贴在推理—反驳论点的卡片上，然后派每一个组中卡的拥有者进行最后的论辩
考虑正方两方面的论据	证据可以被使用来支持不同的主张	1 教练提供小组已经确认过的额外证据 2 每个小组可以看到完整的评论，同时包括正反两面的说法 3 教练鼓励小组思考对方怎样使用这些论据，同时考虑这些论据怎样助力己方

续表

活动名称	学生了解的内容	具体例子中的活动流程
评估两面的论点	重新检视论点—反驳论点—发反驳的结果	1 教练让双方都重新检视论点等，并帮助其练习论证对话 2 在最后的论辩阶段，教师请校外人士担任评判，同时也制订了论证规则等 3 辩论的时间为20—30分钟，每一队选出小组发言人，并决定何时更换发言人，每个学生的发言时间要少于三分钟，每位小组成员至少发言一次

一些研究将小组合作策略应用于论证式教学实践并取得了不错的效果。如为了探究合作式论证对高二学生学习态度、学习兴趣、认知、合作能力、论证技能以及专业知识水平的影响，马娟[1]在一门生物课中开展了一学期的准实验研究，该课有两个平行班，其中对照班58人，采用教师讲学生听的传统教学方式。实验班54人（4人/组），每位学生先后参与六次课堂合作论证活动，每次活动的流程如下：（1）教师指定论题并提供相关资料；（2）学生单独分析资料并写下自己的主张；（3）组内的组员彼此交流和讨论，他们先比较和分析各自的主张，最后在保留群体差异的同时达成一些统一的意见；（4）各个小组派代表展示组内论证的核心内容，其他学生在展示结束时可发表质疑，展示者回应质疑；（5）教师反思合作论证活动并思考后续改进的思路。研究通过四种方式收集数据，第一，基于刘知新[2]的学习兴趣问卷，研究设计了的生物学学习兴趣问卷，该问卷包含三个部分，分别为兴趣、态度和认知，共计18道客观选择题（李克特五点量表），两个班的学生在论证前后分别填写问卷，结果表明，实验班学生的表现优于对照班，说明在提升学生学习态度、学习兴趣以及认知方面，合作论证式教学比传统教学更有效。第二，基于自制的观察表（李克特五点量表），教师记录实验班学生在六次论证中的合作情况，该表包含五个观察点，内容都是围绕学生的合作行为，

---

[1] 马娟：《合作论证教学模式在高中生物课堂中的实践研究》，硕士学位论文，延安大学，2020年，第105页。

[2] 刘知新：《化学教育测量和评价》，广西教育出版社1996年版，第77页。

如小组合作学习的参与率等,第一次和第六次观察的结果表明,学生的合作能力得到提升。第三,为了测试论证技能,在论证活动的前后,针对教师所设计的一道社会性议题,两班学生分别写出自己的观点、证据、如何反驳对方等,教师基于学生的回答进行评分,结果表明,实验班学生的表现优于对照班,说明在提升学生论证技能方面,合作论证式教学比传统教学更有效。第四,为了测试学生的专业知识水平,学科教研组共同编制了测试题,并对两个班的学生进行了前后测,结果表明,实验班和对照班学生的表现没有显著性差异,说明在促进学生学习专业知识方面,合作论证式教学和传统教学没有差别。

为了探究合作论证科学实践活动是否有助于提升高中生合作解决问题的能力和态度,韩葵葵、林长春和胡卫平[1]以111名高一学生为研究对象,在其科学社团课中开展了准实验研究,该课程共持续8周,每周2次科学实践活动,每次2个小时。对照班56人,他们在教师指导下采取分组的形式进行一般的科学探究。实验班55人,他们在教师指导下参与合作论证科学实践活动,活动包含五个环节:(1)教师创设问题情景;(2)形成探究问题:小组成员合作设计实验方案;(3)设计和开展探究:小组成员各自分工,合作完成实验并论证实验成果;(4)反思:小组成员反思实验过程和总结经验;(5)各个小组展示论证的核心内容。研究通过问卷和访谈两种方式收集数据,第一,在论证活动结束后的一周,参考PISA(2015)合作解决问题的三项核心能力,研究设计了合作解决问题能力问卷,该问卷包含三个部分,分别为建立及维持相互的理解能力、采取适当的行动解决问题能力以及建立及维持团队合作能力。此外,参考Wang等人[2]的团队合作问卷,研究开发了合作解决问题态度的问卷,该问卷包含三个部分,分别为兴趣爱好、自我效能以及价值评价,两种问卷前后测的结果都表明,实验班和对照班的前测无显著差异,实验班学生在后测中的表现优于对照班,说明合作论证科学实践活动有助于提

---

[1] 韩葵葵、林长春、胡卫平:《合作论证科学实践活动对中学生合作解决问题能力的影响》,《现代中小学教育》2021年第1期。

[2] Lijuan Wang, Carolyn MacCann, Xiaohua Zhuang, Ou Lydia Liu, Richard D. Roberts, "Assessing Teamwork and Collaboration in High School Students: A Multimethod Approach", *Canadian Journal of School Psychology*, Vol. 24, No. 2, 2009.

升学生合作解决问题的能力和态度。第二，在论证活动刚结束时，研究对实验班的学生进行了小组访谈，结果表明，学生具有较好的合作解决问题态度，表现出较高的合作解决问题意识并肯定了合作解决问题的价值。

总结而言，上述六种论证式教学的典型策略在应用时各有特色。"提问表"的应用给观众提供了参与论证的机会，他们可以单独地将自己的想法写在表中，且有研究表明这种方式能够提升学生论证的参与度，促使其尝试理解他人想法以及挑战他人提出的主张等。但在论证过程中，观众基本都是各自填写自己的"提问表"，他们无法和论证者以及其他观众实时互动，虽然在论证结束后他们有互动的机会，但鉴于有些想法是观众在论证过程中即兴产生的，论证结束后他们有可能忘记自己当时的想法，这会给学生间的互动质量带来影响。

"主张表"中内容的设计多基于 Toulmin 论证模型，该模型包含主张、资料、依据、支援、限定和反驳六个部分。在"主张表"的支持下，学生能够在讨论或论证结束后回忆和总结论证过程，且研究表明，学生在回忆和总结中不仅能深化理解论证中的内容，巩固其专业知识，同时也能提升自身的批判性思维技能以及论证技能。但"主张表"多用于指导学生在论证结束后的操作，对于论证过程应如何组织实施并没有详细说明。

竞争策略、两难情境策略、角色扮演策略以及小组合作策略为学生的论证过程提供指导，且很多研究表明，在论证式教学中，这些策略的使用有助于学生学习专业知识、提升思辨能力和论证技能等。此外，有研究表明，学生在认知冲突和解决分歧中能够提高推理质量、锻炼批判性思维技能以及论证技能[1]，相比于两难情境策略和角色扮演策略，竞争策略在促使学生产生认知冲突方面更具有优势，且围绕某个论题以正反方的形式开展论证是其主要表现形式。在竞争策略中，论题的设计会影响学生论证的效果，具有真实情景性的论题或与学生生活相关的论题在提升学生论证技能方面更有优势，但在很多运用竞争策略的论证式教学

---

[1] Michael James Baker, "Collaboration in Collaborative Learning", *Interaction Studies*, Vol. 16 No. 3, 2015.

研究中，大部分都是教师指定论题，虽然教师提出的论题具有科学合理性，但学生也有自己感兴趣的论题，如果能够结合学生的想法，以师生共同商议的方式提出论题，这样既能够确保论题的科学性，也能够提高学生对于论题的兴趣感。

此外，在应用小组合作策略的论证式教学相关研究中，鉴于小组合作有助于减轻组员的认知负荷，提高组员参与论证的效率，学生的学习兴趣、论证技能、合作解决问题的能力以及专业知识水平等也会随之提升。但小组合作主要体现在论证过程中，而在论证前期，即学生准备论证过程中的合作性并不强，因此，将小组合作贯穿于论证前的准备阶段和论证过程中很有必要。

综上所述，在后续的论证式教学相关研究中，研究者可以更多地关注以下内容：(1) 在观众参与论证的基础上，提高观众之间、观众和论证者之间的实时互动性；(2) 基于 Toulmin 论证模型指导论证过程，促使学生在论证过程中恰当地运用主张、资料、依据、支援、限定和反驳；(3) 当正反方围绕某个论题开展论证时，发挥学生在提出论题时的积极主动性，通过师生商讨的方式提出论题；(4) 当利用小组合作策略提高组员参与论证的效率时，将小组合作贯穿于论证准备到实施的全过程。

第二节 论证式教学实践的研究现状

在论证式教学的实践研究中，通常要将论证式教学在课堂中具体实施。首先，从论证式教学的实施环境来看，由于线下环境和混合学习环境下论证式教学开展的时间和方式等存在差异，导致这两种环境中论证式教学的具体实施过程也存在差异。所以本研究分别从线下和混合学习环境两个角度对论证式教学的实践进行描述。其次，从论证的实施方式来看，其又可以分为非可视化论证与可视化论证，虽然概念图、思维导图、论证图等都是可视化中经常使用的工具[①]，但由于论证图强调论据以

---

① Martin Davies, "Concept Mapping, Mind Mapping and Argument Mapping: What Are the Differences and Do They Matter?", *Higher Education*, Vol. 62, No. 3, 2011.

及论据之间的逻辑关系,而论据又是论证的关键要素,所以本章分别从非可视化以及基于论证图的可视化两个角度对线下和混合学习环境下的论证式教学进行阐述。再次,从论证式教学的定义来看,其主要包含评价资料、提出主张以及为主张进行辩驳[1],其中评价资料是为论证做准备,提出主张以及为主张辩驳是论证过程,鉴于论题和站方是学生评价资料、提出主张以及为主张辩驳的前提,本研究也将其作为论证式教学的一个环节,基于此,本章分别从论题和站方、论证准备(评价资料)和提出主张以及为主张辩驳(论证建构过程)三个阶段对非可视化以及可视化论证式教学的具体过程进行描述。最后,Chi 和 Wylie[2]认为学生在建构学习和交互学习中分别实现了知识的迁移和共创,而迁移和共创是学生应用知识、阐释、分析、评价、推理以及解决问题的基础,由此可见,在论证式教学中,建构学习和交互学习是促进学生批判性思维技能、论证技能以及专业知识水平提升的关键,本章对三阶段中学生的学习方式(建构学习或交互学习)进行分析,详细探索促进学生论证技能等提升的内在机制。

一 线下论证式教学实践的研究现状

(一)线下口头论证式教学实践的研究现状

在线下口头论证式教学中,学生通常以面对面口头的形式维护自己的站方以及反驳对方,在论证结束后,教师可以对论证进行点评,其他学生也可以针对论证内容发表自己的想法。线下口头论证式教学的实践研究已经在大学和中学中开展,且很多研究的结果表明,该方式能够提升学生的批判性思维技能、帮助学生学习专业知识以及促使学生保留更多的积极情绪等。

为了探索不同论证方式(学生单独论证、小组合作论证以及教师指导的小组合作论证)对高一学生批判性思维培养的影响,Fung 和

---

[1] 何嘉媛、刘恩山:《论证式教学策略的发展及其在理科教学中的作用》,《生物学通报》2012 年第 5 期。

[2] Michelene T. H. Chi, Ruth Wylie, "The ICAP Framework: Linking Cognitive Engagement to Active Learning Outcomes", *Educational Psychologist*, Vol. 49, No. 4, 2014.

Howe[1]在一门通识教育课中开展了准实验研究,对照班 35 人,实验 1 班 20 人(分 3 组,7—8 人/组),实验 2 班 15 人(分 2 组,7—8 人/组),学生在一学年内共参加了 10 次课堂内的论证活动,活动包含三个阶段:(1)确定论题和站方:教师首先讲授专业和论证知识,然后提供论题并给对照班的每个学生和实验班的每个组指定正反方。(2)10 分钟的个人或小组论证:对照班的学生单独论证,学生个体针对站方写下支持己方的证据以及对方可能反驳的点。实验 1 班开展小组合作论证,即每个组员写下支持己方的证据以及对方可能反驳的点,接着小组内讨论,商讨完后小组改变站方,组员再次写下支持己方的证据以及对方可能反驳的点,然后组员间再次讨论。实验 2 班实施教师指导的小组合作论证,两位指导老师分别指导两个小组,小组合作的方式与实验 1 班相同,只不过当组员讨论陷入僵局或方向偏差时,教师提供及时的引导。(3)论证展示及问题回应:对照班和实验班的学生分别展示论证的核心内容并回应他人的提问。研究从以下两方面测量学生的批判性思维,第一,研究使用中小学生批判性思维技能测试问卷(The test of critical-thinking skills for primary and secondary school students,TCTS-PS[2])和 Facione 等人[3]的加利福尼亚批判性思维倾向问卷(California Critical Thinking Disposition Inventory,CCTDI)测量学生批判性思维的变化情况,TCTS-PS 包含四部分内容,如区分理论和假设的能力、评估证据等。CCTDI 由七部分构成,如寻找真相、开放思想等。第二,在第一次论证开始前和最后一次论证结束后,学生分别写一份课程内容相关的项目书,研究基于 Anderson 等人[4]的证据等级框架对内容进行分析,该框架包含三方面内容,分别为没有证据、弱证据以及强有力的证据。问卷前后测和内容分析的结果均表

---

[1] Dennis Fung, Christine Howe, "Group Work and the Learning of Critical Thinking in the Hong Kong Secondary Liberal Studies Curriculum", *Cambridge Journal of Education*, Vol. 44, No. 2, 2014.

[2] Weijun Liang, Dennis Fung, "The Development of the Test of Critical-thinking Skills for Primary and Secondary School Students", *Psychological Testing*, Vol. 47, 2000.

[3] Peter Facione, *The California Critical Thinking Skills Test:CCTST*. San Jose, CA: California Academic Press, 2002, pp. 14 – 20.

[4] Tony Anderson, Christine Howe, Rebecca Soden, John Halliday, Jennifer Low, "Peer Interaction and the Learning of Critical Thinking Skills in Further Education Students", *Instructional Science*, Vol. 29, No. 1, 2001.

明，小组合作论证比单独论证对学生的批判性思维提升更有帮助，教师指导的小组合作论证比小组合作论证更有效。研究发现小组合作的方式（组员之间多次交流和探讨）有助于学生产生多种建设性的想法，在整合分析各种见解的基础上，他们能够深入讨论观点的合理性，进而协作完成推理任务。此外，教师的指导有助于学生提出合理的证据以及朝着正确的方向论证，且教师的参与也能够促使学生详细且科学地阐述他们的观点。

该研究有以下特点：第一，教师指定论题和正反方，学生缺乏建构学习或交互学习的机会。第二，学生缺乏时间准备论证，也无法在准备论证中实现建构学习或交互学习。第三，所有学生都能以个人或小组方式参与论证，他们在建构或交互中支持己方，但组间缺乏反驳性的交互。此外，论证者的发言内容难以保存，且他们要在10分钟内完成论证，这些都会影响学生建构学习或交互学习的质量。

为了探究线下口头论证式教学对大学生批判性思维的影响，谷羽、刘芝庆和谷木荣[1]在新媒体导论课中开展了准实验研究，该课程属于新闻传播学专业的选修课，选修的学生来自不同年级和不同专业。对照班（49人，3—4人/组）采用学生汇报研究课题的方式开展教学活动。实验班（50人，3—4人/组）共组织五次课堂论证活动，每次两组参与并自由选择参与时间，教师指定论题，两个小组被随机分为正方或反方。论证者在课外有时间准备论证。课堂的论证活动包含以下五个阶段：（1）正反方分别陈述观点（5分钟/人）。（2）正反方针对对方观点交叉提问（2分钟/人）。（3）正反方自由辩论（10分钟）。（4）旁听同学和老师提问（10—15分钟）。（5）教师总结和点评论证（10分钟）。研究从学术的批判性思维和应用的批判性思维两个方面测评学生批判性思维的变化情况，前者指学生学术观点的弹性，主要通过学生在论证前后对五个教学主题的认可程度（李克特五点量表）反映，如传统媒体的消亡不可避免，结果表明，实验班约70%的学生改变了原有观念，对照班38%的学生改变了原有观念。应用的批判性思维关注学

---

[1] 谷羽、刘芝庆、谷木荣：《以辩论游戏提升大学生批判性思维能力——以新闻传播学课堂实践为例》，《高教发展与评估》2021年第2期。

生如何输出表达，主要通过学生的论文分数反映，在期中和期末，两班学生分别基于论题内容写一篇论文，基于 Duplass 和 Ziedler[①] 的批判性思维技能评价标准，两名参与辩论式教学的成员分别给学生的论文打分，该标准主要包含四方面内容，如表达的清晰性、论证的逻辑性等，结果表明，实验班学生的期末论文得分比期中高，且比对照组学生的期末论文得分高。上述结果均说明在提升学生的批判性思维方面，线下口头论证式教学比传统教学更有效。研究发现论证给予学生挑战常识的机会，因为学生如果维护的观点与其本来的立场相反，他们就拓宽了经验或理论视野。此外，论证也引导学生理性地表达想法，培养其更为严密的逻辑思维体系。

该研究有以下特点：第一，教师指定论题，小组被随机分配正方或反方，学生缺乏建构学习或交互学习的机会。第二，学生在课外有时间准备论证和建构知识，但研究没有专门给学生提供交互的条件。第三，一次论证仅有 6—8 名论证者在多次交互中支持己方和反驳对方，很多学生没有机会参与交互。此外，论证的内容无法留痕，且论证需要在约一个课时内完成，这就给学生的交互学习和论证质量带来挑战。

为了探究线下口头论证式教学对高二学生批判性思维技能的影响，Giri 和 Paily[②] 在生物课中开展了九周的准实验研究，对照班（25 人）采用教师讲学生听的教学方式。实验班（25 人）共组织八次课堂论证活动，论证内容以"有机体和种群"以及"生态系统"为主题。每次课中老师先提出论题，学生各自阅读教师分发的纸质版资料（17 分钟），教师将学生分为 5 组（5 人/组），然后给每组指定正反方。每组组员首先通过网络等查找资料，然后彼此商讨形成支持己方的完整方案，该方案主要包含主张相关的证据、反驳等（90—120 分钟），之后，小组展示以及组间彼此评价和质疑方案（10 分钟/组）。论证结束后小组写反思并提交给老师

[①] Duplass James, Zeidler Dana, "Critical Thinking and Logical Argument", *Social Education*, Vol. 66, No. 5, 2002.

[②] Vetti Giri, M. U. Paily, "Effect of Scientific Argumentation on the Development of Critical Thinking", *Science & Education*, Vol. 29, No. 3, 2020.

（10分钟）。研究使用 Watson 和 Glaser[①] 的批判性思维测试问卷（Watson-Glaser Critical Thinking Appraisa，WGCTA）测量学生的批判性思维技能变化情况，WGCTA 包含五个维度，如推理、辨识假设等，前后测的结果表明，在培养学生的批判性思维技能方面，线下口头论证式教学比传统教学更有效。研究发现基于组内和组间来来回回的多次讨论，学生能够提供更多有数据、资料等支持的论据，并在使用这些论据中进行合理的推理。

该研究有以下特点：第一，教师指定论题和正反方，学生缺乏建构学习或交互学习的机会。第二，学生在课堂内准备论证，且准备过程中可以和组员交互，但课堂时间的限制会影响学生交互学习的质量。第三，所有学生参与论证，他们在多次交互中支持己方和反驳对方，但课堂时间的限制以及内容无法留痕会给学生交互学习和论证的质量带来影响。

Hogan 和 Dunne[②] 研究了线下口头论证式教学对大学生专业知识水平（道德推理技能）的影响。研究以 25 名药学专业的大二学生为研究对象，在其专业课必修课中开展了论证式教学，该课程包含专业知识讲解和实践活动（药房实习）两个部分，教师讲完专业知识后，即开展实践活动之前，学生参与一次课堂内的论证活动，在该活动中，教师首先讲授论证的知识和技能，然后学生围绕相关话题讨论（20分钟），教师基于学生的讨论结果提炼 5 个论题，之后，教师将学生分成 5 组（5 人/组）并给每组指定论题，每组自选正反方。当站方确定之后，小组开始准备论证（15分钟），然后向全班展示论证的核心内容，其他学生可以在展示结束后提问。最后，每个学生都要写关于论证的反思并提交给老师。研究通过三种方式测量学生的专业知识水平，第一，在论证的前后，学生分别写下对教师自制的两个道德相关案例的看法（5分钟），教师基于自定的

[①] Watson-Glaser, "Watson-Glaser Critical Thinking Appraisal forms Manual", https：//www.pearson.com/content/dam/one-dot-com/one-dot-com/global/Files/efficacy-and-research/reports/Watson-Glaser_ One_ Page_ Summary. pdf.

[②] Seana Hogan, Julie Dunne, "Evaluating the Effectiveness of a Focused Debate on the Development of Ethical Reasoning Skills in Pharmacy Technician Students", *American Journal of Pharmaceutical Education*, Vol. 82, No. 6, 2018.

道德推理技能评价标准打分，该标准主要包含学生对场景的理解度以及探索程度，前后测的结果表明，学生的分数显著提高。第二，教师自制问卷让学生评估自己的知识掌握情况等，问卷采用李克特5点量表的形式，结果表明，83%的学生同意或强烈同意他们在论证后对专业知识（道德困境）有了更深的理解。第三，研究对学生的学习反思进行内容分析，分析发现，学生反思的核心主题是他们能够应用专业知识表达各种不同的见解。研究发现学生在论证过程中综合考虑其他组员的看法，在和组员多次讨论中达成一致意见，该过程能够让他们深思熟虑地分析和理解课程内容。

该研究有以下特点：第一，论题基于学生的讨论产生，说明学生有机会建构论题，小组自选正反方也给组员提供了交互的机会。第二，学生在课堂中有15分钟的时间准备论证，且准备过程中组员间能够交互，但时间的限制会给其交互学习的质量带来影响。第三，全员参与论证，学生在多次交互中支持己方，但学生缺乏组间的反驳。此外，论证内容不能留痕，且学生需要在课堂时间内完成论证，这些都会给学生交互学习的质量带来影响。

Kim和Park[1]研究了线下口头论证式教学对大学生专业知识水平（道德敏感性和道德判断力）的影响。研究以64名高年级护理专业学生为研究对象，在其道德伦理课中（2小时/次/周）开展了准实验研究，对照班29人，实验班35人。课程共持续八周，前三周教师讲解专业知识，后五周开始课堂论证活动。教师提前一周指定两个论题，论题内容围绕道德相关的两难困境，如"是否要克隆人"。对于对照班而言，学生课前将自己写的总结报告提交给老师，报告包含一个简短的陈述，同时附带背景资料、简明的分析和结论等。在课中，学生首先展示自己的报告，然后教师讲解正反方如何围绕论题开展论证，最后将该过程与学生的分享进行对比，以此激发学生开展讨论。对于实验班而言，每次有两个组依次在课堂参与论证（6人/组），论证者课前给老师提交一份论证计划，

---

[1] Wol-Ju Kim, Jin-Hee Park, "The Effects of Debate-based Ethics Education on the Moral Sensitivity and Judgment of Nursing Students: A Quasi-Experimental Study", *Nurse Education Today*, 2019, pp. 1–6.

该计划概述其如何支持己方或反驳对方。在课中，教师首先讲解相关知识（5分钟），然后两组各自自选论题，组内自选正反方，每方3人（5分钟），两组依次开展支持己方和反驳对方的论证（40分钟/组），最后两组分别汇报和总结论证的核心内容（10分钟）。研究使用Lützén[①]的道德敏感性问卷和Ketefian[②]的道德判断力问卷测量学生专业知识的变化情况，前者包含五个维度，如职业责任、道德意义等，后者让学生通过案例回答理想主义的道德判断和现实行为的相关问题，前后测的结果表明，在道德判断力方面，实验班和对照班的前测结果无显著差异，但在后测中，实验班学生的表现优于对照班。在道德敏感性方面，实验班和对照班的前后测均无显著差异。研究发现实验班学生对道德困境做出了明确的判断和决策，因为他们有明确的站方并要为站方辩护，学生在辩护中构建新的知识系统，同时收集、分析和系统化处理与论题相关的各种数据，并在这个过程中获得推理技能，最终提高自身的道德判断力。两个班学生的道德敏感性之所以没有差异是因为时间限制、学生年级过高等原因。

该研究有以下特点：第一，教师指定论题，小组自选正反方，组员在自选正反方中有交互学习的机会。第二，学生有一周的时间准备论证和建构知识，研究并没有关注学生在过程中是否可以交互。第三，每次论证中，少数论证者在多次交互中支持己方和反驳对方，大多数学生缺乏交互的机会。此外，论证内容无法留痕，且学生要在课中完成论证，这些都会影响其交互学习和论证的质量。

Rodriguez-Dono 和 Hernández-Fernández[③] 研究了线下口头论证式教学是否有助于学生学习专业知识，研究将13名工程学科硕士分为3组（4—5人/组，2个论证小组，1个调节小组），在其专业课中组织了一次课堂论证活动。教师提前四周指定论题（环境发展是否可持续）以及给

---

① Kim Lützén, "Nursing Ethics Into the Next Millennium: A Context-Sensitive Approach for Nursing Ethics", *Nurse Ethics*, Vol. 4, No. 3, 1997.

② Shaké Ketefian, "Moral Reasoning and Moral Behavior Among Selected Groups of Practicing Nurses", *Nursing Research*, Vol. 30, No. 3, 1981.

③ Alfonso Rodriguez-Dono, Antoni Hernández-Fernández, "Fostering Sustainability and Critical Thinking through Debate-A Case Study", *Sustainability*, Vol. 13, No. 11, 2021.

两个论证小组指定正方或反方。在课中，调节小组先讲解论证等相关知识，正反双方各自展示支持己方的论据，所有小组总结论证的核心内容（60分钟）。然后正反方互相反驳一次并回应反驳，调节小组总结和评价正反方的论证内容（35分钟），接着重复一次上述过程（互相反驳并回应反驳、总结和评价）。为了测量学生专业知识水平的变化情况，教师总结出20个与论题相关的知识点，如可持续发展、循环经济、人文发展指数等，针对每个知识点，学生可以选择没有相关知识（1分）、较少的知识（2分）、中等的知识（3分）、较多的知识（4分）以及丰富的知识（5分），学生在论证前后分别做了该测试，前后测的结果表明，学生后测的平均分（3.7分）高于前测（2.1分），这说明线下口头论证式教学有助于学生学习专业知识。研究发现论证小组在组内组间多次交互中应用所学知识，在支持或反驳中，他们结合专业知识提供论据。调节小组在总结和批判性正反方的论证内容中应用并深化所学知识。

该研究有以下特点：第一，教师指定论题和正反方，学生缺乏建构学习或交互学习的机会。第二，小组有四周的时间准备论证，他们在评价资料中建构知识，但学生在准备过程中的交互性有待关注。第三，所有学生参与论证，他们在多次交互中支持己方，但学生仅有两次组间反驳的机会。此外，论证的内容不能保存，且论证的时间受限（130分钟），上述因素都会影响学生在论证中的交互质量。

为了探究线下口头论证式教学对非全日制研究生情绪的影响，刘星和杨斌[1]在其战略管理的必修课上开展了准实验研究，对照班（70人）采取教师讲学生听的传统教学方式。在实验班中（112人），8名学生参与一次时长为一个小时的课堂论证活动。在课前，教师指定论题"将中国传统文化引入现代企业管理是利大于弊还是弊大于利"，班级内所有学生被随机分成正或反方，学生有一定的时间准备论证。在课中，教师随机选取8名论证者（4人/方），论证者开展支持己方和反驳对方的论证，其余学生通过论证前协助搜集材料、论证中观看论证以及论证结束后补充发言的方式参与论证，教师在论证结束后点评论证。研究利用Watson

---

[1] 刘星、杨斌：《辩论与讲座对非全日制研究生情绪影响的研究》，《研究生教育研究》2022年第1期。

和 Clarkatson[①]的情绪量表测量学生情绪的变化情况,该量表包含 20 个形容词,其中 10 个代表积极情绪,10 个代表消极情绪,前后测的结果表明,两个班学生在前测中无显著差异,在后测中,两个班学生的消极情绪无显著差异,但实验班的学生表现出更多积极的情绪。研究发现在支持己方和反驳对方中,论证者实现了从被动听课者向积极主动参与者的转变,这有助于他们产生更多积极的情绪。

该研究有以下特点:第一,教师指定论题,学生被随机分配正或反方,学生缺乏建构学习或交互学习的机会,第二,学生在课前可以准备论证和建构知识,但他们在准备过程中的交互性还有待进一步关注。第三,一次论证仅有 8 名学生参与,他们通过多次交互支持己方和反驳对方,但大部分学生没有机会参与论证进行交互,虽然观众在论证前期参与准备或论证结束后发言,但却不能及时表达在论证过程中的想法。此外,论证者的论证内容无法留痕,且他们需要在课堂内完成论证,这些都会影响其交互学习和论证的质量。

为了探究大学生对于线下口头论证式教学的感受,徐勇[②]以 61 名电子商务专业的大二学生为研究对象,在互联网金融课上组织了一次课堂论证活动。教师提前两周指定论题"比特币是否是电子货币",学生自选八名论证者,论证者自选正反方(4 人/方),然后论证者准备论证,且教师在准备过程中提供多种参考资料。在课中,教师首先讲解专业和论证相关知识,然后论证者开始支持己方和反驳对方的论证(25 分钟),论证结束后教师点评论证(5—10 分钟)。教师通过自制的问卷调查了学生的感受,问卷包含以下三个问题:是否有必要开展论证、论证是否有助于掌握知识以及论证提高了哪些能力。结果表明,大部分学生认为有必要开展论证,论证帮助他们掌握知识以及提升了逻辑思维能力等。研究发现论证改变了学生被动接受知识的局面,让学生在积极参与论证中提供论据并梳理论据之间的逻辑关系,该过程有助于学生应用和加深对于

---

① David Watson, Lee Anna Clark, "Development and Validation of Brief Measures of Positive and Negative Affect: The PANAS Scales", *Journal of Personality and Social Psychology*, Vol. 54, 1988.

② 徐勇:《课堂辩论在线上线下混合式教学中的应用探索——以互联网金融课程为例》,《软件导刊》2022 年第 1 期。

知识的理解。

该研究有以下特点：第一，教师指定论题，学生自选正反方，学生缺乏建构学习或交互学习的机会。第二，学生有两周的时间准备论证，他们在评价资料中建构知识，但学生在准备论证中的交互性没有受到关注。第三，一次论证仅有8名论证者，他们在交互中支持己方和反驳对方，大多数观众无法参与论证进行交互。此外，论证者的论证内容无法留痕，且他们要在25分钟内完成论证，这会给其交互学习和论证效果带来影响。

综上所述，在线下口头论证式教学实践的研究中，论证式教学的过程设计对其效果发挥具有重要影响。表2.4和表2.5对上述代表性研究进行了概述，以下分别从论题和站方选择、论证准备（资料评价）、提出主张以及为主张辩驳三个方面对线下口头论证式教学的设计及其效果影响因素进行分析。

表2.4　　　　　线下口头论证式教学实践的代表性研究

研究者	研究对象	论证式教学过程	教学效果	对效果的解释
Fung & Howe, 2014	高一学生	1 课中教师讲授相关知识 2 教师指定论题和正反方 3 学生论证（单独、小组合作、教师指导的小组合作） 4 论证展示（个人或小组）和问题回应	问卷调查和内容分析的结果表明，在提升学生的批判性思维技能方面，小组合作论证比单独论证更有效，教师支持的小组合作论证比小组合作论证更有效	1 小组合作多方面整合建设性意见，协作推理 2 教师的指导促使学生科学阐述观点
谷羽，刘芝庆，谷木荣，2021	不同年级的大学生	1 课前教师指定论题，小组被随机分配正反方，然后准备论证 2 课中小组开展支持己方和反驳对方的论证 3 教师和观众提问 4 教师点评论证	问卷和内容分析的结果表明，在提升批判性思维技能方面，线下口头论证式教学比传统教学更有效	1 学生在论证中挑战常识 2 论证促使学生理性地表达想法

续表

研究者	研究对象	论证式教学过程	教学效果	对效果的解释
Giri & Paily, 2020	高二学生	1 课中教师提出论题 2 学生阅读论证相关内容 3 学生组队，教师指定正反方 4 小组准备论证 5 组内组间论证 6 小组进行论证反思	问卷调查的结果表明，在培养学生批判性思维技能方面，线下口头论证式教学比传统教学更有效	1 学生在组内组间多次支持或反驳中寻找论据 2 学生对论据合理推理
Hogan & Dunne, 2018	大二学生	1 课中教师讲授相关内容并基于学生的讨论提炼论题 2 教师指定论题，小组自选正反方 3 小组准备论证 4 小组展示论证的核心内容，其他学生提问 5 学生写论证反思	问卷调查和内容分析的结果表明，线下口头论证式教学有助于学生学习专业知识	组员综合考虑彼此的看法，在多次讨论中深入分析内容
Kim & Park, 2019	高年级大学生	1 课前教师指定论题和论证者，学生准备论证 2 课中教师讲解相关知识，小组自选正反方 3 小组开展支持己方和反驳对方的论证 4 小组汇报和总结论证的核心内容	问卷调查的结果表明，在提高道德判断力方面，论证式教学比学生汇报讨论式教学更有效，但在道德敏感性方面无显著差异	1 学生在选择和维护站方中构建新的知识系统，收集、分析和系统化各种数据，获得高阶伦理知识和推理技能，进而提高道德判断力 2 道德敏感性之所以没有差异是因为时间限制、学生年级过高等

续表

研究者	研究对象	论证式教学过程	教学效果	对效果的解释
Rodriguez-Dono & Hernández-Fernández, 2021	硕士生	1 课前教师指定论题和正反方，学生准备论证 2 课中论证小组支持己方和反驳对方，调节小组审查论证内容、分析论点等	专业知识测试的结果表明，学生学习了专业知识	1 论证者支持或反驳中应用知识提供论据 2 调节者在总结和批判性分析论证内容中深入理解知识
刘星，杨斌，2022	非全日制硕士生	1 课前教师指定论题，学生被随机分配正反方，准备论证 2 课中教师指定论证者 3 论证者开展论证 4 教师点评论证	积极和消极情绪量表测试结果表明，该方式有助于学生保留更多的积极情绪	学生在支持或反驳中从被动"听课"者变为积极主动参与者
徐勇，2022	大二学生	1 课前教师指定论题，学生自选论证者，论证者自选正反方 2 论证者准备论证 3 课中教师讲解相关知识 4 论证者开展论证 5 教师点评	问卷调查的结果表明，学生认为有必要开展论证，他们学到了知识、提升了逻辑思维能力等	学生主动参与、基于知识提供证据以及梳理其逻辑关系

表 2.5　　线下口头论证式教学代表性研究中的具体教学过程

研究者	论题和站方	论证准备	提出主张以及为主张辩驳
Fung & Howe, 2014	教师提出和确定论题，并给学生指定正反方	无	1 组员都是论证者 2 多组同时论证，各组员在多次交互中支持己方 3 课中共组织 10 次论证活动，每次 10 分钟

续表

研究者	论题和站方	论证准备	提出主张以及为主张辩驳
谷羽，刘芝庆，谷木荣，2021	教师提出和确定论题，小组被分配正反方	学生课外准备论证	1 每次6—8名论证者 2 一组正反方论证，同站方者在多次交互中支持己方、异站方间多次反驳性交互 3 课中共开展5次论证活动，每次约40分钟
Giri & Paily, 2020	教师提出和确定论题，并给小组指定正反方	课内准备论证，学生之间有交互	1 组员都是论证者 2 多组同时论证，组内组员在多次交互中支持己方、组间多次反驳性交互 3 课中共开展8次论证活动，每次90—120分钟
Hogan & Dunne, 2018	教师基于学生的讨论提出并确定论题，小组自选正反方	无	1 组员都是论证者 2 多组同时论证，各组组员在多次交互中支持己方 3 课中共开展1次论证，持续15分钟
Kim & Park, 2019	教师提出和确定论题，小组自选正反方	学生课外准备论证	1 每次12名论证者 2 一组正反方论证，同站方者在多次交互中支持己方、异站方间多次反驳性交互 3 课中共开展5次论证活动，每次120分钟
Rodriguez-Dono & Hernández-Fernández, 2021	教师提出和确定论题，并给小组指定正反方	学生课外准备论证	1 组员都是论证者 2 一组正反方论证，同站方者在多次交互中支持己方、异站方间两次反驳性交互 3 课中共开展1次论证活动，持续130分钟
刘星，杨斌，2022	教师提出和确定论题，学生被随机分配正反方	学生课外准备论证	1 18名论证者 2 一组正反方论证，同站方者在多次交互中支持己方、异站方间多次反驳性交互 3 课中共开展1次论证活动
徐勇，2022	教师提出和确定论题，学生自选正反方	学生课外准备论证	1 18名论证者 2 一组正反方论证，同站方者在多次交互中支持己方、异站方间多次反驳性交互 3 课中共开展1次论证活动，持续25分钟

从表 2.4 和表 2.5 中可以看出，不同研究在论题和站方、论证准备、提出主张以及为主张辩驳的设计方面存在差异性。首先，对于论题和站方阶段而言，大部分研究中教师给学生指定论题，学生自选正反方或教师指定正反方，较少有研究鼓励学生自主提出论题且自选正反方，即学生较少有建构学习或交互学习的机会。

其次，对于论证准备阶段而言，很多研究在课外给学生提供了充足的时间进行建构学习，但较少有研究专门给学生提供沟通和讨论的条件，学生之间的交互性还有提升空间。虽然一些研究专门给学生提供了交互的机会，但通常要求他们在课堂的时间内完成，时间的限制会给其交互学习的效果带来影响。

最后，对于提出主张以及为主张辩驳阶段而言，很多研究让学生通过交互学习的方式完成该过程，且组内组间的多次交互（支持或反驳）以及教师的指导有助于提升学生交互学习的质量，进而促使学生通过交互学习提升论证技能以及专业知识水平等。在很多研究中，学生组队支持己方或者支持己方且反驳对方，他们不仅在组内进行多次支持性的交互，还可以在组间开展多次反驳性的交互，但很多研究中只有部分学生能够参与交互，且参与者要在课堂有限的时间内完成论证。此外，论证的内容也无法被记录和留痕，这些会影响学生交互学习的质量，进而影响其论证等技能的提升。

此外，不同研究中也采用了不同的评价方法，有的开展了准实验研究，实验班和对照班的学生在论证前后分别填写问卷或写论证相关内容，通过内容分析和数据统计对比两个班的结果，进而得出研究结论。有研究以一个班为研究对象，学生在论证前后分别填写问卷或写论证相关内容，通过内容分析和数据统计对比前后测的结果，进而得出研究结论。此外，也有研究让学生在论证结束后填写问卷或写反思，通过内容分析和数据统计得出研究结论。

（二）线下可视化论证式教学实践的研究现状

在线下可视化论证式教学中，学生通常以绘制纸笔版论证图的方式对自己或自己小组的观点从多个角度进行全面论证。线下可视化论证式教学的实践研究已经在大学和小学中开展，且很多研究的结果表明，该方式能够提升学生的批判性思维技能、论证技能以及专业知识水平等。

为了探索纸笔版的论证图对大学生论证技能的影响，Harrell[①] 在一门哲学导论的选修课中开展了实践研究，135 名选课者来自不同学院的不同专业。学期开始时，教师给学生讲解论证图绘制方法等知识，所有学生在学期内共参与 5 次论证活动，每次都是教师在课堂上讲解相关知识，在课外，学生自选阅读短文，然后以论证图的形式围绕短文内容单独论证。为了测试学生的论证技能，在第 1 次论证前和第 5 次论证结束后，学生完成教师自制的 5 道题，虽然前后测的题目不一样，但考察的知识点相同，每题都要求学生列出能够反映其论证技能的关键内容，如结论、前提、前提之间的关系、理由、论据的逻辑关系和质量等，每点答对为 1 分，答错为 0 分，教师评分的结果表明，学生的分数显著提高，即学生的论证技能得到提升。研究发现论证图能够清晰地展示论证内容，帮助学生分析论证的逻辑结构，进而促使学生提供高质量的论据。

该研究的特点为：第一，学生自选论证主题，他们在自选过程中有建构学习的机会。第二，学生在课外有充足的时间准备论证，他们在准备过程中也可以建构学习。第三，所有学生参与论证，他们在解释自己观点过程中实现建构学习，且课外的时间也比较充足。此外，论证图清晰地呈现论证内容且能将内容留痕。但无论是选择论证主题、准备论证还是论证的实施阶段，研究都没有关注学生之间的交互性。

Sampson、Grooms 和 Walker[②] 的研究关注基于论证的探究式教学对 10 年级学生（高一）论证技能的影响。在化学课中，研究将 19 名学生分为 6 组（3—4 人/组），他们在一个学期中共参与 15 次实验室的论证活动，每次都是在午餐时间或放学后开展。教师首先介绍研究问题，如应用课堂所学知识确定一个未知粉末。接着小组商讨确定回答问题的方法，然后小组通过实验开始试探性论证，他们将实验得到的论据等在纸上以论证图的方式展示。试探性论证之后小组间开始交互式论证，即组间彼此质疑与自我维护。最后每个小组撰写报告（做了什么、为什么、论据

[①] Maralee Harrell, "No Computer Program Required: Even Pencil-and-paper Argument Mapping Improves Critical Thinking Skills", *Teaching Philosophy*, Vol. 31, 2008.

[②] Victor Sampson, Jonathon Grooms, Joi Phelps Walker, "Argument-Driven Inquiry as a Way to Help Students Learn How to Participate in Scientific Argumentation and Craft Written Arguments: An Exploratory Study", *Science Education*, 95, 2011.

等），小组之间可以互评报告。为了测试学生的论证技能，研究录制了小组在试探性论证中的对话，然后从两个角度对对话进行编码，第一是学生的参与方式，研究使用 Barron[1] 的编码方案测量学生对各种想法的反应，该方案包含四种反应类型，分别为接受、讨论、拒绝和忽略。前后测的结果表明，除一个组外，所有组忽略、拒绝和接受的比例降低，而讨论的比例增加。第二，研究使用 Osborne、Erduran 和 Simon[2] 的论证技能编码框架测量学生的论证技能，该框架主要包含四部分内容，分别为寻求信息的、说明性的、反对性的和支持性的，学生在第一次论证中大部分都是说明性的和支持性的，即学生致力于提出、澄清或证明自己的想法。在最后一次论证中，学生在讨论期间有更大比例的反对意见。此外，基于 Sampson 和 Clark[3] 的论证技能分析框架，研究还分析了论证图中的内容，该框架包含四部分内容，如解释的充分性等，每部分的分值在0—3，结果表明，学生最后一次论证的平均得分（9.3 分）高于第一次（3.6 分）。上述数据均说明该教学方式有助于提升学生的论证技能。研究发现论证图能够将论证结构可视化，清晰地展示主张和证据等内容，促使学生使用合理的证据和推理支持其主张，进而提供更多论题相关的主张和论据等。

该研究的特点如下：第一，教师指定探究问题，学生缺乏建构学习或交互学习的机会。第二，小组在课堂中准备论证，且过程中能和他人交互。第三，所有学生参与试探性论证，在和组员的交互中支持己方，且论证图能够清晰地展示论证内容以及让内容留痕。但无论是准备论证还是参与论证，学生均需要在课堂上完成，此外，论证过程中组间也缺乏反驳性的交互，时间的限制以及反驳的不足都会给学生交互学习的效果带来影响。

---

[1] Brigid Barron, "Achieving Coordination in Collaborative Problem-Solving Groups", *Journal of the Learning Sciences*, Vol. 9, No. 4, 2000.

[2] Jonathan Osborne, Sibel Erduran, Shirley Simon, "Enhancing the Quality of Argumentation in School Science", *Journal of Research in Science Teaching*, Vol. 41, No. 10, 2004.

[3] Victor Sampson, Douglas B. Clark, "Assessment of the Ways Students Generate Arguments in Science Education: Current Perspectives and Recommendations for Future Directions", *Science Education*, Vol. 92, No. 3, 2008.

Kaeppel[①]研究了纸笔版的论证图对大学生批判性思维的影响。研究在一门关于性别的哲学选修课中开展了实践，课程内容包含很多适合论证的争议性话题，如堕胎、厌女症等。16名本科生被分成3—5人的小组，他们来自不同年级和不同专业。在7次课中，每个小组围绕所学内容绘制7张论证图，每次教师先讲解相关知识，然后每个小组围绕教师所讲内容自定论证主题并以论证图的方式呈现，最后每个小组展示论证图的核心内容。研究对半结构化访谈的数据和课堂观察的数据进行了主题分析，课堂观察数据主要是教师记录每个小组与研究问题相关的行为、互动和对话，分析的结果表明，学生能够审慎和公正地思考有争议的问题，他们理解和构建论证的能力有所提升。研究发现自提论证主题提高了学生的理解力和判断力。论证图可视化地展示论证内容，这就促使学生提供合理的论据。小组合作汇聚了各方意见，学生在过程性的多次互动中全面理解论证内容，在多次意见交换中共同完成论证任务。

该研究有以下特点：第一，小组自提论证主题，组员在提的过程中有交互学习的机会。第二，学生缺乏准备论证的时间，更缺乏在准备中交互的机会。第三，所有学生参与论证，组员在交互中解释论证的主题，且论证图将论证内容可视化展示以及留痕，但论证必须在课堂内完成，且组间缺乏反驳性的交互，这些都会影响学生交互学习和论证的质量。

KABATAŞ，MEMİŞ和KARAKUŞ[②]研究了纸笔版的论证图对六年级学生专业知识水平的影响。研究在一门科学课中开展，84名学生被分成5—6人的小组，每个小组参与5次课堂论证活动（1次/4小时/周），论证以"声音及其属性"为内容主题。在论证的前期，教师给学生讲解专业和论证等相关知识。在课中，每个小组自提论证主题，然后围绕主题开展实验，组员基于实验数据相互讨论并以论证图的方式呈现内容。最后所有小组展示论证图的核心内容，组间彼此评价论证图。教师围绕"声音及其属性"设计一份试卷测试学生的专业知识水平，该试卷包括

---

① Kristi Kaeppel, "The Influence of Collaborative Argument Mapping on College Students' Critical Thinking about Contentious Arguments", *Thinking Skills and Creativity*, Vol. 40, 2021.

② Kabataş Memiş, E. & Çakan Akkaş, "Developing Critical Thinking Skills in the Thinking-Discussion-Writing Cycle: The Argumentation-Based Inquiry Approach", *Asia Pacific Education Review*, Vol, 21, No. 3, 2020.

25个问题（20道选择题和5个开放式问题），前后测的结果表明，学生的成绩显著提升。研究发现写论证内容（文字）的方式有助于学生批判性地思考，因为学生在写的过程中会再次思考内容的合理性。论证图能够清晰化和简化学生的推理过程，让学生及时发现自己的不足，进而提供更多合理的论据支持主张，而合理证据的提出需要以相关知识为基础。

该研究有以下特点：第一，小组自主提出论证主题，组员在提的过程中有交互的机会。第二，小组在课堂上准备论证，且过程中组员间彼此交互。第三，所有学生参与论证，组员在解释论证的主题开展交互学习，论证图可视化论证过程并将内容留痕。但论证的准备和论证图的绘制必须在课堂上完成，时间的限制会给学生间的交互带来影响，此外，组间缺乏反驳性的交互，这些都会影响学生的论证质量。

综上所述，在线下可视化论证式教学的实践研究中，论证式教学的过程设计对其效果发挥具有重要作用。表2.6和表2.7对上述代表性研究进行了概述，以下分别从论题和站方、论证准备（资料评价）、提出主张以及为主张辩驳三个方面对线下可视化论证式教学的设计及其效果影响因素进行分析。

表2.6　　　　　线下可视化论证式教学的代表性研究

研究者	研究对象	论证式教学过程	教学效果	对效果的解释
Harrell,2008	大学生	1 课前教师讲解论证图绘制等知识 2 课中教师讲解专业知识 3 课外学生自选短文并单独将其绘制成论证图	测试题测试的结果表明，学生的论证技能得到提升	论证图清晰地呈现论证的逻辑结构，帮助学生分析论证和提供高质量论据
Sampson, Grooms & Walker, 2011	高一学生	1 课中教师指定论证主题 2 小组准备论证 3 小组基于论证图提供证据解释主题 4 组间作品评价 5 小组撰写报告以及互评报告	学生对话的内容分析结果表明，其论证技能得到提升	论证图促使学生提供更多论题相关的主张和论据等

续表

研究者	研究对象	论证式教学过程	教学效果	对效果的解释
Kaeppel, 2021	大学生	1 课中教师讲解相关内容 2 小组自主提出论证主题 3 小组基于论证图解释主题	半结构化访谈和教师课堂观察的结果表明，学生的批判性思维技能得到提升	1 学生在自提论证主题中提高判断力 2 论证图帮助学生抓论证核心 3 学生在和组员多次互动中全面理解内容
KABATAŞ, MEMİŞ & KARAKUŞ, 2021	六年级学生	1 课前教师讲解专业和论证相关知识 2 课中小组自提论证主题 3 小组准备论证 4 小组基于论证图论证主题 5 小组间作品互评	专业知识测试的结果表明，学生学到了专业知识	1 写论证内容有助于学生批判性思考 2 论证图帮助学生提供合理的论据

表 2.7　　线下可视化论证式教学代表性研究中的教学过程

研究者	论题和站方	论证准备	提出主张以及为主张辩驳
Harrell, 2008	学生自提论证主题	课外时间准备	1 所有学生都是论证者 2 学生单独绘制论证图 3 论证在课后完成 4 学生共参与7次论证活动
Sampson, Grooms & Walker, 2011	教师指定论证主题	课内时间准备，且学生间可以交互	1 组员都是论证者 2 多组同时论证，组内组员在绘制论证图中多次交互，组间多次口头反驳性交互 3 论证在课中完成 4 学生共参与15次论证活动
Kaeppel, 2021	学生自提论证主题	无	1 组员都是论证者 2 多组同时论证，组内组员在绘制论证图中多次交互 3 论证在课中完成 4 学生共参与7次论证活动

续表

研究者	论题和站方	论证准备	提出主张以及为主张辩驳
KABATAŞ, MEMİŞ & KARAKUŞ, 2021	学生自提论证主题	课内时间准备，且学生间可以交互	1 组员都是论证者 2 多组同时论证，组内组员在绘制论证图中多次交互 3 论证在课中完成 4 学生共参与 5 次论证活动

从表 2.6 和表 2.7 中可以看出，不同研究在论题和站方、论证准备、提出主张以及为主张辩驳的设计方面存在差异性。首先，对于论题和站方阶段而言，很多研究让学生自主提出论证主题，学生通过自提论证主题进行知识建构，但很多研究并没有给学生提供和他人讨论论题合理性的机会，学生彼此之间还缺乏交互。

其次，对于论证准备阶段而言，有研究没有给学生专门的准备时间，学生缺乏建构学习或交互学习的机会。一些研究中学生有充足的时间在课外进行建构学习，但这些研究基本没有给学生提供专门的机会鼓励其开展交流讨论的交互。有研究虽然给学生提供了交互学习条件，但学生通常要在课内时间完成，时间的限制会给交互学习的效果带来影响，进而影响其论证等技能的提升。

最后，对于提出主张以及为主张辩驳阶段而言，很多研究让学生通过建构学习或交互学习的方式完成该过程，且论证图、写论证内容以及组内组间的多次交互有助于提升学生建构或交互学习的质量，进而促使学生通过建构或交互学习提升论证技能以及专业知识水平等。有研究中学生单独建构写论证图，该方式虽然能够将论证内容留痕，但学生间缺乏交互的机会。一些研究给学生提供了组内交互的机会，但是组间缺乏反驳性的交互。有研究给学生提供了组内和组间交互的机会，但学生通常要在课堂限定的时间内写完论证图，时间的限制会影响学生交互学习的质量，进而影响其论证等技能的提升。

此外，不同研究也采用了不同的评价方法，有研究以一个班为研究对象，学生在论证前后分别填写问卷，通过数据分析对比前后测的结果，进而得出研究结论。有研究关注学生第一次和最后一次的论证内容，然后进行内容分析和数据统计，通过前后的结果对比得出结论，也有研究对学生所有的论证内容进行了分析，进而总结出结论。此外，也有研究在论证结束后对学生进行访谈，通过内容分析和数据统计得出结论。

二 混合学习环境下论证式教学实践的研究现状

（一）混合学习环境下非可视化论证式教学实践的研究现状

在混合学习环境下非可视化论证式教学中，基于教师在线下的讲解，学生通常以线上发帖等方式维护自己的站方以及反驳对方。在论证结束后，老师可以对论证进行点评，其他学生也可以针对论证内容发表自己的想法。混合学习环境下非可视化论证式教学的实践研究已经在大学和小学中开展，且很多研究的结果表明，该方式能够提高学生讨论和反思的深度、锻炼其批判性思维技能和论证技能、促使其学习专业知识以及理性地提出论点等。

Weeks[①] 探究了在线论证对研究生思考深度的影响。研究以领导力课程的 57 名学生为研究对象（实验班 31 人，对照班 26 人），他们共参与 3 次论证活动。在课前，教师先指定论题，然后选取 6 名论证者并给其指定正反方（3人/方）。对照班的论证者线下合作准备论证，他们整理写出论题相关的资料（4—5 页），且这些材料要具有学术性，至少参考 6 篇文献，然后在课堂开展面对面的论证。实验班的论证者线上协同准备论证，准备的内容和对照班相同，然后在课中或课后以发帖的形式异步支持己方或反驳对方。在论证过程中，两个班的观众都可以向论证者提问。研究对两个班在准备阶段所写的内容进行了分析，结果表明，相比于对照班，实验班学生思考得更深。研究发现异步的方式为学生提供了充足的思考时间，学生能够持续地思考问题以及深思熟虑地分析内容，最终做出理性的回应。

该研究有以下特点：第一，教师指定论题和正反方，学生缺乏建构学习或交互学习的机会。第二，学生有准备论证的时间，过程中对照班

---

① Penny Pennington Weeks, "Examining Online Debate and Discussion", *Academic Exchange Quarterly*, Vol. 17, No. 1, 2013.

的学生在线下开展交互学习，实验班的学生在线上进行交互学习。第三，少数论证者在多次交互中支持己方和反驳对方，线上异步的方式不仅促使内容留痕，还给学生提供充足的思考时间，这些都会给学生交互学习和论证的质量带来积极影响。虽然一次论证仅有部分参与者，但观众在论证过程中可以向论证者提问。

为了探究大学生在线上论证中的论证技能，Charrois 和 Appleton[1] 将药学专业的大四学生分成32个组（3—5人/组），并在其专业课治疗学中组织2次论证活动（2.5周/次），两次论题分别为"叶酸补充剂会导致癌症吗？"和"阿司匹林对治疗不孕症有好处吗？"论证活动开展之前，教师讲解专业和论证相关知识。活动开始时，教师指定论题并给所有小组指定正反方，正反方两两自由结合，然后以异步发帖的形式支持己方和反驳对方，课程协调员每周检查帖子，这不仅促使学生积极发帖论证，还能监测帖子的质量。研究随机选取4组学生的论证内容，基于Toulmin[2] 的论证技能框架对其进行内容分析，该框架将论证技能分为4个等级，第1等级仅包含一个主张，第2等级包含主张、数据和/或依据，第3等级包含主张、数据和/或依据以及支援或限定，第4等级包含主张、数据、依据、支援以及限定，结果表明，大部分学生的论证技能处于第2等级或更高等级，他们为每个主张都提供了大量的证据。研究发现无论组内支持性的互动还是组间反驳性的互动，学生都能准确评估证据的质量或通过推理说明对方的不足之处。

该研究有以下特点：第一，教师指定论题和正反方，学生缺乏建构学习或交互学习的机会。第二，学生缺乏机会准备论证，更无法通过准备论证实现建构学习或交互学习。第三，所有学生参与论证，他们在多次交互中支持己方和反驳对方，且异步的方式给所有学生提供了充足的交互时间，同时也能够让论证内容留痕，这些都会给学生交互学习和论证的质量带来积极影响。

---

[1] Theresa L. Charrois, Michelle Appleton, "Online s to Enhance Critical Thinking in Pharmacotherapy", *American Journal of Pharmaceutical Education*, Vol. 77, No. 8, 2013.

[2] Stephen Edelston Toulmin, *The Uses of Arguments* (updated edition). Cambridge, UK: Cambridge University Press, 2013.

Crowell 和 Kuhn[①] 的研究证明了在线论证能够提升六年级学生的论证技能。56 名学生在其哲学课中多次参与论证活动（50 分钟/次），每次教师先讲解相关知识，然后给学生指定论题，学生自选正反方，7—8 名同站方的学生自由成组，他们共同讨论支持己方的论据以及对方可能反驳的点。讨论完之后，同站方的学生两两配对，配对的学生和指定的对方通过"谷歌 Chat"在线支持己方和反驳对方，整个过程持续 25 分钟。论证结束后，同站方的学生（7—8 人）总结支持己方的论据以及对方反驳的点，每个组向全班汇报论证的核心内容。为了测量学生的论证技能，研究自制了评价标准并对学生的论证内容进行评价，该标准包含强反驳（直接合理地反驳对方）和弱反驳（不直接反驳而是提出新思路），结果表明，学生的直接反驳逐步增多，这说明学生的论证技能得到提升。研究发现同站方学生之间的多次交互有助于学生深入思考，提供合理的证据支持主张。不同观点的学生也能在认知冲突中提出更多基于证据的反驳。

该研究有以下特点：第一，教师指定论题，学生自选正反方，他们可以在站方选择中开展建构学习，但在论题方面还缺乏建构学习或交互学习的机会。第二，同站方的学生在课堂上准备论证，过程中也能够彼此交互。第三，所有学生参与论证，他们在多次交互中支持己方和反驳对方，且论证的内容能够留痕。但无论是准备论证还是参与论证，学生都需要在课堂时间内完成，时间的限制会影响其交互学习和论证的质量。

为了探究在线论证对大学生专业知识学习的影响，Tsovaltzi、Puhl、Judele 和 Weinberger[②] 以 81 名学生为研究对象，在以教师培训为主题的课中组织了一次论证活动（120 分钟）。课中学生首先阅读关于行为主义的文本，包含其定义、支持和反对行为主义原则的主要论据等，然后教师指定论题"行为主义原则是否应适用于课堂"，学生自选正反方，

[①] Amanda Crowell, Deanna Kuhn, "Developing Dialogic Argumentation Skills: A Three-year Intervention Study", *Journal of Cognition and Development*, Vol. 15, No. 2, 2014.

[②] Dimitra Tsovaltzi, Thomas Puhl, Raluca Judele, Armin Weinberger, "Group Awareness Support and Argumentation Scripts for Individual Preparation of Arguments in Facebook", *Computers & Education*, Vol. 76, 2014.

学生有 25 分钟的时间单独准备论证，之后在论坛上以发帖的形式支持己方。论坛帮助学生注释其论证的类型，如声明、维护、补充等，同时学生也被告知其发表的内容之后会被其他同伴评论。为了测量学生行为主义相关知识的变化情况，教师自制了测试卷，该卷包含 24 个有固定答案的题和两个开放式问题，开放式问题主要让学生写出行为主义的弱点和优势，教师也自制了开放问题的评分标准，总结出若干代表行为主义弱点和优势的参考语句，前后测的结果表明，在线论证活动有助于学生学习专业知识。研究发现平台提供的不同论证类型有助于学生提出合理的论据。群体意识（知道有人评论自己的帖子）让学生在发表内容时尽可能多的考虑到可能会被批评的点，促使其更加全面和严谨地思考课程内容。

该研究有以下特点：第一，教师指定论题，学生自选正反方，他们可以在站方选择中开展建构学习，但在论题方面还缺乏建构学习或交互学习的机会。第二，学生有 25 分钟的时间准备论证，他们在准备中建构知识，但研究没有关注学生在准备过程中的交互性。第三，所有学生都能参与论证并在支持自己中实现建构学习，论证内容也能够被记录。但学生缺乏和他人交互的机会，且要在约 100 分钟的时间内完成论证，这些都会影响学生建构学习和论证的质量。

Zhang, Beach 和 Sheng[①] 以 10 名在职硕士为研究对象，探究了他们对线上论证的感受。研究在数字化教学的课中组织了一次论证活动，活动持续 3 周，第 1 周的主要任务是确定论题和站方，教师给学生讲解专业和论证相关知识，学生从教师提供的若干论题中选择了"在美国，公立学校是否应该被拆除"，然后自选正方角色（当地企业主、保守派家长等）或反方角色（公立学校学生、纳税人等）。第 2—3 周的主要任务是准备和论证，学生有 3 天的时间通过网络等查找论证相关资料，3 天之后，论证者以线上发帖的方式支持己方或反驳对方，每个参与者至少发 3 个帖子和回复 3 个帖子，教师全程参与该过程，当学生论证出

[①] Li Zhang, Richard Beach, Yue Sheng, "Understanding the Use of Online Role-play for Collaborative Argument Through Teacher Experiencing: A Case Study", *Asia-Pacific Journal of Teacher Education*, Vol. 44, No. 3, 2016.

现僵局或方向偏差时提供及时指导。研究对学生的访谈内容进行了整理和分类，结果表明，在合作中产生想法、更具有创造性、以他人的观点理解内容、匿名感觉更舒服等是学生的主要感受。研究发现合作促使学生在和他人的多次互动中全面看待问题。以角色扮演进行匿名的方式有助于学生间充分反驳。线上的环境可以让论证内容留痕，这便于学生后续对论证进行审查和反思，且异步论证给学生提供更多思考的时间以及互动的机会。

该研究有以下特点：第一，学生从教师提供的论题中选一个并自选正反方，该过程有助于学生开展建构学习，但学生间的交互性还有待提升。第二，学生有3天的时间准备论证，他们在该过程中能够建构知识，但研究没有关注学生在准备过程中的交互性。第三，所有学生都能以角色扮演的方式匿名参与论证，他们在多次交互中支持己方和反驳对方，且异步论证给其提供了充足的交互时间，这些都会给学生交互学习和论证的质量带来积极影响。

Mitchell[①]研究了研究生对在线论证的感受，在社会政策课中，36名学生参与一次9周的异步在线论证活动，活动包含四个阶段：（1）资料准备（第1周）：教师指定论题并指定正反方，每个人准备自己站方的相关资料，通过引用学术论文写一份2—3页的站方说明。（2）观点陈述和辩论（第2—6周）：同站方的学生线上阐述主张和论据，阐述完后对方阅读这些内容并反驳。（3）想法发表（第7—8周）：学生在线发表自己对于本站方的看法。（4）小组成员彼此评价以及写论证反思（第9周）。为了测量学生对在线论证的感受，研究从以下两个方面收集数据，第一，研究基于主题分析对反思内容进行了分析，结果表明，学生在论证中善于挑战自己的想法、论证促使他们走出舒适区以及重新审视自己的观点、群体冲突有助于他们学习知识以及提升批判性思维技能。第二，在课程结束后的3—6个月，教师给学生发了自制的问卷，问卷包含如下内容：论证有助于理解课程概念、提高参与性、批判性思维技能、合作效率等（非常同意、同意、不同意），结果表明，大部分学生（78%—92%）认

---

① Elissa Thomann Mitchell, "Using Debate in an Online Asynchronous Social Policy Course", *Online Learning*, Vol. 23, No. 3, 2019.

为论证有助于他们理解课程概念、提高参与性、批判性思维技能以及合作效率。研究发现论证促使学生主动学习并自主探究论据，小组也要齐心协力支持己方和反驳对方，在支持或反驳中更全面和辩证地看待问题，且异步的方式为其提供了时间上的保障。

该研究有以下特点：第一，教师指定论题和正反方，学生缺乏建构学习或交互学习的机会。第二，学生有充足的时间单独准备论证，但研究没有关注他们在准备过程中的交互性。第三，所有学生参与线上论证，在充足时间的支持下，他们在多次交互中支持己方，且论证内容能够留痕。但每方只能反驳对方一次，且对方还可以不回应，这会影响学生交互学习和论证的质量。

Chen 和 Swan[①] 的研究关注在线论证对大学生参与度、互动性和批判性思维技能等的影响。研究以 52 名学生为研究对象（47 名大三或大四学生，5 名研究生），在其健康主题的选修课中组织一次论证活动，时长为 14 周。活动分为以下 5 个阶段：（1）准备（第 1—4 周）：学生被分成 3—5 人的小组、教师指定三个论题、学生学习 Google Docs 的操作、组内团建、每个小组以先到先得的原则确定论题和正反方。（2）计划商讨（第 5—7 周）：组员在 Google Docs 中共同制作论证计划，教师在线指导。（3）论证（第 8—11 周）：每个小组在 Google Docs 中陈述观点以及支持观点的论据等（第 8—9 周），然后对方反驳这些陈述（第 10 周），最后每个小组回应对方的反驳（第 11 周）。（4）成果总结（第 12—13 周）：每个小组总结他们的论据、对方的反驳以及对反驳的回应。（5）评价和反思（第 14 周）：学生评价自己以及组员对小组的贡献并对论证进行反思。论证结束后，学生填写教师自制的问卷表达对论证的感受，如对其主动学习、参与度、互动性、批判性思维技能等的影响，问卷采用李克特 5 点量表的形式，结果表明，约 87% 的学生认为在线论证有助于他们进行主动学习，约 90% 的学生认为他们提升了参与性和互动性，约 81% 的学生认为他们的批判性思维技能得到提升。研究发现同站方间灵活的互动方式（组员间来来回回多次交流想法）能够汇集组员意见，促使学

---

① Cheng-Chia (Brian) Chen, Karen Swan, "Using Innovative and Scientifically-Based Debate to Build e-Learning Community", *Online Learning*, Vol. 24, No. 3, 2020.

生深入理解知识和综合思考问题。此外，学生也能够通过反驳从辩证的角度进行思考。

该研究有以下特点：第一，教师指定论题，小组以先到先得的顺序选择论题和正反方，学生缺乏建构学习或交互学习的机会。第二，学生在线上有充足的时间准备论证，且过程中可以和他人交互。第三，所有学生参与论证，他们在多次交互中支持己方，且线上异步的环境给予他们充足的思考时间以及促使论证内容留痕。但学生在论证时仅有一次组间反驳的机会，这会影响学生交互学习和论证的质量。

杨楷芳、范佳丽和马苗[①]研究了在线论证对大学生参与度等的影响，在微课设计与实践课程中，所有学生参加四次论证活动。在论证活动前期，教师讲解专业和论证相关知识，接着指定论题，学生被随机分配正反方，然后线上查找资源准备论证，正反双方通过在线发帖或录制微视频的形式支持己方和反驳对方。最后，教师评价论证以及同学之间互评。研究统计了平台上学生的课程访问量，结果表明，该课堂的访问量在全校排名第三，这说明在线论证有助于提升学生的课程参与度。研究发现线上论证不仅培养了学生自主学习的能力，也给学生提供了充足的参与机会和时间。

该研究有以下特点：第一，教师指定论题，学生被随机分配正方或反方，学生缺乏建构学习或交互学习的机会。第二，学生有充足的时间准备论证，准备过程中能够利用线上资源建构学习，但研究没有关注他们在准备论证过程中的交互性。第三，所有学生参与论证，他们在多次交互中支持己方和反驳对方，且线上异步论证给予学生充足的思考时间以及促使论证内容留痕，这些都有助于学生开展交互学习以及提升论证质量。

综上所述，在混合学习环境下非可视化论证式教学实践的研究中，论证式教学的过程设计对其效果发挥具有重要作用。表 2.8 和表 2.9 对上述代表性研究进行了概述，以下分别从论题和站方、论证准备（资料评价）、提出主张以及为主张辩驳三个方面对混合学习环境下非可视化论证式教学的设计及其效果影响因素进行分析。

---

① 杨楷芳、范佳丽、马苗：《线上辩论式教学法 + 课程思政的教学模式研究》，《计算机教育》2021 年第 5 期。

表 2.8　　混合学习环境下非可视化论证式教学实践的代表性研究

研究者	研究对象	论证式教学过程	教学效果	对效果的解释
Weeks, 2013	研究生	1 课前教师指定论题和正反方 2 学生合作准备论证（线上或线下） 3 课中正反方面对面或课后异步论证	学生准备阶段内容分析的结果表明，线上准备促使学生思考得更深	异步方式为学生深思熟虑地分析内容提供了充足的时间
Charrois & Appleton, 2013	大四学生	1 课前教师讲解相关知识 2 课中教师指定论题、给小组指定正反方 3 正反方在2.5周中异步发帖论证	论证内容分析的结果表明，学生能够基于论据提出主张	组内支持性互动和组间反驳性互动促使学生准确评估证据的质量等
Crowell & Kuhn, 2014	六年级学生	1 课中教师讲解相关知识、指定论题、学生自选正反方 2 同站方的7—8名学生商讨 3 正反方在线辩论 4 同站方的7—8名学生再次讨论并汇报论证的核心内容	论证内容分析的结果表明，学生的论证技能得到提升	1 同站方学生在多次讨论中深入思考 2 学生在基于证据的反驳中提升论证技能
Tsovaltzi, Puhl, Judele & Weinberger, 2014	大学生	1 课前教师讲解相关知识 2 课中教师指定论题、学生自选正反方 3 学生准备论证 4 学生在论坛发表己方想法	专业知识测试的结果表明，该方式有助于学生学习专业知识	1 学生在反驳或补充观点中学习知识 2 群体意识促使学生多角度思考问题
Zhang, Beach & Sheng, 2016	在职硕士生	1 课前教师讲解相关内容 2 学生从教师提供的论题中选一个，然后自选正反方 3 学生线上查找资料 4 学生线上发帖支持己方或反驳对方	访谈的结果表明，学生在合作中产生想法、他们更具有创造性、能够以他人的观点理解内容、对匿名感觉更舒服	1 组员在多次互动中全面看待问题 2 匿名有助于学生充分反驳 3 线上论证不仅让内容留痕，便于学生反思，还给学生提供更多思考时间

续表

研究者	研究对象	论证式教学过程	教学效果	对效果的解释
Mitchell, 2019	研究生	1 教师指定论题和正反方 2 学生准备论证 2 一方线上发表完观点后另一方反驳 4 学生线上发表对于本站方的看法 5 组内彼此评价和反思	问卷和反思内容分析的结果表明，该方式有助于学生学习知识、理解课程概念、提高参与性、批判性思维能力、合作效率	1 学生在支持己方和反驳对方中全面辩证思考问题 3 异步给学生提供充足的思考时间
Chen & Swan, 2020	大三、大四学生、研究生	1 课前的分组等准备工作 2 教师指定论题，小组按照先到先得的方式确定论题和正反方 3 小组制定论证计划 4 一方线上发表完之后另一个方反驳，该方回应反驳 5 小组总结论证 6 同伴评价和反思	问卷调查的结果表明，该方式有助于提高他们的参与度、互动性和批判性思维技能等	1 同站方间多次互动让学生深入理解内容 2 学生在反驳中辩证地看待问题
杨楷芳，范佳丽，马苗，2021	大学生	1 课前教师讲解相关知识 2 教师指定论题，学生被随机分配正反方 3 正反方线上论证	平台访问量统计的结果表明，该教学方式有助于提高学生的参与度	线上论证培养了学生自主学习的能力，给学生提供充足的参与机会和时间

表2.9　混合学习环境下非可视化论证式教学实践代表性研究中的教学过程

研究者	论题和站方	论证准备	提出主张以及为主张辩驳
Weeks, 2013	教师提出和确定论题，并给学生指定正反方	学生课外合作准备论证（线下或线上）	1 共6名论证者 2 一组正反方论证，同站方者在交互中支持己方，异站方间多次反驳性交互（线下或线上） 3 论证在课内或课外完成 4 学生共参与3次论证

续表

研究者	论题和站方	论证准备	提出主张以及为主张辩驳
Charrois & Appleton, 2013	教师提出和确定论题, 并给学生指定正反方	无	1 所有学生都是论证者 2 多组正反方线上同时论证, 同站方者在多次交互中支持己方, 异站方间多次反驳性的交互 3 论证在课内或课外完成 4 学生共参与2次论证
Crowell & Kuhn, 2014	教师提出和确定论题, 学生自选正反方	课内时间学生可以互动	1 所有学生都是论证者 2 多组正反方线上同时论证, 同站方者在多次交互中支持己方, 异站方间多次反驳性的交互 3 论证在课内完成 4 学生参与多次论证
Tsovaltzi, Puhl, Judele & Weinberger, 2014	教师提出和确定论题, 学生自选正反方	课内时间单独准备	1 所有学生都是论证者 2 学生单独论证己方 3 论证在课内完成 4 学生共参与1次论证
Zhang, Beach & Sheng, 2016	教师提论题, 学生从教师提供若干论题中选一个, 然后自选正反方	课外时间	1 所有学生都是论证者 2 一组正反方线上论证, 同站方者在多次交互中支持己方, 异站方间多次反驳性的交互 3 论证在课外完成 4 学生共参与1次论证
Mitchell, 2019	教师提出和确定论题, 并给学生指定正反方	课外时间	1 所有学生都是论证者 2 一组正反方线上论证, 同站方者在多次交互中支持己方, 异站方间一次反驳性的交互 3 论证在课外完成 4 线上共参与1次论证

续表

研究者	论题和站方	论证准备	提出主张以及为主张辩驳
Chen & Swan，2020	教师提出论题，小组按照先到先得的方式确定论题和正反方	课外时间在线准备	1 所有学生都是论证者 2 多组正反方线上同时论证，同站方者在多次交互中支持己方，异站方间一次反驳性的交互 3 论证在课外完成 4 学生共参与1次论证
杨楷芳，范佳丽，马苗，2021	教师提出和确定论题，学生被随机分配正反方	课外时间	1 所有学生都是论证者 2 多组正反方线上同时论证，同站方者在多次交互中支持己方，异站方间多次反驳性的交互 3 论证在课外完成 4 学生共参与4次论证

从表2.8和表2.9中可以看出，不同研究在论题和站方、论证准备、提出主张以及为主张辩驳的设计方面存在差异性。首先，对于论题和站方阶段而言，大部分研究中教师给学生指定论题，学生自选正反方或教师指定正反方，较少有研究鼓励学生通过建构或交互的方式确定论题和站方。

其次，对于论证准备阶段而言，有研究没有给学生提供准备时间，导致学生缺乏建构学习或交互学习的机会。一些研究给学生提供了建构学习的机会，让他们在课外充足的时间中评价资料，但这些研究中较少关注学生是否有机会进行交互。一些研究虽然给学生提供了交流讨论的机会，但学生通常要在课堂有限的时间内完成准备的任务，时间的限制会影响其交互学习和论证准备的质量，进而影响学生批判性思维等技能的提升。

最后，对于提出主张以及为主张辩驳阶段而言，很多研究让学生通过建构或交互的方式完成该过程，且异步、匿名、内容留痕以及组内组间的多次交互有助于提升学生建构学习或交互学习的质量，进而促使论证式教学发挥其提高学生论证技能等效果。在很多异步论证的研究中，部分研究中组内组间都有多次交互，部分研究中组内交互多而组间反驳性的交互较少。较少有研究关注匿名性以及让学生基于留痕的内容进行反思。

此外，不同研究也采用了不同的评价方法，有的开展了准实验研究，实验班和对照班的学生在论证前后分别填写问卷或写论证相关内容，通过内容分析和数据统计对比两个班的结果，进而得出研究结论。有研究以一个班为研究对象，学生在论证前后分别填写问卷，通过数据统计对比前后测的结果，进而得出研究结论。此外，有研究对学生的论证内容进行了分析，通过总结论证过程中特点或观察相关指标的变化趋势得出结论。有研究让学生在论证结束后填写问卷、写反思或参与访谈，通过内容分析和数据统计得出结论。

（二）混合学习环境下可视化论证式教学实践的研究现状

在混合学习环境下的可视化论证式教学中，基于老师在线下的讲解，学生通常通过线上绘制论证图的方式对自己或自己小组的观点从多个角度进行全面论证，他们也可以通过支持己方和反驳对方的方式开展论证。在论证结束后，老师可以对论证进行点评。混合学习环境下可视化论证式教学已经在小学和大学中进行了实践，且很多研究的结果表明，该方式能够提升学生的论证技能、专业知识水平以及锻炼其批判性思维技能。

Tsai等人[1]探究了在线论证图对六年级学生论证技能的影响。在科学课中，研究将192名学生随机分成三个班（对照班60人，实验1班64人，实验2班65人），他们共参与三次课堂论证活动，每次教师首先讲解相关知识，然后指定论题，如"眼睛实际看到物体是否是物体的反射光"，学生自选正反方，站方确定之后，对照班的学生单独在纸上绘制论证图解释自己站方的观点，实验班中正反方在线共同绘制一张论证图，实验1班学生在绘制过程中系统提供多种脚手架（如支持的理由是什么），实验2班则没有脚手架。基于Erduran和Simon的论证技能分析框

---

[1] Chun-Yen Tsai, Brady Michael Jack, "Using the Cognitive Apprenticeship Web-based Argumentation System to Improve Argumentation Instruction", *Journal of Science Education and Technology*, Vol. 21, No. 4, 2012.

架，研究对学生的论证内容进行了编码，该框架包含三个部分，分别为论据的整合、应用以及评估，结果表明，实验班学生比对照班表现出更高的论证技能。研究发现在线上环境中，学生能更灵活便捷地支持己方或反驳对方。此外，认知冲突有助于学生提升解决不同观点之间矛盾的能力。

该研究有以下特点：第一，教师指定论题，学生自选正反方，他们在选择站方中可以建构学习，但学生在论题方面缺乏建构学习或交互学习的机会。第二，学生缺乏准备论证的时间，更难以在准备中开展建构学习或交互学习。第三，所有学生参与论证，他们在建构中支持己方中或在多次交互中支持己方并反驳对方，且论证图能将论证内容可视化以及留痕记录。但学生要在课堂时间内完成论证，时间的限制会给学生的建构或交互学习的质量带来影响。

Dwyer 等人[1]的研究关注在线论证图对大学生批判性思维技能的影响。研究以 74 名心理学专业大一学生为研究对象，在其批判性思维课中开展了 6 周的准实验研究（2 次课/周）。对照班（31 人）实施教师讲学生听的教学方式。实验班的学生（43 人）每次课中都要绘制论证图，他们首先看专业知识相关的视频（15 分钟），然后单独将所学内容以在线论证图的方式呈现。学生课后将论证图通过邮件发给教师，教师每周末都会给予反馈，反馈内容侧重论据之间的推理关系、论据的可信度等。研究使用哈本的批判性思维评估问卷（Halpern Critical Thinking Assessment，简称 HCTA）测量学生的批判性思维技能变化情况，HCTA 包含五个维度，如假设检验、论证分析等，前后测的结果表明，实验班学生的表现明显优于对照班。研究发现提出合理的论证主题是学生全面且综合思考所学内容的表现。此外，在线论证图给学生提供充足的思考时间、减轻其认知负担以及提高其信息处理能力等。

该研究有以下特点：第一，学生自主提出论证主题，他们在提的过程中可以进行建构学习，但研究没有关注学生间的交互性。第二，学生

---

[1] Christopher P. Dwyer, Michael J. Hogan, Ian Stewart, "An Evaluation of Argument Mapping as a Method of Enhancing Critical Thinking Performance in E-learning Environments", *Metacognition and Learning*, Vol. 7, No. 3, 2012.

缺乏准备论证的时间，更缺乏在准备中建构学习或交互学习的机会。第三，所有学生参与论证，且在线论证图能清晰地呈现以及保存论证的内容。但学生要在课堂内完成论证，且过程中缺乏和他人交互的机会，这些都会影响其论证的质量。

Kunsch、Schnarr 和 van Tyle[1]探究了在线论证图对大学生批判性思维技能的影响，研究将工商管理专业的硕士生分成 2—3 人的小组，在其批判性思维课中开展了 6 周的实践，该课程的特点是鼓励学生根据商业情况做出决策，他们需要收集和分析数据、评估各方的论点并提出应对挑战的解决方案。在前 3 周，教师讲解专业和论证相关知识。在后 3 周，教师在课堂上共组织 6 次论证活动（2 次/周），每次 4 个小时，前 4 次教师指定论证主题，后 2 次学生自定论证主题。每次课上老师先讲解批判性思维专业知识和论证相关知识（30—45 分钟），之后，每个小组通过线上绘制论证图的方式从多角度解释论证主题，最后，教师评价学生的论证图（30—45 分钟）。基于洞察力评估公司所开发的商业批判性思维技能测试问卷（Business Critical Thinking Skills Test，BCTST），研究测量了学生的批判性思维技能变化情况，BCTST 包含五个维度，分别是分析、推理、评估、归纳以及演绎，前后测的结果表明，学生的批判性思维技能得到提升。研究发现学生对于自提的论证主题比较感兴趣，他们也因此提高了参与论证的积极性。此外，论证图清晰地呈现论证过程，这不仅有助于学生围绕论证主题开展论证，还能帮助教师及时且精准地给学生反馈。

该研究有以下特点：第一，教师可以指定论证主题，学生也可以自主提出论证主题，自主提的过程也是其建构学习的过程，但研究没有关注学生间的交互性。第二，学生缺乏准备论证的时间，更缺乏在准备中建构学习或交互学习的机会。第三，所有学生参与论证，组员在多次交互中解释论证主题，且论证图可视化地展示并记录论证内容。但学生要在课堂内完成论证，且缺乏组间的反驳，这些都会影响学生在论证中交互学习的效果。

---

[1] David W. Kunsch, Karin Schnarr, van Tyle, Russell, "The Use of Argument Mapping to Enhance Critical Thinking Skills in Business Education", *Journal of Education for Business*, Vol. 5, 2014.

Eftekhari 等人①研究了在线论证图对大学生批判性思维技能的影响，研究在一门英语阅读课中开展了实践，180 名学生的专业都是英语作为外语（English as a Foreign Language，EFL），他们被随机分成三个班（2 个实验班和 1 个对照班，60 人/班），研究共持续 12 周。对照班采取教师讲学生听的教学方式。实验班利用论证图开展教学，在前 6 周，教师讲解专业知识、论证知识以及论证图绘制等相关知识。在后 6 周，课中教师先讲解专业知识，学生基于所学知识自定论证主题，实验 1 班的学生使用纸和笔单独绘制论证图，课后他们将论证图交给老师，老师评价后再给学生。实验 2 班的学生线上单独绘制论证图，教师课后在线上评价论证图。基于 Facione 等人的加利福尼亚批判性思维技能问卷（California Critical Thinking Skills Test，CCTST），研究测量了学生的批判性思维技能变化情况，CCTST 包含五个部分，分别为阐释、分析、评价、推理以及解释，前后测的结果表明，实验 2 班学生的表现明显优于对照班和实验 1 班，对照班和实验 1 班中学生的表现没有显著差异。研究发现相比于纸和笔，在线的方式绘制论证图为学生提供更多刻意练习的机会，学生在多次刻意练习中锻炼推理能力。此外，纸笔在修改论证图时具有不便性，这会影响学生参与论证的积极性和兴趣感，进而影响其阐释、分析等的质量。

该研究有以下特点：第一，学生自由提出论证主题，他们在提出主题中有建构学习的机会，但研究没有关注学生间的交互性。第二，学生缺乏准备论证的时间，更缺乏在准备中建构学习或交互学习的机会。第三，所有学生参与论证，他们单独建构论证图，论证图将论证内容可视化以及促使论证内容留痕。但学生在论证中缺乏交互性，且要在课堂时间内完成论证，这些都会影响其论证的质量。

Chiang 等人②研究了在线论证图对六年级学生学习专业知识（阅读理

---

① Maryam Eftekhari, Elaheh Sotoudehn, S. Susan Marandi, "Computer-aided Argument Mapping in an EFL Setting: Does Technology Precede Traditional Paper and Pencil Approach in Developing Critical Thinking?" *Educational Technology Research and Development*, Vol. 64, No. 2, 2016.

② Kuang-Hung Chiang, Cheng-Yu Fan, Hsiao-Hung Liu, Gwo-Dong Chen, "Effects of a Computer-Assisted Argument Map Learning Strategy on Sixth-grade Students' Argumentative Essay Reading Comprehension", *Multimedia Tools and Applications*, Vol. 75, No. 16, 2016.

解能力）的影响，研究在一门阅读理解课中开展了准实验研究，对照1班112人，对照2班138人，实验班124人，学生参与一次时长为8周的论证活动，活动包含两个阶段：（1）准备阶段（第1—2周）：教师给学生讲解阅读文章、概念图、论证图等相关知识，该阶段主要在教室中开展。（2）论证阶段（第3—8周）：该阶段主要在机房中开展，每周教师讲完专业知识后，学生自主选择文章，对照1班使用传统议论文学习系统，系统支持学生概述文章的要素。对照2班使用概念图学习系统，即学生通过绘制概念图概述文章的要素。实验班使用论证图学习系统，即学生通过绘制论证图概述文章的要素（共20分钟）。为了测试学生阅读理解能力的变化情况，教师自制了阅读理解测试卷，该卷包含20道测试阅读理解能力的多选题（5分/题），前后测的结果表明，论证图在提升学生阅读理解能力方面最有效。研究发现在线论证图不仅通过可视化帮助学生快速识别文章的三个关键要素（主张、理由和证据），还帮助学生有理有据地拆分内容，分步解决问题，进而减轻学生阅读的压力以及提升其阅读效率。

该研究有以下特点：第一，学生自提论证主题，他们在提出主题中有建构学习的机会，但研究没有关注学生间的交互性。第二，学生缺乏准备论证的时间，更缺乏在准备中建构学习或交互学习的机会。第三，所有学生参与论证，他们单独建构论证图，论证图将内容可视化和留痕。但学生在论证中缺乏和他人交互的机会，且他们要在20分钟内完成论证，这些都会影响其论证的质量。

Sönmez、Akkaş和Kabataş[①]以30名高年级师范生为研究对象，研究了在线论证图对其批判性思维技能的影响。在一门指导学生教科学的课中，研究将学生分为三组（一个对照组和两个实验组，10人/组），实验组共参与7次课堂论证活动（周/次/2小时），论题以"光学"为主题，如光影、镜子（平面和球面）、透镜、折射等。在课前，学生思考并提出论证主题。在课中，教师首先审查论证主题的合理性，对照组的学生合

---

① Elif Sönmez, Büşra Nur Çakan Akkaş, Esra Kabataş Memiş, "Computer-aided Argument Mapping for Improving Critical Thinking: Think Better! Discuss Better! Write Better!" *International Journal of Contemporary Educational Research*, Vol, 7, No. 2, 2020.

作探究主题相关内容。实验 1 组的学生在合作探究后，还要单独将探究的结果在线绘制成论证图。实验 2 组的学生在合作探究后，还要合作将探究的结果在线绘制成论证图。教师在学生绘制过程中提供及时指导。活动结束后，学生将论证图发送至教师邮箱，教师分别从观点陈述的准确性等方面进行评价。为了测量学生的批判性思维，研究基于 Facione 的批判性思维分析框架对半结构化访谈的数据进行编码，该框架包含批判性思维技能和倾向两部分，前者包含五部分，如解释、分析、推理等；后者包含七部分，如开放和公平的心态、寻求替代方案等，结果表明，实验组学生的表现优于对照组，说明在线论证图有助于提升学生的批判性思维。研究发现论证图有助于学生高效地展示、评估和分析论据。

该研究有以下特点：第一，学生自提论证主题，他们在提出主题中有建构学习的机会，但研究没有关注学生间的交互性。第二，学生有时间准备论证，且过程中能和他人交互。第三，所有学生参与论证，他们在论证中单独建构论证图或通过和他人的交互完成论证图，论证图可视化展示论证内容且论证内容也能够被记录。但无论是准备论证还是参与论证，学生都需要在课堂时间内完成，且论证中组间缺乏反驳的交互，这些都会给学生的论证质量带来影响。

Ngajiea 等人[①]的研究关注在线论证图对大学生批判性思维技能的影响。在现代教育技术课中，研究以 70 名汉语言文学专业大三学生为研究对象，对照班 31 人，实验班 39 人（4—5 人/组），在一学期共组织 7 次课堂论证活动（2 小时/次）。对照班中教师先讲解专业知识，然后以口头提问的方式引导学生讨论论证主题。在实验班中，教师首先介绍批判性思维和专业知识，然后指定论证主题，每组以在线绘制论证图的方式从不同角度解释该主题，最后小组展示其论证图的核心内容。研究使用哈本的批判性思维评估问卷（Halpern Critical Thinking Assessment，简称 HCTA）测量学生批判性思维技能的变化情况，HCTA 包含五部分，分别为假设检验、口头推理、论证分析、判断可能性和不确定性以及问题解

---

① Berty Nsolly Ngajie, Yan Li, Dawit Tibebu Tiruneh, Mengmeng Cheng, "Investigating the Effects of a Systematic and Model-based Design of Computer-Supported Argument Visualization on Critical Thinking", *Thinking Skills and Creativity*, Vol. 38, 2020.

决,前后测的结果表明,两个班在后测中的表现均优于前测。两个班的前测无显著性差异,在后测中,实验班学生的表现明显优于对照班。研究发现讨论有助于学生积极参与论证并从不同角度思考问题。此外,论证图的优势在于清晰展示学生的想法,帮助学生合理且逻辑化地组织其思维。

该研究有以下特点:第一,教师指定论证主题,学生缺乏建构学习或交互学习的机会。第二,学生缺乏准备论证的时间,更无法在准备中开展建构学习或交互学习。第三,所有学生参与论证,他们在交互中解释论证主题,且论证图清晰地展示论证结构以及让论证内容留痕。但论证中组间缺乏反驳的交互,且论证的时间也有限制,这些都会给学生的论证质量带来影响。

综上所述,在混合学习环境下可视化论证式教学实践的研究中,论证式教学的过程设计对其效果发挥具有重要作用。表 2.10 和表 2.11 对上述代表性研究进行了概述,以下分别从论题和站方、论证准备(资料评价)、提出主张以及为主张辩驳三个方面对混合学习环境下可视化论证式教学的设计及其效果影响因素进行分析。

表 2.10　　混合学习环境下可视化论证式教学的代表性研究

研究者	研究对象	论证式教学过程	教学效果	对效果的解释
Tsai et al., 2012	六年级学生	1 课中教师讲解相关知识 2 教师指定论题,学生自选正反方 3 学生线上合作或线下单独绘制论证图	论证内容的分析结果表明,线上比线下更有助于提升学生的论证技能	1 学生在线上灵活地支持或反驳 2 学生在认知冲突中提升解决观点间矛盾的能力
Dwyer, Hogan & Stewart, 2012	大一学生	1 课中学生观看内容讲解的视频 2 学生自提论题主题 3 学生在课中或课后线上单独绘制论证图 4 教师课后评价论证图	问卷调查的结果表明,学生的批判性思维技能得到提升	1 学生提出论证主题需要全面综合思考所学内容 2 异步给学生提供充足的思考时间 3 论证图减轻学生的认知负担、提高其信息处理能力

续表

研究者	研究对象	论证式教学过程	教学效果	对效果的解释
Kunsch, Schnarr & van Tyle, 2014	硕士生	1 课中教师讲解相关内容 2 教师指定论题或学生自提论题主题 3 小组以在线绘制论证图的方式论证主题 4 教师评价论证图	问卷调查的结果表明，学生的批判性思维技能得到提升	1 自提论证主题提高参与学生参与论证的兴趣和积极性 2 论证图使学生围绕主题论证 3 教师提供精准的反馈
Eftekhari et al., 2016	大学生	1 课前教师讲解论证、论证图等知识的讲解 2 课中教师讲解专业知识 3 学生自选论题主题 4 学生线上或线下单独绘制论证图	问卷调查的结果表明，在提升学生批判性思维技能方面，线上绘制论证图的方式比线下有效	1 线上给学生提供更多刻意练习的机会 2 线下的论证图不方便修改等，进而降低学生参与论证的兴趣感
Sönmez, Akkaş & Kabataş, 2020	高年级师范生	1 课前学生提出论证主题 2 课中教师审查学生的论证主题，学生合作探究准备相关论证 3 学生单独或合作地在线绘制论证图	访谈数据分析的结果表明，该教学方式有助于提升学生的批判性思维技能	论证图帮助学生高效地展示、评估和分析论据
Ngajiea et al., 2020	大三学生	1 课中教师讲解相关知识 2 教师指定论证主题 3 小组合作在线绘制论证图 4 小组展示论证图	问卷调查的结果表明，该方式有助于学生提高批判性思维技能	1 小组讨论促使组员多方面思考问题 2 论证图帮助学生合理且逻辑化地组织想法
Chiang et al., 2016	六年级学生	1 课前教师讲解论证、论证图等知识的讲解 2 课中教师讲解专业知识 3 学生自选文章进行论证 4 学生线上单独绘制论证图	阅读理解能力测试的结果表明，学生的阅读理解能力得到提升	1 在线论证图帮助学生分解内容、快速识别议论文中的关键要素 2 在线论证图帮助学生拆分内容，减轻其阅读的压力等

表 2.11　混合学习环境下可视化论证式教学代表性研究中的教学过程

研究者	论题和站方	论证准备	提出主张以及为主张辩驳
Tsai et al., 2012	教师提出和确定论题，学生自选正反方	无	1 所有学生都是论证者 2 学生线下单独绘制论证图或一组正反方线上共同绘制论证图，同站方者在多次交互中支持己方，异站方间多次反驳性的交互 3 论证在课中完成 4 学生共参与 3 次论证
Dwyer, Hogan & Stewart, 2012	学生自己提出和确定论证主题	无	1 所有学生都是论证者 2 学生线上单独绘制论证图 3 论证在课中或课后完成 4 学生共参与 12 次论证
Kunsch, Schnarr & van Tyle, 2014	教师提出和确定论证主题或学生提出和确定论证主题	无	1 所有学生都是论证者 2 多组线上同时绘制论证图，各组组内的组员间多次交互 3 论证在课中完成 4 学生共参与 6 次论证
Eftekhari et al., 2016	学生自提和确定论证主题	无	1 所有学生都是论证者 2 学生线上或线下单独绘制论证图 3 论证在课中或课后完成 4 学生多次参与论证
Sönmez, Akkaş & Kabataş, 2020	学生自提和确定论证主题	课中准备，且学生间可以交互	1 所有学生都是论证者 2 学生线上单独或多个小组同时绘制论证图，合作中各个小组的组员间多次交互 3 论证在课中完成 4 学生共参与 7 次论证
Ngajiea et al., 2020	教师指定论证主题	无	1 所有学生都是论证者 2 多个小组同时绘制论证图，各个小组组内组员间多次交互 3 论证在课中完成 4 学生共参与 7 次论证

续表

研究者	论题和站方	论证准备	提出主张以及为主张辩驳
Chiang et al., 2016	学生自提和确定论证主题	无	1 所有学生都是论证者 2 学生线上单独绘制论证图 3 论证在课中完成 4 学生共参与6次论证

从表 2.10 和表 2.11 中可以看出，不同研究在论题和站方、论证准备、提出主张以及为主张辩驳的设计方面存在差异性。首先，在论题和站方阶段，很多研究鼓励学生自主提出论证主题，这给予学生建构学习的机会，且一些研究表明学生通过自提论证主题能够全面思考课程内容，增加参与论证的兴趣感，但较少有研究关注学生在该过程中的交互性。

其次，在论证准备阶段，很多研究并没有给学生提供专门的准备时间，导致学生缺乏建构学习或交互学习的机会。即使有些研究给学生提供了准备时间，但通常是让学生在课中完成准备的任务，虽然过程中学生间能够彼此交互，但时间的限制会给其交互学习的质量带来影响。

最后，对于提出主张以及为主张辩驳阶段而言，很多研究让学生通过建构或交互的方式完成该过程，且论证图、异步、教师反馈以及组内多次交互有助于提升学生建构或交互学习的质量，进而促使论证式教学发挥其提高学生论证技能等效果。在学生异步绘制论证图的相关研究中，很多都是让学生单独绘制论证图（建构学习），学生缺乏组内交互的机会，即使有研究给予学生组内交互的机会，他们也缺乏组间反驳的机会，虽然有研究给予学生组内支持和组间反驳的交互机会，但他们需要在课堂时间内完成论证，时间的限制会给其交互学习的效果带来影响，进而影响其论证等技能的提升。

此外，不同研究也采用了不同的评价方法，有的开展了准实验研究，实验班和对照班的学生在论证前后分别填写问卷、活动结束后参与访谈或者直接使用学生的论证内容，通过内容分析和数据统计对比两个班的结果，进而得出研究结论。有研究以一个班为研究对象，学生在论证前后分别填写问卷，通过数据统计对比前后测的结果，进而得出研究结论。

三 已有研究总结与启示

通过上述对论证式教学实践研究现状的梳理可知，论证式教学作为提升学生多方面能力的教学方式之一，其应用研究已经在不同教育阶段中受到重视，只有通过在各种各样情境中的不断实践，论证式教学的过程才会逐渐被丰富，其促进学生多方面能力发展的效果才会逐步发挥。

已有研究表明，在论证式教学中，学生主要通过论题和站方确定、论证准备（评价资料）、提出主张以及为主张辩驳学习知识、提升论证和批判性思维技能等，很多研究对这三个阶段进行了设计并取得了不错的效果，但从三个阶段对论证式教学的作用方式来看，其仍有进一步提升的空间。

第一，对于论题和站方阶段而言，很多研究中教师指定论题和正反方，学生缺乏建构学习或交互学习的机会，虽然有些研究让学生自主提出论证主题，但学生之间交互性还不足，他们难以和他人商讨主题的合理性，也难以实现交互学习。

第二，对于论证准备阶段而言，很多研究没有给予学生单独的时间，即使有部分研究给学生提供准备时间，促使学生进行建构学习，但较少关注学生在准备过程中是否有和他人交互商讨的机会，学生还难以开展交互学习。即使有部分研究让学生在交互中准备论证，但学生通常要在课堂时间内完成，时间的限制会影响其交互学习和论证准备的质量。

第三，对于提出主张以及为主张辩驳阶段而言，学生主要通过建构学习或交互学习的方式完成该过程，且很多研究表明多次交互（同站方、不同站方间来来回回的支持或反驳）、异步、匿名性、文字或文字可视化（论证图）、内容留痕等都会影响学生建构学习或交互学习的效果，进而影响其论证等技能的提升。在很多线下论证式教学的研究中，少数学生作为论证者参与论证，大部分学生没有机会进行建构学习或交互学习，且论证内容难以留痕，虽然有研究利用论证图为所有学生提供参与机会，且论证内容能够留痕，但这些研究多关注同站方内学生的交互，学生缺乏机会反驳对方，即正反方之间缺乏交互。随着技术的发展，在正反方交互的论证中，很多研究利用线上的方式为所有学生提供建构学习和交互学习的机会，学生以文字的方式开展异步论证，文字的方式不仅能够让论证内容留痕，异步还为学生提供充足的时间，鼓励其和组内组间人员开展多次支持性或反驳性的交互，但较少有研究以论证图的方式开展，因为在很多线上论证图的相关研究中，学生主要是支持自己或小组的主张，组间较少有反驳的机会。此外，更少有研究探究匿名对学生论证的影响。

综上所述，对于论题和站方阶段以及论证准备阶段而言，后续的研究需要更多地考虑如何促使学生开展建构学习或交互学习。对于提出主张以及为主张辩驳阶段而言，鉴于学生多通过建构学习或交互学习的方式提出主张以及为主张辩驳，后续的研究需要更多地考虑如何促使所有学生参与建构学习或交互学习、基于论证的影响因素（如异步、匿名、文字可视化）如何促使学生高效地开展建构学习或交互学习。

此外，对于论证式教学的效果评价方式而言，有的开展了准实验研究，实验班和对照班的学生在论证前后分别填写问卷或写论证相关内容，通过内容分析和数据统计对比两个班的结果，进而得出研究结论。随着技术的发展，线上论证由于能够让论证内容留痕，便于学生后续进行审查或反思等，在线上论证的相关研究中，也有研究以一个班为研究对象，采用内容分析法分析学生的论证内容、反思以及访谈内容。对于论证内容的分析而言，有研究通过对比学生在第一次和最后一次论证中的表现而得出结论，也有研究关注学生在整个论证过程中相关指标的变化趋势而总结出结论，还有研究基于内容的分析总结学生在论证过程中的整体特点。对于反思和访谈内容而言的，大部分研究采用了主题分析的方法。此外，也有研究让学生在论证的前后分别填写问卷，通过数据统计对比前后测的结果，进而得出研究结论。总结而言，相比于问卷调查的方式，内容分析法的客观和科学性相对较高，这为论证式教学效果的评价提供了参考。

第三节　论证式教学效果评价的研究现状

国内外学者对论证式教学的效果评价开展了较多的探究，认为学生在经历了论证式教学之后，他们的批判性思维技能、论证技能以及专业知识水平等都能够得到提升。鉴于论证式教学已经被应用在不同的学科，学生的专业知识也可以理解为他们的学科知识。此外，考虑到评价主要包含评价方式、评价内容以及评价效果等因素,本节主要以这几个因素为代表,对论证式教学效果的评价进行梳理。

一 批判性思维技能评价的研究现状

批判性思维技能是个体在实践中所表现出来的积极评价和判别认知对象的行为,论证者能够对对象进行阐释、分析、评价、推理以及解释[1]。Garrison 认为批判性思维是一个问题解决的过程,该过程主要包含五个阶段,分别为形成问题、界定问题、探究问题、评估方案以及联系实际,而论证也可以看作一种围绕问题解决而进行的活动,问题解决的过程也就是学生整理其主张的过程,他们在形成主张、界定概念、论证主张、评估论证以及联系实际中锻炼自身的批判性思维技能。

在论证式教学的相关研究中,批判性思维技能评价的内容主要包含学生的分析、判断、推理、解释等能力。如 Dwyer,Hogan 和 Stewart[2] 利用问卷调查的方法,探究了基于线上论证图的论证式教学对大学生批判性思维技能的影响,问卷包含五个部分,分别为假设测试(如理解相关推理的限制性以及知道何时不能做出因果声明)、语言推理(如识别误导性的语言)、论点分析(如识别论点的结构、检验其来源的可信性)、判断可能性和不确定性(如应用相关的概率论原则、在某些情况下避免过度自信)、解决问题(如确定问题的目标并在备选方案中生成并选择解决方案),结果表明,该教学方式能够提升学生的批判性思维技能。Hasnunidah 等人[3]的研究表明,线下口头的论证式教学能够提升大学生的批判性思维技能。研究使用问卷的方式调查了学生以下四个方面的技能:分析(如我能区分事实和观点)、评估(如我能判断文本的逻辑强度)、推理(如我可以从标题或副标题预测一篇文章的中心思想)和解释(我

---

[1] Peter Facione, *The California Critical Thinking Skills Test*:*CCTST*. San Jose, CA:California Academic Press, 2002, pp. 13 – 18.

[2] Christopher P. Dwyer, Michael J. Hogan, Ian Stewart, "An Evaluation of Argument Mapping as a Method of Enhancing Critical Thinking Performance in E-learning Environments", *Metacognition and Learning*, Vol. 7, No. 3, 2012.

[3] Neni Hasnunidah, Herawati Susilo, Mimien Henie Irawati, Hedi Sutomo, "Argument-Driven Inquiry with Scaffolding as the Development Strategies of Argumentation and Critical Thinking Skills of Students in Lampung, Indonesia", *American Journal of Educational Research*, Vol. 3, No. 9, 2015.

可以表达我对阅读的感觉）。Latif，Mumtaz，Mumtaz 和 Hussain[①]通过问卷调查探究了线下口头论证式教学对大学生批判性思维技能的影响，该问卷包含四部分内容，分别为学生能否将知识应用到实际、能否反映真实的生活经验、能否开辟新的思维途径以及能否改变对事物的看法，结果表明，线下口头论证式教学有助于学生开辟新的思维途径。Wulandari，Liliasari 和 Widhiyanti[②]通过问卷调查的方式证明了在线论证有助于提升大学生的批判性思维技能，研究中所使用的问卷包含以下四方面内容：分析论证、聚焦问题、确定一个行为、适当地削减并考虑削减的结果。

综上所述，在论证式教学的研究中，批判性思维技能的评价内容包含多个方面，但从论证促使学生解决问题进而锻炼其批判性思维技能的作用机理来看，目前的研究还存在以下两点不足，首先，很多研究关注论证主张和评估论证阶段的评价，如分析、解释、推理等，而对于形成主张、界定概念和联系实际方面的关注度有待提升。其次，大部分研究从整体上测出学生的批判性思维技能以及比较高低，这种比较仅仅是一种数字层面的结果或静态特征，而学生在问题解决中提升批判性思维技能是一个动态过程，静态的数字很难反映学生批判性思维技能的变化过程和内在规律，也难以让人提供针对性的改进方案。

纽曼的批判性思维深度框架从问题解决的角度出发，分别从十个维度对学生的话语文本进行分析：相关性、重要性、新颖性、清晰性、观点的联系、扩展性、合理性、批判性评论、实际应用以及理解的广度[③]，这十个维度涵盖了形成论题、界定概念、论证论题、评估论证以及联系实际的全过程。对于每个维度而言，符合描述标准的记作 X^+，不符合的记作 X^-，最后的计算公式为 $(X^+ - X^-)/(X^+ + X^-)$，最终的数值

[①] Rabia Latif, Sadaf Mumtaz, Rafia Mumtaz, Aamir Hussain, "A Comparison of Debate and Role Play in Enhancing Critical Thinking and Communication Skills of Medical Students During Problem Based Learning", *Biochemistry and Molecular Biology Education*. Vol. 46, No. 4, 2018.

[②] Dini Wulandari, Liliasari Liliasari, Tuszie Widhiyanti, "The Effect of Argument-Driven Inquiry on Chemistry Reaction-Rates to Enhance Pre-service Chemistry Teachers Critical Thinking Skills", *Journal of Physics: Conference Series*, Vol. 5, 2021.

[③] David Newman, Brian Webb, Clive Cochrane, "A Content Analysis Method to Measure Critical Thinking in Face-to-face and Computer Supported Group Learning", *Interpersonal Computing & Technology*, Vol. 3, No. 2, 1995.

在-1到1，数值越大代表批判性思维技能水平越高。此外，Murphy 的批判性思维过程框架也是比较常用的评价学生批判性思维技能的框架，该框架适用于学生在线话语的分析，学生的批判性思维从低级到高级可以分为五个过程：辨识、理解、分析、评价和创造[1]。基于该框架，研究者能从过程的时间维度分析学生批判性思维技能分阶段的变化情况以及变化路径是否显著，从过程数据上把握学生批判性思维技能的特点和变化。

有研究利用纽曼的批判性思维深度分析框架[2][3]或 Murphy 的批判性思维过程分析框架[4]开展了实践研究。有研究为了探究问题解决法是否能够促进大学生批判性思维技能的发展，研究者利用纽曼的批判性思维深度分析框架对大学生异步交互社区中的交互内容进行了分析，结果表明，学生在五次主题讨论中的批判性思维深度分别为：0.72、0.87、0.88、0.81 和 0.96，学习者的批判性思维深度呈上升趋势。

值得注意的是，纽曼的批判性思维深度分析框架有一个明显的不足之处，即该框架仅考虑质而忽略了量，在学生发表内容的数量很少的情况下会出现一种有失客观的现象，即学生少量的发言能够获得较多积极指标而得到高的批判性思维深度数值。因此，当利用纽曼批判性思维深度分析框架对学生的内容进行分析时，研究者有必要对学生的参与度和批判性思维深度之间的关系做进一步探究，以此补充纽曼批判性思维深度分析框架的不足之处。此外，也有研究者认为，学生参与活动并不能说明高水平认知的发生，这也说明他们的参与活动并不代表其批判性思维技能的提升[5]。

---

[1] Elizabeth Murphy, "An Instrument to Support Thinking Critically about Critical Thinking in Online Asynchronous Discussions", *Australasian Journal of Educational Technology*, Vol. 20, No. 3, 2004.

[2] Thormann, Samuel Gable, Patricia Seferlis Fidalgo, George Blakeslee, "Interaction, Critical Thinking, and Social Network Analysis (SNA) in Online Courses", *The International Review of Research in Open and Distributed Learning*, Vol. 14, No. 3, 2013.

[3] 王国华、聂胜欣、袁梦霞、俞树煜：《使用问题解决法促进批判性思维发展的研究——基于交互文本的分析》，《电化教育研究》2016 年第 5 期。

[4] 冷静、黄旦：《基于 LSA 的大学生批判性思维在线话语分析》，《中国电化教育》2019 年第 4 期。

[5] Elizabeth Murphy, "An Instrument to Support Thinking Critically about Critical Thinking in Online Asynchronous Discussions", *Australasian Journal of Educational Technology*, Vol. 20, No. 3, 2004.

二 学生批判性思维技能与其参与度关系的研究现状

在可视化论证的相关研究中，参与者在论证中的发言量也是研究者们关注的一个话题。可视化能够让参与者有意义地参与论证[1]。此外，软件也能够促使人们积极参与论证。因此，计算机支持下的可视化论证能够有效提高学生在论证中发言的积极性。

对于计算机支持的论证图构建而言，由于学生在建构过程中要说服他人、在认知冲突中识别论点的不足以及公开讨论和批判各种事物的优缺点[2]，其越是积极发言，其批判性思维技能越是能够得到锻炼。此外，学生在论证图构建过程中也要正确挑选论据、厘清论据之间的逻辑关系以及做出全面的总结，进而概括出结论，这个过程对锻炼学生的批判性思维技能也有益处。最后，学生通过积极构建论证图也能够促进自身对相关概念的理解[3]，学生对概念性知识的理解有助于他们开展有意义的学习，有意义的学习是促进思维活跃的高质量学习方式。Dwyer，Hogan 和 Stewart[4] 的研究表明，擅长语言和空间推理的学生更倾向于参与到论证中锻炼其批判性思维技能。Van Gelder，Bissett 和 Cumming[5] 的研究表明，在计算机支持的学习环境中，学生的论证图练习时间和其批判性思维技能成正比。

但是，也有研究表明，在论证活动中，学生的参与性和其批判性思维技能并没有相关性，在该研究中，参与性是依据学生完成论证图的数量来衡量的，两者之间没有相关性的主要原因是学生在绘制论证图前缺

---

[1] Maryam Eftekhari, Elaheh Sotoudehn, "Effectiveness of Computer-assisted Argument Mapping for Comprehension, Recall, and Retention", *ReCALL*, Vol. 30, No. 3, 2018.

[2] Dundes Lane, "Small Groups: Fostering Critical Thinking in Oral Presentations with Maximal Class Involvement", *Teaching Sociology*, Vol. 29, No. 2, 2001.

[3] Esra Kabataş Memiş, Büşra Nur Çakan Akkaş, "Developing Critical Thinking Skills in the Thinking-Discussion-Writing Cycle: The Argumentation-Based Inquiry Approach", *Asia Pacific Education Review*, Vol. 21, No. 3, 2020.

[4] Christopher P. Dwyer, Michael J. Hogan, Ian Stewart, "The Evaluation of Argument Mapping as a Learning Tool: Comparing the Effects of Map Reading Versus Text Reading on Comprehension and Recall of Arguments", *Thinking Skills and Creativity*, Vol. 5, No. 1, 2010.

[5] Tim van Gelder, Melanie Bissett, Cumming Geoff, "Enhancing Expertise in Informal Reasoning", *Canadian Journal of Experimental Psychology*, Vol. 58, 2004.

乏相关的练习①。此外，也有研究表明，人们不能在短时间内合理地吸收和消化论证图里面大量的内容②。换句话说，学生需要花费更长的时间去深入理解大量论据，而该过程并不能很好地锻炼和提升他们的批判性思维技能。最后，Combs 和 Bourne③认为学生缺乏参与动机也是导致他们不能够通过参与论证锻炼其批判性思维技能的原因之一，因为学生在缺乏参与动机的情况下很难开展高质量的论证，他们在论证中也较少有深入思考的行为。

三 论证技能评价的研究现状

论证技能指的是学生在论证过程中表现出来的支持或反驳以及这些支持或者反驳的证据支撑情况。学生通过参与论证能够锻炼自身的论证技能，因为他们在论证中能够接触到不同的观点，促使其不断地处理各种反对意见④。从论证技能的特点来看，无论是支持还是反驳，学生都要提供相关证据，由此可见，合理的证据是论证技能的核心，而学生在论证式教学中也需要提供合理的论据，这也是论证式教学能够促使学生论证技能提升的主要原因。

在论证式教学的研究中，很多研究关注了学生的论证技能，并从不同角度对其进行了评价。如 Tsai 等人⑤利用内容分析法分析了五年级学生的论证内容，分析的标准主要聚焦学生对论据的使用能力，如论据的整

---

① Christopher P. Dwyer, Michael J. Hogan, Ian Stewart, "An Evaluation of Argument Mapping as a Method of Enhancing Critical Thinking Performance in E-learning Environments", *Metacognition and Learning*, Vol. 7, No. 3, 2012.

② Christopher P. Dwyer, Michael J. Hogan, Ian Stewart, "The Evaluation of Argument Mapping as a Learning Tool: Comparing the Effects of Map Reading Versus Text Reading on Comprehension and Recall of Arguments", *Thinking Skills and Creativity*, Vol. 5, No. 1, 2010.

③ Howard W. Combs, S. Graham Bourne, "The Renaissance of the Educational Debate: The Results of a Ive-year Study on the Use of Debate in Business Education", *Journal of Excellence Teach*, Vol. 5, No. 1, 2004.

④ Mark Felton, Deanna Kuhn, "The Development of Argumentive Discourse Skill", *Discourse Processes*, Vol. 32, No. 2, 2001.

⑤ Chun-Yen Tsai, Brady Michael Jack, Tai-Chu Huang, Jin-Tan Yang, "Using the Cognitive Apprenticeship Web-based Argumentation System to Improve Argumentation Instruction", *Journal of Science Education and Technology*, Vol. 21, No. 4, 2012.

合、证据的利用以及论据的评估，结果表明，基于在线论证图的论证式教学能够提升学生的论证技能，他们可以合理地对论据进行整合、高效地利用论据以及对论据开展评估。Rapanta 和 Walton[1]以大学生为研究对象，对其在线论证图中的论证内容进行了分析，分析的框架包含四部分内容，分别为提出的原因与主张相关、原因之间具有相互关联性、具有针对主张的反对意见以及针对反驳提出反驳，结果表明，大学生在论证中比较常见的行为包含重复或回避问题、反驳不充分、反驳简单等。Hemberger、Kuhn、Matos 和 Shi[2]的研究聚焦探究在线下口头论证式教学中，学生对不同类型论据的使用特点，论据类型包含四种，分别为支持自我、反驳自我、支持他人以及反驳他人，通过对学生论证内容的分析，结果表明，学生在论证初始阶段较多地使用支持自我的论据，随着时间的增加，他们逐步开始反驳他人，而反驳自己和支持他人论据的使用频率相对较低。Indrawatiningsih 等人[3]利用问卷对高中生的论证技能进行了评价，问卷包含六部分内容，分别为辨识论证、解释论证、根据前提得出结论、减少/增加前提以支持结论、声明有效或无效论证、提出和构建有效的论点，结果表明，基于论证图的线下论证式教学能够提升学生的论证技能。

综上所述，在测量学生论证技能的研究中，大部分是将论据作为一个整体，主要关注其使用情况，如支持性或反驳性、对其整合或评估的能力、论据与主张的逻辑关系等，虽然论证的使用能够反映学生的论证技能，但对于论证本身的内部结构关注不足，即较少有研究关注论据本身的质量，而论据本身的质量是学生使用论据的基础。

Toulmin 论证模型为分析论据本身的结构提供了指导，基于该模型，Toulmin 将论证技能分为四个等级，第一等级包含主张、结论、命题或断

---

[1] Chrysi Rapanta, Douglas Walton, "The Use of Argument Maps as an Assessment Tool in Higher Education", *International Journal of Educational Research*, Vol. 79, 2016.

[2] Laura Hemberger, Deanna Kuhn, Flora Matos, Yuchen Shi, "A Dialogic Path to Evidence-Based Argumentive Writing", *Journal of the Learning Sciences*, Vol. 26, 2017.

[3] Nonik Indrawatiningsih, Purwanto Purwanto, Abdur Rahman Asari, Cholis Sa'dijah, "Argument Mapping to Improve Student's Mathematical Argumentation Skills", *TEM Journal*, Vol. 9, No. 3, 2020.

言。第二等级包含主张、数据（支持主张）和/或保证（确保主张和数据之间的必然联系）。第三等级包含主张、数据/保证、支援（确保保证的科学性）或限制。第四等级包含主张、数据/保证、支援以及限制。Osborne，Erduran 和 Simon[1] 将论证技能分为五个等级：（1）论证过程只包含简短的主张或结论；（2）论证过程中所使用的主张包含数据、资料等，但不包含任何形式的反驳；（3）论证过程产生一系列带有数据和资料的主张，有时也出现较为薄弱的支持性反证；（4）论证过程产生一个主张以及一个明确的反证，也可能同时具有一些主张或对立主张（但这并非必要的）；（5）论证过程产生超过一个反驳的延伸性论证。由此可见，在论证式教学中，基于 Toulmin 论证模型分析论据的结构对提升学生的论证技能具有重要价值。

四 学科知识评价的研究现状

论证式教学之所以能够促使学生学习专业知识，其主要原因是学生在论证中积极构建知识体系，并在建构中不断融入相关的知识和个人理解[2]。

目前很多研究也关注了论证式教学对学生专业知识学习的影响，如为了探究线下口头论证式教学对小学生学习科学知识的影响，在 Mercer，Dawes，Wegerif 和 Sam[3] 的研究中，教师通过测试题的方式对五年级的学生进行了测验，结果表明，该教学方式有助于学生学习科学的相关知识。研究表明，线下口头论证式教学有助于七年级学生学习地理相关知识，研究利用开放性问题和论文写作测试学生地理的相关知识，开放性问题有六个，其主题都是关于能源的，如你知道哪些类型的化石能源？为什么我们说它们是不可再生的？论文写作要求学生提出一个支持使用一种

---

[1] Jonathan Osborne, Sibel Erduran, Shirley Simon, "Enhancing the Quality of Argumentation in School Science", *Journal of Research in Science Teaching*, Vol. 41, No. 10, 2004.

[2] Anat Zohar, Flora Nemet, "Fostering Students' Knowledge and Argumentation Skills Through Dilemmas in Human Genetics", *Journal of Research in Science Teaching*, Vol. 39, No. 1, 2002.

[3] Neil Mercer, Lyn Dawes, Rupert Wegerif, Claire Sams, "Reasoning as a Scientist: Ways of Helping Children to Use Language to Learn Science", *British Educational Research Journal*, Vol. 30, No. 3, 2004.

或多种能源的计划，然后分析这些能源所具有的优缺点，并依据缺点提出对应的改进建议[1]。Yeh 和 She[2] 通过测试题的方式测试了八年级学生关于化学反应的知识，结果表明，线上的论证式教学有助于学生学习化学反应相关的知识。

从上述研究可以看出，这些研究主要关注学生知识体系建构的效果，并通过测试题等方式测量其建构的效果，而从论证式教学促进学生学习专业知识的作用机理来看，这些都是间接的评价方式，因为它们关注学生知识建构"后"的效果，而对于论证中学生知识建构的"过程"关注比较少，学生的知识建构过程不仅是测量论证式教学对学生学习专业知识影响的直接途径，也可以反映学生在论证中建构知识的内在规律和有效过程，进而便于后续采取措施帮助学生更好地开展知识建构。

五 已有研究总结与启示

通过上述对论证式教学效果评价研究现状的梳理可知，目前的研究主要关注论证式教学对学生的批判性思维技能、论证技能以及学科知识的影响，且影响大部分都是积极的，但较少有研究探究学生的发言次数和批判性思维技能之间的关系。具体而言，从论证式教学发挥作用的机理和特点来看，在批判性思维技能评价的研究中，大部分关注论证主张和评估论证，而较少有研究关注形成主张、界定概念以及联系实际三个阶段，且大部分研究以静态的数字表示评价结果，对批判性思维技能的过程性发展关注度不足。在论证技能评价的研究中，大部分关注论据的使用情况，而较少有研究关注论据本身的结构和质量。在学科知识评价的研究中，大多数关注学生知识建构"后"的效果，而较少有研究关注学生知识建构的过程。

基于上述发现，本研究主要通过内容分析法对混合学习环境下高校

---

[1] Mark Felton, Merce Garcia-Mila, Sandra Gilabert, "Deliberation Versus Dispute: The Impact of Argumentative Discourse Goals on Learning and Reasoning in the Science Classroom", *Informal Logic*, Vol. 29, 2009.

[2] Kuan-Hue Yeh, Hsiao-Ching She, "On-line Synchronous Scientific Argumentation Learning: Nurturing Students' Argumentation Ability and Conceptual Change in Science Context", *Computers & Education*, Vol. 55, 2010.

课堂论证式教学的效果进行评价，评价内容包含学生的批判性思维技能、论证技能、专业知识水平以及学生对论证式教学的态度，同时也对学生的发言次数和批判性思维技能之间的关系进行探究。具体而言，批判性思维技能的评价不仅包含问题解决的全过程，如形成主张、界定概念、论证主张等，还从动态的角度观测学生批判性思维技能的变化过程。在论证技能的评价中，研究主要关注学生论据的质量，基于 Toulmin 论证模型对论据的内部结构进行分析和评价。对于专业知识水平的评价而言，研究主要关注学生在论证中的知识建构过程，通过对过程的评价总结学生知识建构的特点和规律。

第四节　本章小结

本章首先从论证式教学的学科基础和典型策略两个角度梳理了论证式教学的理论基础，然后从线下和混合学习环境两个角度梳理了论证式教学实践研究的现状，最后从学生的学科知识、论证技能、批判性思维技能以及参与度和批判性思维技能之间的关系四个方面梳理了论证式教学效果评价研究的现状。通过文献综述发现：（1）在论证式教学的实践研究方面，学生还难以在论题和站方、论证准备中实现建构学习或交互学习。对于提出主张以及为主张辩驳而言，学生虽然有交互学习的机会，但是传统的论证仍面临参与人数受限、论证时间不足、论证内容无法留痕等问题，这就给学生的交互学习和论证质量带来影响。技术为解决传统论证中的问题提供了新思路，但技术的支持主要体现在学生提出主张以及为主张辩驳的过程中，对论题和站方以及论证准备阶段的支持性还比较低，具体而言，在技术的支持下，所有学生都可以在充足的时间中参与论证，且论证内容也能够被记录。此外，在线论证图还能将论证内容可视化展示，但学生通常自己或自己小组内构建论证图，正反双方很少有机会在同一个论证图中共同异步绘制论证图。最后，匿名的方式有助于学生间充分交互和开展反驳，线上环境也为学生匿名论证提供了条件，但较少有研究关注学生在论证中的匿名情况。（2）在论证式教学效果的评价方面，较少有研究关注学生的发言次数和批判性思维技能之间的关系。虽然有研究关注学生的专业知识、论证技能以及批判性思维技能，但从论证式教学发挥作用的机理来看，批判性思维技能的评价多关注学生的辩驳过程，而对概念界定等前期阶段的关注度有待提升，对批判性思维技能提升的动态过程关注度也不足。论证技能的评价侧重论据的整体使用情况，而对论据本身的质量关注度有待提升。专业知识的评价多聚焦知识建构的效果，而对知识建构的过程关注度不足。基于上述发现，在之后的研究中，以下内容是值得关注的点：如何在论题和站方、论证准备中为学生提供建构学习或交互学习的机会，如何让所有学生在充足的时间内参与论证以及促使双方高效地进行支持或反驳，如何提高教学效果评价的过程性、全面性和动态性，如何客观地评价学生的发言次数和批判性思维技能之间的关系等。以上发现为后续研究混合学习环境下高校课堂论证式教学的过程及效果评价提供了有力支撑。

第三章

混合学习环境下高校课堂论证式教学框架的构建及应用

为了培养创新人才，充分发挥大学生在课堂上的主体性，探究混合学习环境下高校课堂论证式教学很有必要。而混合学习环境下高校课堂论证式教学具体如何组织和实施，需要基于已有的论证及论证式教学相关模型和框架，通过构建教学框架为具体研究问题的提出以及研究实践的开展提供指导。故本章首先阐述"混合学习环境下高校课堂论证式教学框架"构建的目的，然后详细分析ICAP框架、批判性讨论模型、Toulmin论证模型、论证式教学方式以及三节点论证学习框架，并以此为依据构建"混合学习环境下高校课堂论证式教学框架"，最后具体阐述该框架的内容及其如何指导研究的开展。

第一节 混合学习环境下高校课堂论证式教学框架构建的目的

任何教学框架的构建都有其明确目的，混合学习环境下高校课堂论证式教学框架的构建目的在于促进高等教育培养创新人才，充分发挥学生在课堂的主体性。从宏观角度而言，混合学习环境下高校课堂论证式教学框架的构建期望能够有助于高等教育实现创新人才培养的目标。经济发展方式的转变让劳动力市场对人力资源提出了更高要求，而创新人才由于不畏惧权威、不断独立思考和求新，他们更能够符合时代发展的需求，社会对创新人才的需求量也越来越高。高等教育作为创新人才培养的重要环节，虽然在人才培养方面取得了不错成绩，但仍有一定的提升空间。这就要求高校不断探索人才培养模式，提高人才培养的适应性或针对性。混合学习环境下高校课堂论证式教学旨在打破以往单一的人才培养模式，构建多元化的人才培养体系，提升学生的综合素质、高阶思维以及创新能力。

从微观角度而言，混合学习环境下高校课堂论证式教学框架的构建期望能够助力大学生在课堂上发挥主体性。高校课堂中以教师教授为主的模式还比较常见，学生则被动地聆听和接受教师所讲的知识，教学形式比较单一，学生很难积极参与到课堂活动中，学生的学习兴趣也不高，其主体性也很难得到发挥。此外，教学评价通常是基于考试结果的总结性评价，对学生的过程性表现关注不足。上述问题都会导致高校课堂教学难以发挥其理想的效果。混合学习环境下高校课堂论证式教学能够从教学内容和教学方法上解决高校传统课堂教学中的问题，给予学生充分参与课堂活动的机会，让学生都能够参与论证，在论题和正反方选择中充分发挥自主性，在充足的时间中提出论据支持的观点以及在清晰的论证结构中积极思考等。

第二节 混合学习环境下高校课堂论证式教学框架构建的依据

一 理论依据

教育的价值在于"以学生为中心"，鼓励学生通过自主学习开展自主探索，基于自身兴趣愉快地学习。但在目前的教育中，学生中仍存在被学习或被教育的现象，虽然大家都同意课程与教学改革倡导"主动、探究与合作"，鼓励学生从被动学习走向主动学习。但是，实践层面如何让学生实现这些转变、具体的学习方式有哪些、如何指导教师实施这些新的学习方式等都是需要考虑的问题。

"ICAP（Interactive, Constructive, Active, Passive, ICAP）学习方式分类学"为解决上述问题提供了思路，"ICAP 学习方式分类学"也被称为 ICAP 框架，它是由美国亚利桑那州立大学玛丽·卢·富尔顿教师学院教育领导与革新部的季清华教授（Michelene T. H. Chi）提出的，季教授长期致力于"学生如何学习"相关问题的研究，在对一些具体学习场景中的学习活动类型进行分析之后，他在2014年提出该框架，框架包括四个部分：第一部分是学生的四种学习方式分类，第二部分是不同学习方式中学生知识变化的过程与结果，第三部分是不同学习方式中学生的认知结果，第四部分是ICAP猜想（见表3.1）。其中四种学习方式分别为：被动学习、主动学习、建构学习以及交互学习，对应的知识变化过程分别为储存、整合、推断以及协同推断，分别产生的认知结果为记忆、应用、迁移以及共创。相比而言，在四种学习方式中，交互学习的效果最佳，然后依次是建构学习和主动学习，被动学习的效果最差，且该结果也在实践研究中得到了验证[①]。

表 3.1 学习方式与对应的知识变化和结果

学习方式	知识变化过程	认知结果	猜想
被动学习	存储	记忆	在同样知识变化过程的条件下，学习方式的效率由低到高的排列为：被动学习＜主动学习＜建构学习＜交互学习
主动学习	整合	应用	
建构学习	推断	迁移	
交互学习	协同推断	共创	

具体而言，被动学习是学生接收信息过程中所表现出来的学习方式，他们"集中注意"接收信息，且该过程中学生并没有发生其他的学习心理活动。除了"集中注意"外，被动学习也有其他外显的表现形式，如听课时不记笔记、看视频或看演示、读课文等。学生在上述过程中以单独的方式"储存"信息，他们在死记硬背中实现对知识的记忆。

主动学习指学生积极参与教学活动，通过实际学习行为操控学习材料，如抄写教师在黑板上所讲解的习题解法、对重要的内容画线以及做笔记等，在该过程中，学生利用新信息激活原有的相关知识，然后将两种知识进行整合以及储存，并最终实现对知识的应用。

[①] Michelene T. H. Chi, Ruth Wylie, "The ICAP Framework：Linking Cognitive Engagement to Active Learning Outcomes", *Educational Psychologist*, Vol. 49, No. 4, 2014.

建构学习是指学生建构性地参与学习，其特征是学生能超越教材或教师提供的学习材料生成新知识，如绘制概念图、通过实例具体解释文本以及自我解释等。学生通过自我解释明确概念、产生新的思路或想法，他们能够为问题解决提供自己的想法，通过比较或对照寻求最佳的解决方案等。在该过程中，学生不仅将新信息与激活的原有知识整合，还在整合的基础上推断出新的知识，并最终实现对知识的迁移。

此外，建构学习包含主动学习，学生在主动学习中对重要内容进行了标注，而建构学习则要求学生对标注的内容进行自我解释。在建构学习中，学生必须超出教材本身，对教材中没有明确解释的内容发表自己独立的见解，这样的学习方式才是"建构"的，否则就属于"主动"学习。

交互学习是指两个以上的学生通过对话的方式进行学习，他们在对话中彼此交流想法，互相启发和补充，在倾听和欣赏别人的同时，每个学生也要坚持自己的合理想法，说服或者影响别人。交互学习的具体表现如下：与搭档共同讲解知识、开展论辩或合作绘制概念图等。在交互过程中，每位学生从激活并整合的知识中推断出新知识，然后通过与同伴的对话产生新的输入，再次协同推断出新知识，并最终实现对知识的共创。

ICAP 框架将学生外显行为的变化同心理结果内隐的变化结合起来，通过外显行为对学习者的认知参与程度进行划分，这不仅为学生高效参与学习和掌握教学材料提供了操作层面的指导，也有利于教师更好地判断和评价学习者在学习中的认知投入情况。总之，在教学中，ICAP 框架可以帮助学生转变学习方式、评估学习效果、指导课程设计以及改进教学实践[①]。

已有研究分别从理论和实践层面应用 ICAP 框架以更好地促进学生学习。基于 ICAP 框架，有研究从理论层面设计了对应的模型[②]，有研究在

---

① 盛群力、丁旭：《"ICAP 学习方式分类学"的循证研究》，《武汉科技大学学报》（社会科学版）2018 年第 2 期。

② 王志军、冯小燕：《基于学习投入视角的移动学习资源画面设计研究》，《电化教育研究》2019 年第 6 期。

教学实践中探究了学习者在学习活动中的行为特征①。王志军和冯小燕基于 ICAP 框架提出了移动学习资源画面设计的层次模型，该模型包含感官层、行为层和情感层三个部分，其中感官层关注图像、文字、声音等实体要素的布局与美化，目的在于满足学生的审美需求，促使其开展被动学习。行为层关注学生的功能诉求与使用体验，通过交互、操作、反馈等功能的设计促使学生进行主动和建构学习，情感层关注学生的情绪与情感需求，设计的重点是情感体验、用户归属感等抽象的主观要素，目的是促使学生开展交互学习。在肖睿，刘千慧，尚俊杰和黄文彬的研究中，参考 ICAP 框架，研究者分析了在线教学平台中学习者的各类学习行为（如观看视频等），然后根据其潜在的认知过程划分成不同的参与方式，如学生一直观看视频而没有其他操作则是被动学习，学生在观看视频中多次暂停、重播、拖动等则是主动学习，结果表明，10% 的学生是被动学习，44% 的学生是主动学习，9% 的学生是建构学习，且三种方式中学生的成绩逐步提高。

盛群力、丁旭和滕梅芳②认为，如果教学的目标是培养高层次人才，就应尽可能地在教学实践中鼓励学生开展主动、建构或交互学习，而交互是最理想的学习方式，但其实施起来可能也更加困难，这就要求教师对教学进行合理的设计，改变学生被动学习的局面。

在论证式教学中，学生不能仅仅停留于记忆知识的被动学习层面，他们主动参与论证活动，每个人都需要主动地建构自己的想法，通过积极评价资料准备论证的内容，这样他们才能够在论证中合理地提出主张以及为主张辩驳，在支持己方或反驳对方中实现交互学习。在建构学习或交互学习中，由于学生应用所学知识对事物进行阐释、分析、评价以及推理等③，这也有助于他们批判性思维和论证等技能的提升，由此可见，ICAP 框架能够为论证式教学的高效开展提供理论和实践层面的指导。

---

① 肖睿、刘千慧、尚俊杰、黄文彬：《在线教学平台学习者参与方式研究》，《中国远程教育》2021 年第 7 期。

② 盛群力、丁旭、滕梅芳：《参与就是能力——"ICAP 学习方式分类学"研究述要与价值分析》，《开放教育研究》2017 年第 2 期。

③ Peter Facione, *The California Critical Thinking Skills Test: CCTST*. San Jose, CA: California Academic Press, 2002, pp. 40–48.

二　内容依据

构建"混合学习环境下高校课堂论证式教学框架"既要考虑学生如何论证，又要考虑教师如何组织论证式教学，还要考虑混合学习环境如何为学生参与论证以及教师组织论证式教学提供支持。由此可见，论证、论证式教学以及混合学习环境属于该框架的关键词。因此，本章选取批判性讨论模型、Toulmin 论证模型、论证式教学方式以及三节点论证学习框架这四个与论证或技术支持的论证、论证式教学密切相关的模型或框架为内容依据，对"混合学习环境下高校课堂论证式教学框架"进行构建。

（一）批判性讨论模型

在论证中，基于同一个概念范畴，对论题持不同立场的论证者需要彼此之间不断地进行怀疑和反对，以期通过批判性交流消除彼此间的意见分歧[①]。为了帮助持不同意见的各方通过批判性交流达到消除意见分歧的目的，荷兰阿姆斯特丹大学教授范爱默伦（Frans H. van Eemeren）等提出了批判性讨论模型，该模型将论证过程分为以下四个阶段：第一是冲突阶段，论证者对议题持有不同的立场，一方不认可另一方立场就会导致意见分歧的产生；第二是起始阶段，各方明确自身的角色定位，在同一个概念下基于约定的规则准备论证；第三是论辩阶段，各方不仅要支持己方以及反驳其他方，还需要回复其他方提出的异议或反驳，进而消除他们的疑虑；第四是结束阶段，各方对意见分歧消除程度进行评估，判定是否成功或者在多大程度上维护了己方的立场。

此外，为了规范论证者在批判性讨论过程中的行为，范爱默伦与汉克曼斯（Henkamans）提出了学生在批判性讨论过程中需要遵守的十条规则，这十条规则分别对论证中的质疑、论据、辩护形式以及语言表述等方面进行了规定。十条规则的具体信息如下：（1）自由：双方不得阻止对方质疑和提出立场；（2）证明的责任：提出立场的一方有对立场辩护的责任；（3）立场：一方对立场的抨击应和对方提出的立场有关；

[①] 范爱默伦·弗朗斯、熊明辉：《伦语用论辩学：一种论证理论》，《湖北大学学报》（哲学社会科学版）2017 年第 5 期。

(4) 相关：对立场进行辩护时需要提供和立场相关的论据；(5) 未表达的前提：一方不应基于对方未表达的内容提出前提，也不能否定对方未明确表达的前提；(6) 起点：双方不能将前提作为公认起点，或否认表达公认起点的前提；(7) 有效性：支持论证的推理不应有逻辑上的错误；(8) 论证形式：对立场的辩护需要有正确适当的论证形式；(9) 结束：一旦一方立场论证失败，该方不可继续维持该立场。一旦一方立场论证成功，对方不可再进行怀疑；(10) 用法：论证双方都要使用清晰的表述，不能够故意歪曲对方的表述[1]。

总结而言，批判性讨论模型反映了论证的基本过程以及论证者在该过程中需要注意的问题。学生通过冲突、起始、论辩和结束四个阶段能够经历完整的论证过程，且十条规则为学生完整的论证过程提供了质量保障，促使学生在论证中规范且有效地发言。

在论证式教学中，学生提出主张以及为主张辩驳是关键环节之一，批判性讨论模型为刺激其产生、引导其过程以及总结其本质提供了参考[2]。具体而言，该模型的第一个阶段（产生冲突）有助于提高学生提出主张以及为主张辩驳的积极性。第二阶段（起始阶段）和第三阶段（论辩阶段）则为学生提出主张以及为主张辩驳的过程提供了思想层面的参考。通过第四阶段（结束阶段），学生可以对提出主张以及为主张辩驳的过程进行归纳和总结。

首先，在产生冲突阶段，意见分歧是促使学生产生认知冲突的有效方式，在意见分歧中，学生更有动力支持己方以及反驳他方，即更有动力为提出主张以及为主张辩驳[3]。由此可见，在组织论证式教学的过程中，为了提高学生提出主张以及为主张辩驳的兴趣感和积极性，对于某个论题而言，可以通过划分正反方的形式，鼓励学生从两个对立的观点

---

[1] Frans H. van Eemeren, A. Francisca Sn Henkemans, *Argumentation: Analysis and Evaluation*, 2nd Edition. New York: Routledge, 2017, pp. 108–119.

[2] 欧阳护华、金茹花：《首届中荷语用论辩学学术研讨会综述——语用论辩学研究的历史、现状和趋势》，《逻辑学研究》2016 年第 3 期。

[3] Omid Noroozi, Armin Weinberger, Harm J. A. Biemans, Martin Mulder, Mohammad Chizari, "Argumentation-Based Computer Supported Collaborative Learning (ABCSCL): A Synthesis of 15 Years of Research", *Educational Research Review*, Vol. 7, No. 2, 2012.

中选择一个，双方的目标都是支持己方和反驳对方。

其次，在起始阶段，双方要在同一个概念范畴下进行论证，这也是论证顺利开展的前提。基于此，在论证式教学中，当学生提出主张以及为主张辩驳时，不同站方要对论证的操作性定义等有统一的界定，这样才能够促使论证者围绕论题开展论证，提供与论题相关的论据等，进而提升论证者的批判性思维技能①。

再次，在论辩阶段，每方在提出主张后，不仅要基于证据支持己方，还要分析对方的内容并提供反驳的证据，双方在支持或反驳中开展辩驳，学生也能够在不断地支持和反驳中提升自身的论证和批判性思维技能②。

最后，在结束阶段，论证者对不同站方间意见的消除程度等进行评估和审查，而评估和审查需要学生再次回顾整个论证过程，通过对比不同站方间的论证内容，梳理总结出一致点以及仍存在的分歧，这不仅促使学生从辩证的角度看待问题的本质，还能够锻炼其抽象和信息提取的能力③。

综上所述，对于提出主张以及为主张辩驳环节而言，批判性讨论模型为刺激其产生以及总结其本质提供了操作层面的指导，即围绕论题将论证者分为正反方，双方在认知冲突中开展辩驳。在论证结束后，双方总结辩驳过程中的一致点和不同点。但在引导其过程方面，该模型虽然指出在同一个概念范畴下，支持己方和反驳对方是论辩阶段的核心，但并没有给论证者提供提出主张以及为主张辩驳的具体方法，操作层面上应如何提出主张、如何支持己方以及如何反驳对方还有待进一步探究。

（二）Toulmin 论证模型

逻辑学是研究思维形式及其规律的科学，它具有较强的数学性和抽象性。逻辑学能够较好地服务于数学和几何学的发展，却不足以发挥其

---

① 陈小红、余越、赵文、王雨函：《浅析大学生批判性思维测试量表的修订及应用》，《工业和信息化教育》2016 年第 6 期。

② Li Zhang, Richard Beach, Yue Sheng, "Understanding the Use of Online Role-play for Collaborative Argument Through Teacher Experiencing: A Case Study", Asia-Pacific Journal of Teacher Education, Vol. 44, No. 3, 2016.

③ 沈晓敏：《提升课堂辩论深度的教学策略——以社会学科课堂教学为例》，《课程·教材·教法》2013 年第 1 期。

工具性的作用帮助人们论证日常生活中的现实问题，其实践应用性有待提升。针对逻辑学的这一短板，图尔敏（Toulmin）在逻辑学与法学的基础上提出了一种更适合实际论证的模型，即 Toulmin 论证模型①，该模型从比较全面的角度概述了论证的基本元素，这些元素包含：主张（Claim）、资料（Data）、依据（Warrant）、支援（Backing）、限定（Qualifier）和反驳（Rebuttal）。其中，"主张"指一个观点或者论断，旨在说明参与者的态度和立场，且往往以陈述句的方式表述。争议性是"主张"的一个显著特征，因为针对一个问题或事件，每个人都有自己独特的想法，人们提出的"主张"经常会面临各种质疑，这就要求主张提出者在各种质疑中坚定自己的"主张"。"主张"可以在论证刚开始的时候就被提出，参与者围绕"主张"进行讨论。"主张"也可以在论证结束时被提出，由论证者经过一番论证之后总结而得出。

"资料"是支持"主张"的事实依据。通常情况下，"资料"由事实、统计汇编以及经典文献等组成。由于"资料"本身就是一个客观事实，所以它不需要别的理由来支撑。当论证者的"主张"受到质疑或挑战时，他们可以使用"资料"证明自己"主张"的合理性，这不仅可以让论证者回应他人对"主张"的质疑，而且能够让论证者坚定自己"主张"的合理性。

"依据"是对"资料"和"主张"之间必然关系的解释。并不是所有"资料"都可以有力地支持"主张"，也并不是所有"资料"和"主张"之间都有必然联系，当他人质疑"资料"和"主张"之间的关系时，人们并不需要多找"资料"，而是要利用"依据"对"资料"如何支持"主张"的详情进行解释。由此可见，"依据"在"资料"和"主张"之间发挥了"担保"的作用。

"支援"是对"依据"合理性的说明，论证者可以通过表明"依据"的有效性和权威性打消对方对"依据"的质疑。"反驳"是指人们认为"资料"到"主张"的跳跃不合理，需要取消这个跳跃。"限定"是指人们在参考"反驳"内容的基础上，给主张的成立加一个限定条件，这个

---

① Stephen Edelston Toulmin, *The Use of Argument*. London: Cambridge University Press, 1958, pp. 87 - 99.

限定通常用一些副词表示，如大概、可能，这是对"主张"成立的特定条件进行限制，即"主张"在某些限制条件下才是成立的。

对于 Toulmin 论证模型中的六个元素而言，主张、资料和依据是每次论证都要有的元素，因为它们是证明一个"主张"成立的基本条件，它们属于模型的"基础元素"。支援、反驳和限定丰富了论证过程，它们属于模型的"补充元素"。六个元素之间的逻辑关系如图 3.1 所示。总结而言，论证者在提出一个主张时，他们首先要提供证据或数据等资料支持这一主张，然后提供依据以确保主张和资料之间的联系，将资料与主张更科学精准地匹配，接着提供支援说明依据的合理性，最后在反驳中考虑到一些特殊情况，基于反驳内容得出具有限定成立条件的严谨主张。由此可见，在一个论证中，只有六个基本元素共同出现、互相作用才能提高一个主张的逻辑性和完整性。

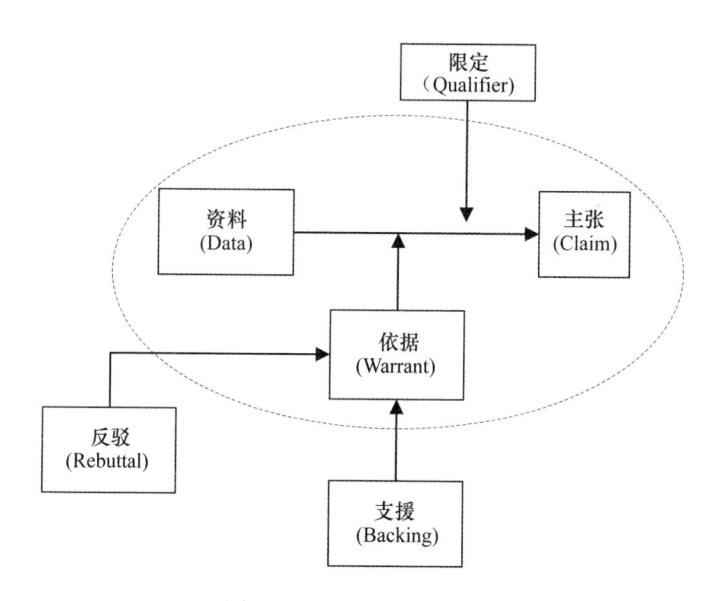

图 3.1 Toulmin 论证模型

以下以一个具体例子说明 Toulmin 论证模型在论证中的具体应用。如有人提出"哈利是英国人"这一主张，并提供"哈利在百慕大出生"作为资料支持该主张。虽然"哈利出生在百慕大"能够支持"哈利是英国人"这一主张，但也有人对资料提出怀疑：为什么出生在百慕大的人一定是英国人？在这个情况下，人们可以通过提供支援证明主张和资料的联系性，支援具体表现为"有法律规定：凡是在英国的海外领地出生的人都是英国人"，这就为百慕大出生的人是英国人提供了法律上的保障。但是对于"百慕大出生的往往是英国人"而言，它也有特例出现，即万一哈利的父母都是中国人，那他也可能不是英国人。因此，为了提高"哈利是英国人"这个主张的严谨性，就要给其成立加上一个限定词"大概"，即哈利大概是个英国人（见图 3.2）。

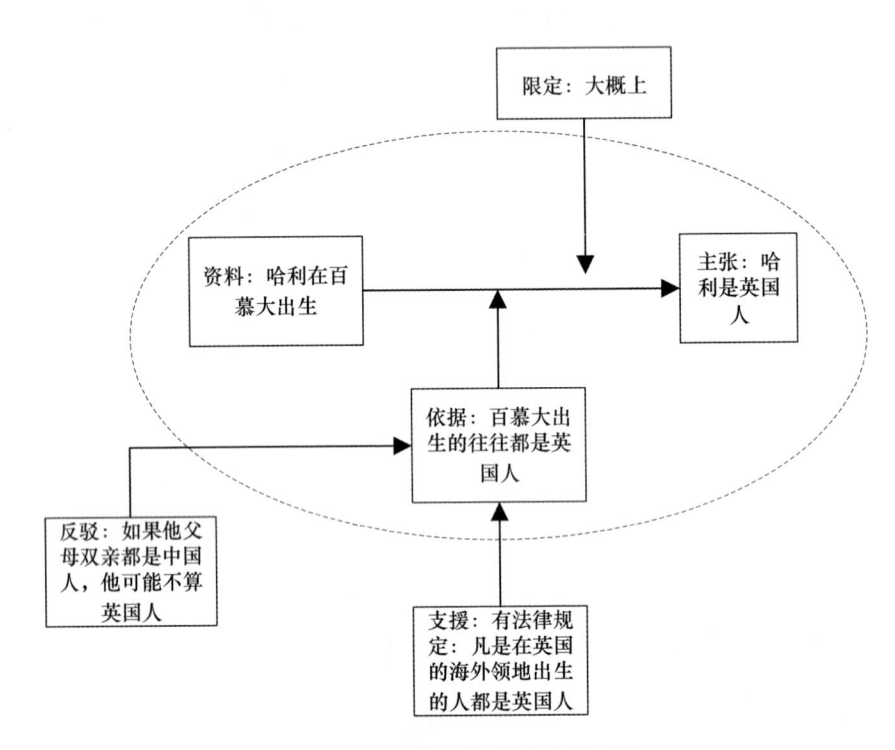

图 3.2　Toulmin 论证模型应用示例

Toulmin 论证模型是一种贴合现实的逻辑推理方法，能够给人们在实践中提出和论证主张提供指导。Toulmin 论证模型目前已经在教育、新闻评论以及法律等领域得以运用[①]。在教育领域中，Toulmin 论证模型的应

---

① 蒙彩燕、陈怡颖、李翠、万妍君：《图尔敏论证模式的发展历程与实践运用》，《科学咨询》2021 年第 19 期。

用能够将传统教师主导的课堂变为学生主体的课堂，学生在Toulmin论证模型的指导下积极参与论证，在论证中不断发散思维，从多个角度辩证地看待事物，并最终提高自身的推理等思维能力①。

总结而言，Toulmin论证模型的核心是人们在提出一个主张时，要对主张进行全面和深入的探索，不仅要提供主张成立的证据，也要对证据的质量等进行考察，还要对主张成立的条件进行限制，这样得出的主张具有较高的科学性和严谨性。此外，Toulmin论证模型属于"独白式"的论证类型，即六个要素都是由持同一个观点的个人或者小组提供，即使有人反驳，这些反驳也是个人或小组为了其更全面和严谨的论述观点服务的。

在论证式教学中，Toulmin论证模型为学生提出主张以及为主张辩驳提供了操作层面的参考②，学生也能够在主张的提出和辩驳中学习知识、提升论证技能和批判性思维技能等③。以下对Toulmin论证模型如何指导学生提出主张以及为主张辩驳进行详细分析。

第一，"资料"要求学生为主张提供事实性的证据，它是促使学生学习或应用专业知识、提升学生论证和批判性思维技能的重要表现。为了列举事实性的证据，学生需要联系之前所学或外界的知识，这有助于学生应用专业知识内容或拓展其专业知识范畴。在寻找事实性证据过程中，学生还需要对多种类型的资料进行筛选，选出具有准确性且与主张密切相关的证据，该过程能够提高学生鉴赏和辨识信息的能力，进而提升他们的论证和批判性思维技能④。

第二，"依据"要求学生确保"主张"和"资料"之间的必然联系性，促使学生从根源上梳理和思考两者之间的逻辑关系，学生在梳理过

---

① 陈京明、赖康生：《试析图尔敏论证模型在大学英美文学课堂教学中的应用》，《广西教育学院学报》2019年第6期。

② Sibel Erduran, Shirley Simon, Jonath Osborne, "Tapping into Argumentation: Developments in the Application of Toulmin's Argument Pattern for Studying Science Discourse", *Science Education*, Vol. 88, 2004.

③ Vetti Giri, M. U. Paily, "Effect of Scientific Argumentation on the Development of Critical Thinking", *Science & Education*, Vol. 29, No. 3, 2020.

④ 吴亚婕、赵宏、陈丽：《网络环境下大学生批判性思维培养教学模式的实践》，《现代远程教育研究》2015年第2期。

程中能够锻炼其逻辑推理能力,而逻辑和推理是批判性思维技能的重要组成部分①。

第三,"支援"要求学生确保"保证"的科学准确性,论证内容的科学正确性是保障论证质量的首要前提。在论证中,学生可以参考法律或科学规律等,通过提供"支援"从更权威的角度认识和理解主张,同时也能够增加论证的科学性和准确性。

第四,"反驳"要求学生从多个角度辩证地看待问题。在 Toulmin 论证模型中,学生可以对"资料""保证""支援"等进行反驳,且要为反驳提供依据,这为学生在论证中开展反驳提供了指导。反驳不仅代表了学生高水平的论证技能②,也是学生锻炼其批判性思维技能的有效途径③。

第五,"限定"要求学生从严谨地角度理解主张。通过"限定",学生对主张成立的条件进行思考,该过程促使学生全面且深入地探索"主张"的本质和特征,在对相关知识回顾和巩固的基础上,通过深入思考提高论证和批判性思维技能④。

(三)论证式教学方式

论证式教学有多种方式,基于论证在教学中所扮演角色的不同,彭正梅、伍绍杨、付晓洁和邓莉⑤将论证式教学方式总结为以下四种:教师示范论证的教学方式、教师辅助论证的教学方式、学生合作论证的教学方式以及学生独立论证的教学方式。

对于教师示范论证的教学方式而言,其三个基本步骤如下:教师依据教学大纲明确学生课程学习的目标、教师围绕教学目标选取可以开展

---

① 杜爱慧:《论证式教学:一种有效的探究教学模式》,《教育导刊》2011 年第 9 期。
② Sibel Erduran, Shirley Simon, Jonath Osborne, "Tapping into Argumentation: Developments in the Application of Toulmin's Argument Pattern for Studying Science Discourse", *Science Education*, Vol. 88, 2004.
③ Elif Sönmez, Esra Kabataş Memiş, Zekeriya Yerlikaya, "The Effect of Practices Based on Argumentation-based Inquiry Approach on Teacher Candidates' Critical Thinking", *Educational Studies*, Vol. 2, 2019.
④ 王国华、聂胜欣、袁梦霞、俞树煜:《使用问题解决法促进批判性思维发展的研究——基于交互文本的分析》,《电化教育研究》2016 年第 5 期。
⑤ 彭正梅、伍绍杨、付晓洁、邓莉:《如何提升课堂的思维品质:迈向论证式教学》,《开放教育研究》2020 年第 4 期。

论证的主张展开论证、教师向学生展示论证的核心要素和过程。论证在教师示范论证的教学方式中扮演了范例的角色。在该方式中，教师主导课堂，且将相关的知识以论证形式呈现给学生，学生的主要任务是听和观察老师所呈现的论证成果。

对于教师辅助论证的教学方式而言，其三个基本步骤如下：教师依据学习任务设置恰当的支架、学生基于支架的支持完成任务且教师在学生完成任务过程中不断提供指导和反馈、教师评价学生的成果。论证在教师辅助论证的教学方式中扮演的是支架角色。教师为学生提供指导框架和反馈等支架，学生在老师提供的支架下完成论证，教师辅助引导学生开展论证活动。

对于学生合作论证的教学方式而言，其五个基本步骤如下：创设问题情景、确定探究的框架、厘清问题并收集证据、尝试构建试探性论证以及展示、交流和分享成果。论证在学生合作论证的教学方式中扮演了探究工具的角色。教师的主要任务是创设问题情景，确定相关的框架，引导学生以小组的形式围绕问题开展自主探究，并鼓励学生将探究成果以论证的形式呈现出来。

对于学生独立论证的教学方式而言，教师经常提醒学生关注以下问题：我的目标是什么？我当前是什么水平？我正在使用怎样的策略，该策略效果如何？我还能怎么做？论证在学生独立论证的教学方式中扮演了元认知工具的角色。学生自主确定学习的目标并能够在过程中自主调整。

鉴于四种论证式教学方式各有特点，其教学效果也存在差异，这为教师基于不同的教学目标组织论证式教学提供了指导。在教师示范论证的教学方式中，教师占据主导地位，学生不参与论证过程而仅仅是听老师讲授论证，学生处于表层学习阶段，他们能够学到更多事实或者概念性知识。

对于教师辅助论证的教学方式而言，学生基于教师搭建的支架参与论证，学生在参与论证中完成表层学习向深度学习的转变，促使他们将事实或者概念性知识关联，进而形成知识链条，学生在论证中也能够提高自身分析和评价论证的能力。

对于学生合作论证的教学方式而言，学生在教师的指导下参与论证，且在论证中能够充分发挥自主性，教师对学生的论证给予方向上的引导。在合作探究中，学生基于一定的知识和论证技能，在彼此分享观点中加深对于知识的理解，并以论证的形式呈现探究结果，这有助于学生实现深度学习和迁移学习。

对于学生独立论证的教学方式而言，教师并不直接干预学生的论证，而是通过一系列问题加强学生的论证意识。学生自己计划、监控和调节自己的思维过程，基本自主完成论证过程，这能够促使学生应用和迁移所学知识，实现自我导向的学习。

高等教育的目标不仅是给学生传输知识，更重要的是让学生基于知识创造性地解决问题，聚焦拔尖创新人才培养，促进社会的可持续发展[1]。鉴于课堂是培养大学生的主阵地，提升高等教育质量的关键是抓课堂教学质量[2]。高校课堂要从以教为中心到以学为中心转变，把课堂还给学生，充分体现学生的主体性，鼓励学生积极参与教学活动，提高其学习体验感。此外，现代信息技术的教育应用也能够促使学生充分发挥主体性，助力教学方式的变革[3]。学生合作论证的教学方式有助于高校课堂改革以及培养创新人才。在该教学方式中，学生能够在教师的指导下充分发挥自主性，在自主参与论证中提升多方面的综合能力。因此，借助混合学习环境的优势让学生自主参与论证，并鼓励学生基于教师的指导对论证不断优化和改进，师生合作共同探究完成论证是提升高校课堂教学质量的有效途径。

在论证式教学中，学生合作论证的教学方式为论题的提出、论证准备以及主张的提出和辩驳提供了思路。第一，教师创设问题情境为论题的提出提供了指导。对于论证式教学而言，教师可以通过设置两难情境、针锋相对的争议、待解决的结构不良问题等方式促使学生参与论证，相比之下，针锋相对的争议由于在刺激学生产生认知冲突方面具有优势，

---

[1] 张铭凯：《高校教学高质量发展的核心意蕴、价值追求与实践路向》，《中国电化教育》2022年第3期。

[2] 王鉴、王明娣：《大学课堂教学改革问题：生活世界理论的视角》，《高等教育研究》2013年第11期。

[3] 张铭凯、廖婧茜、靳玉乐：《技术与教学相遇：历程检视与进路选择》，《教育发展研究》2016年第12期。

其在提升学生论证技能方面的作用也更为显著①。

第二，小组合作确定探究的框架为主张的提出和辩驳提供前提保障。在论证式教学中，为了促使学生对主张进行科学合理的辩驳，在论证开始前，师生要对操作性的内容进行界定，如详细说明或界定论证的探究框架、操作性的概念以及规则等②。此外，小组合作的方式为学生提供彼此商议的机会，他们共同梳理和整合多种意见③，小组成员共同分担了认知负荷，学生在论证中的压力也随之减轻。

第三，厘清问题并收集证据有助于学生科学地评价资料。在论证式教学中，为了支持自己的主张，学生需要收集资料等作为论据，而高质量论据则要求学生对资料进行全面和深入分析，并在此基础上筛选出与主张密切相关且有价值的内容④。

第四，构建试探性论证引导学生合理地提出主张。在论证式教学中，在对资料分析与推理的基础上，学生提出主张以及用证据支持他们的主张，并最终形成文字材料，学生在支持主张中能够学习专业知识以及提升论证技能等。

第五，通过展示、分享与交流，学生能够高效地为主张辩驳。在论证式教学中，辩论等形式能够给学生营造开放与包容的氛围，鼓励他们彼此反驳对方的论证内容，学生也可以在回应反驳中进一步支持己方的主张，持续的支持或反驳有助于学生提升自身的论证和批判性思维等技能⑤。

（四）三节点论证学习框架

国内外已经开展了很多论证式教学的实践研究，这些实践研究基于

---

① Baruch B. Schwarz, Yair Neuman, Julia Gil, Merav Ilya, "Construction of Collective and Individual Knowledge in Argumentative Activity", *The Journal of the Learning Sciences*, Vol. 12, No. 2, 2003.

② 陈小红、余越、赵文、王雨函：《浅析大学生批判性思维测试量表的修订及应用》，《工业和信息化教育》2016年第6期。

③ 黄维钢：《"合作论证式"教学在高中生物学教学中的实践应用》，《中学生物教学》2021年第15期。

④ Vetti Giri, M. U. Paily, Effect of Scientific Argumentation on the Development of Critical Thinking. *Science & Education*, Vol. 29, No. 32, 2020.

⑤ Cheng-Chia (Brian) Chen, Karen Swan, "Using Innovative and Scientifically-based Debate to Build E-learning Community", *Online Learning*, Vol. 24, No. 3, 2020.

论证式教学的不同的影响因素设计并实施了多样化的论证式教学，并探索了论证式教学对学生产生的影响。为了提高学生的论证质量，促使论证式教学研究高效开展，对已有论证式教学实践研究中论证的影响因素以及影响效果进行梳理很有必要。Asterhan 和 Schwarz[①] 从大量的论证式教学实践研究中总结出三节点论证学习框架，该框架从系统层面梳理了论证的影响因素、论证对话的类型以及论证给学生带来的影响，为人们开展论证式教学实践提供了理论参考。

三节点论证学习框架主要包含论证的促进或抑制因素、对话特征以及学习结果三个部分。论证的促进或抑制因素部分包含任务设计、交流媒体、过程性支持、个人特征和社会文化。对话特征部分包含争论性论证、协商性论证、协商一致的共同建构以及快速达成共识的论证。学习结果部分包含学生领域内知识、论证和批判性思维技能、论证的陈述性知识以及智力能力（见图3.3）。

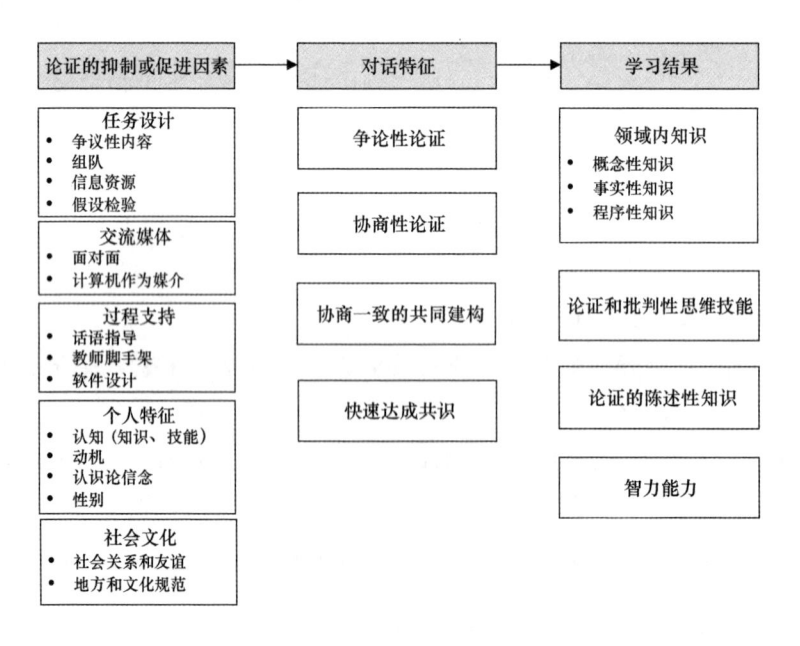

图3.3　三节点论证学习框架

① Christa S. C. Asterhan, Baruch B. Schwarz, (2016). "Argumentation for Learning: Well-Trodden Paths and Unexplored Territories", *Educational Psychologist*, Vol. 51, No. 2, 2016.

对于三节点论证学习框架而言，对话特征是其核心，抑制或促进因素通过影响对话特征进而给学生带来不同的学习结果。了解每部分的具体内容能够帮助人们更好地理解三部分之间的逻辑关系。首先，对于论证的促进或抑制因素部分而言，其主要内容包含任务设计、交流媒体、过程性支持、个体特征以及社会文化，具体情况如表3.2所示。任务设计关注的是论题要具有争议性、组队的原则是尽量让不同组之间产生认知冲突、鼓励学生以写论证内容的方式进行论证等。交流媒体的应用能够让学生的论证内容留痕、学生基于留痕的内容对论证进行审查和改进、让学生紧扣论证主题开展论证、为每个学生提供平等的参与机会以及鼓励学生充分发表自己的想法。过程支持关注学生的论证方式、教师提供指导的脚手架以及利用软件开展实时的可视化论证等。个体特征关注学生的专业知识和论证知识、学生的认识论信念、学生论证的动机（获取技能导向或战胜别人导向）以及论证中的性别差异（男性倾向于争论而女性倾向于协商）。社会文化关注学生的社会关系和友谊（反驳有时候被认为是破坏友谊的）以及学生对论证本身的价值定位。由此可见，无论是论证的促进因素还是抑制因素，它们都能够影响论证对话，因此也可以称之为论证的影响因素。

表 3.2　　　　　　　　　　论证的抑制或促进因素列表

抑制或促进因素	内容	具体描述
任务设计	争议性内容	论题要具有可辨和争议性[1]，促使学生积极参与提出论题
	组队	将具有不同知识基础、想法或意见的学生分组以产生社会认知冲突[2]，避免快速达到"错误的共识"

---

[1] Randi A. Engle, Faith R. Conant, "Guiding Principles for Fostering Productive Disciplinary Engagement: Explaining an Emergent Argument in a Community of Learners Classroom", *Cognition and Instruction*, Vol. 20, 2002.

[2] Willem Doise, Gabriel Mugny, Anne-Nelly Perret-Clermont, "Social Interaction and the Development of Logical Operations", *European Journal of Social Psychology*, Vol. 6, 1975.

续表

抑制或促进因素	内容	具体描述
任务设计	信息资源	鼓励学生写出其主张、反驳的理由或者借助表达工具（图表、表格等）写下来
	假设检验	学生首先讨论不同的答案，然后用客观的测试设备（秤、计算器等）测试这些答案的正确性
交流媒体	内容留痕	留痕的内容便于学生之后对论证的检索和审查，促使其基于论证内容进行反思
	紧扣主题	以计算机为媒介的交流通常包含较少的社交和离题性交流，让学生专注于当前的话题，提高学生交流的条理性
	平等参与	参与者不需要为话语权而竞争，每个人都能公平参与论证①
	减少拘谨	学生线上交流不拘束，他们更倾向于在网络交流环境中表达个人观点以及对自己的发言负责②
过程支持	话语指导	学生既可以开展具有冲突性的论证也可以开展具有协商性和共同建构等性质的论证
	教师脚手架	教师提出引导性的脚手架（提示学生用证据支持他们的论点）要比具体内容的脚手架（明确说明内容）更有效
	软件设计	许多软件工具能够支持学生实时论证，如支持可视化论证的软件等
个体特征	认知（知识和技能）	先验知识：为了驳斥对方的观点，参与者需要对讨论所涉及的知识有所了解，学生还可以通过论证巩固知识 论证技能：大部分人处于初级阶段，只有少部分人能够熟练论证。主要问题表现为人们不能为观点提供足够的证据③等

---

① Christa S. C. Asterhan, Tammy Eisenmann, "Introducing Synchronous E-discussions in Co-located Classrooms: A Study on the Experiences of 'Active' and 'Silent' Secondary School Students", *Computers in Human Behavior*, Vol. 27, 2011.

② John Sule, "The Online Disinhibition Effect", *Cyberpsychology & Behavior*, Vol. 7, 2004.

③ Philip Bell, Marcia C. Linn, "Scientific Arguments as Learning Artifacts: Designing for Learning from the Web with KIE", *International Journal of Science Education*, Vol. 22, No. 8, 2000.

续表

抑制或促进因素	内容	具体描述
个体特征	认识论信念	学生对知识本质和知识获得所持有的一种观念①。从绝对主义的角度来看,知识由要被发现或揭示的事实组成。从多元论的角度来看,知识是由观点组成的,而人与人之间的观点存在差异。支持多元论的人们不太可能真正参与论证②
	动机	成就目标能够影响动机,它关注学生遇到挑战和困难时的不同反应。成就目标影响学生如何试图解决冲突。成就目标分为两大类:掌握目标和成绩目标。当学生关注掌握目标时,其目的是不断进步和努力获得技能。当学生追求成绩目标时,他们把成功定义为证明自己的能力,他们努力表现出相对于他人的优越能力
	性别	男性的论证更倾向于争议性和对抗性,女性多表现出协商性的共识共建,但这些推论还需要在具体的教学实践中验证
社会文化	社会关系和友谊	友谊的质量和同伴关系是所有年龄学生主要关心的问题③,学生认为批判别人的观点是不友好的,甚至是破坏友谊的,他们也尽量避免产生分歧
	地方和文化规范	论证的顺利实施要把握好以下几点:何时、如何以及对谁。参与者要意识到论证的价值和必要性④。在某些文化中,反驳和批判可能比较受欢迎或者不受欢迎

其次,对话特征部分主要包含争论性论证、协商性论证、协商一致

---

① Sarit Barzilai, Anat Zohar, "Reconsidering Personal Epistemology as Metacognition: A Multifaceted Approach to the Analysis of Epistemic Thinking", *Educational Psychologist*, Vol. 49, No. 1, 2014.

② Deanna Kuhn, Yanan Wang, Huamei Li, "Why Argue? Developing Understanding of the Purposes and Values of Argumentive Discourse", *Discourse Processes*, Vol. 48, 2011.

③ Julie Wargo Aikins, Karen L. Bierman, Jeffrey G. Parker, "Navigating the Transition to Junior High School: The Influence of Pre-transition Friendship and Self-system Characteristics", *Social Development*, Vol. 14, No. 1, 2005.

④ Deanna Kuhn, Wendy Goh, Kalypso Iordanou, David Shaenfield, "Arguing on the Computer: A microgenetic Study of Developing Argument Skills in a Computer-supported Environment", *Child Development*, Vol. 79, 2008.

的共同建构以及快速达成共识的论证。在争论性论证中，论证者需要捍卫一个观点，他们不仅要支持己方的观点，不惜任何代价捍卫己方的观点，还要通过反驳对方来说服对方，证明对方是错误的，争论性论证以牺牲对手为代价赢得胜利。对于协商性论证而言，论证者试图理解对方的想法，并将不同的想法合并在一起进行对比考虑，合作探索哪个想法更有说服力[1]。由此可见，争论性和商议性论证都要求参与者具有批判的推理能力。相比于协商性论证，争论性论证的显著特点是竞争激烈，且学生在论证过程中缺乏合作商讨的精神。

在协商一致的共同建构中，所有论证者都可以在论证中表述自己的想法，虽然有些人也会提出针对观点的片面理由，但是其他人并不批判这些片面的理由，也不把不同的观点和理由放在一起对比[2]。快速达成共识的论证主要是指论证者之间尽量避免冲突，这会导致有些论证者盲目听从他人的意见而没有自己的想法。

最后，学习结果部分主要包含学生的领域内知识（概念性知识、事实性知识、程序性知识），即学生关于某个领域的专业知识，其中事实性知识指独立的、特定的知识内容，如事件、地点、人物、时间和信息等。概念性知识相对于事实性知识要更复杂、更有组织性，如关于原理、模型等的知识。程序性知识是关于如何做某事的知识，如方法等。论证技能指的是学生在论证过程中表现出来的支持或反驳以及这些支持或反驳的证据支撑情况。批判性思维技能指的是学生识别争论中歧义的能力[3]，他们能够解释、分析、评估、推论、说明以及自我校准[4]。论证的陈述性知识指的是学生能对论证本身性质和特征进行描述，且能够区别和辨别

---

[1] Mark Felton, Merce Garcia-Mila, Sandra Gilabert, "Deliberation Versus Dispute: The Impact of Argumentative Discourse Goals on Learning and Reasoning in the Science Classroom", *Informal Logic*, Vol. 29, 2009.

[2] Christa S. C. Asterhan, Baruch B. Schwarz, "Argumentation and Explanation in Conceptual Change: Indications from Protocol Analyses of Peer-to-Peer Dialog", *Cognitive Science*, Vol. 33, No. 3, 2009.

[3] Emily Lai, *Critical Thinking: A Literature Review* (Research Report). Pearson Research Report, 2011.

[4] Peter Facione, *Critical Thinking: What It Is and Why It Counts*. California Academies Press, 1998.

论证。由此可见，论证的陈述性知识关注论证"是什么"以及"怎么样"。智力能力是指人们能够认识和理解客观事物，并运用知识、经验等解决问题的能力，它特别强调人们对新问题的解决能力、学习能力以及对环境的适应能力[①]。

总结而言，三节点论证学习框架明确指出了论证的促进或抑制因素，并对论证的对话特点进行了阐述，无论是促进因素还是抑制因素，它们都会对论证对话过程以及论证效果产生影响。在这些因素中，交流媒体强调技术支持的线上环境对论证的影响，这也为教师在混合学习环境下开展论证式教学提供了指导。同时，该框架还对学生的学习结果进行了阐述，从比较全面的角度总结了论证对学生的作用。

第三节 混合学习环境下高校课堂论证式教学框架的构建

一 混合学习环境下高校课堂论证式教学框架的构建思路

在我国高校中，混合学习环境的建设已经比较成熟。校园网络配置基本到位，很多学生拥有手机、电脑等终端，学生自带设备进课堂的现象也比较常见，高校具有在混合学习环境下开展论证式教学的现实基础。此外，文献综述表明，高校传统论证式教学中仍存在很多问题，如学生在论题和正反方选择方面缺乏自主性，导致他们经常被动学习，这些问题都可以借助混合学习环境的优势解决。

批判性讨论模型的四个阶段（冲突、起始、论辩和结束）有助于教师高效组织学生开展论证。学生基于观点的冲突准备论证，然后通过论辩维护己方以及反驳对方，最后双方总结论证中达成的共识以及存在的不同，上述过程能够促使学生全面思考论证的内容。此外，在论辩阶段，基于Toulmin论证模型的六要素，学生能够合理地支持提出己方主张或反驳对方的主张。因此，批判性讨论模型和Toulmin论证模型有助于学生开展完整且高质量的论证。

---

① Zhernovnykova, Oksana Nalyvaiko, Oleksij Chornous, "Intellectual Competence: Essence, Components, Levels of Formation", *Science Education*, Vol. 58, 2017.

论证式教学的四种方式为教师基于不同的教学目标设计论证式教学提供了指导。我国高校的目标是培养创新人才，为了实现该目标，教师应鼓励学生积极参与课堂的教学活动，并在方向上给学生提供引导，让学生在活动中充分发挥自身的主体性。对于学生合作论证的教学方式而言，学生在教师的指导下自主参与论证活动，在彼此分享观点中加深对于知识的理解，并最终实现深度学习。此外，混合学习环境也为学生自主探究和自主学习提供了资源等支撑。因此，学生合作论证的教学方式为高校在混合学习环境下开展论证式教学以及充分发挥学生的主体性提供了参考，其教学步骤也能够指导混合学习环境下高校课堂论证式教学过程中的步骤设计。

ICAP框架通过学生的外显行为对其认知参与程度进行划分，这为观察和分析学生的学习方式提供了参考，鉴于该框架将学生外显行为的变化同心理结果内隐的变化结合，在论证式教学中，该框架也为设计有利于学生论证等技能提升的论证式教学过程提供了理论依据，通过设计促使学生在论证式教学的不同步骤中更多地开展主动学习、建构学习或交互学习。

三节点论证学习框架由研究者从大量的论证式教学实践研究中总结得出，框架内容主要包含论证的影响因素、论证的对话类型以及论证给学生学习带来的影响，影响因素通过影响论证对话的过程进而给学生带来不同的学习结果。在本研究中，由于论证对话特指争论性论证，这些影响因素也会影响学生的争论性论证对话，而争论性论证对话又可以通过论证式教学的过程反映，所以这些影响因素也能够影响论证式教学的过程。三节点论证学习框架中对话特征的争论性论证可以看作混合学习环境下高校课堂论证式教学的过程，影响因素部分为论证式教学过程中的内容设计提供了参考。此外，三节点学习框架中的影响因素部分还对技术支持的论证进行了详细阐述，这为在教学过程中发挥混合学习环境优势提高教学效率提供了指导。

三节点论证学习框架中的学习结果部分从不同角度总结了论证给学生带来的影响，这为混合学习环境下高校课堂论证式教学效果的评价提供了内容参考。在混合学习环境下，通过对学生留痕论证内容的分析也能够提高评价的客观性。

综上所述，我国高校已经建成了较为成熟的混合学习环境，这为其在混合学习环境下开展论证式教学提供了现实基础。首先，批判性讨论模型和 Toulmin 论证模型有助于学生高质量地建构论证。其次，学生合作论证的教学方式能够让学生在老师的指导下充分发挥主体性，其教学步骤也能够指导混合学习环境下论证式教学过程中的步骤，且三节点论证学习框架的影响因素部分为教学过程中的内容设计提供了参考，ICAP 框架则为分析和总结学生在不同教学步骤中的学习方式提供了理论依据。最后，三节点论证学习框架的学习结果部分为混合学习环境下论证式教学效果的评价提供了指导。总结而言，混合学习环境下高校课堂论证式教学的过程和教学效果的评价共同组成了"混合学习环境下高校课堂论证式教学框架"的主要内容（见图 3.4）。

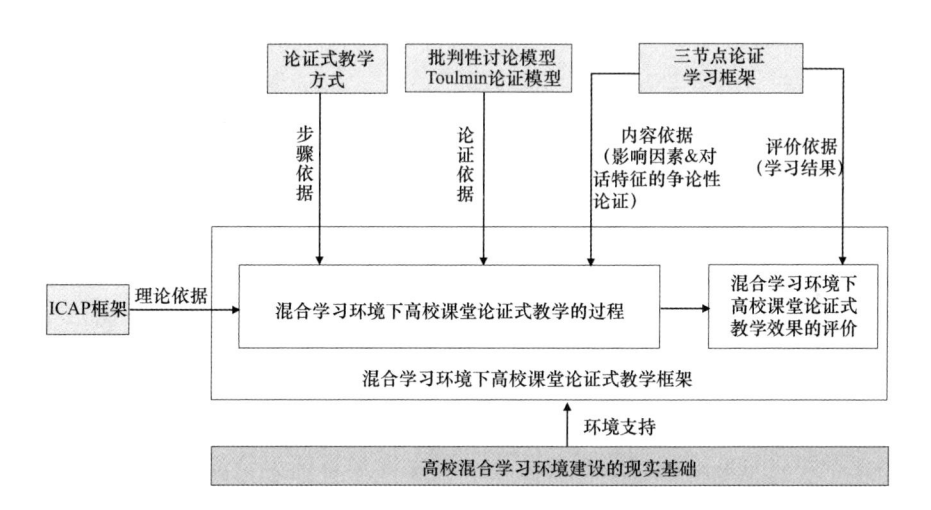

图 3.4 混合学习环境下高校课堂论证式教学框架的构建思路

二 混合学习环境下高校课堂论证式教学框架的提出与描述

基于混合学习环境下高校课堂论证式教学框架的构建思路，本研究提出"混合学习环境下高校课堂论证式教学框架"（见图 3.5）。该框架主要包含混合学习环境下高校课堂论证式教学的过程和教学效果的评价，以下分别对这些内容的具体构建过程进行详细描述。

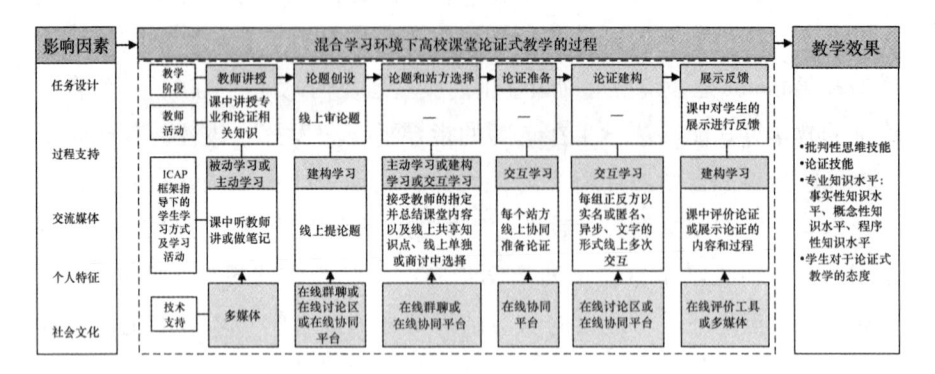

图 3.5 混合学习环境下高校课堂论证式教学框架

混合学习环境下高校课堂论证式教学框架的构建过程主要分为两个环节，第一个环节是教学步骤的设计，第二个环节是每个步骤中内容的设计。第一，混合学习环境下高校课堂论证式教学步骤的设计主要参考学生合作论证教学方式的步骤。学生合作论证的教学方式共包含五个基本步骤，它们分别为创设问题情景、确定探究的框架、厘清问题并收集证据、尝试构建试探性论证以及展示、交流和分享成果。创设问题情景主要关注论题如何产生，故本研究将其总结为论题创设，此外，由于论题提出之后学生需要确定论题，且争论性论证通常让学生围绕论题以正反站方的形式实施，所以论题和站方的确定也是论证实施前的关键环节，故本研究将其总结为论题和站方选择；确定探究的框架和理清问题并收集证据关注的是论证前期准备，故本研究将其总结为论证准备；尝试构建试探性论证关注的是论证的具体建构过程，故本研究将其总结为论证建构；展示、交流和分享成果关注学生对论证的展示以及展示过后师生的反馈情况，故本研究将其总结为展示反馈。

此外，鉴于学生在论题创设、论题和站方选择、论证建构以及展示反馈中均需要以教师讲解的相关知识为支撑，因此，教师讲授也属于混合学习环境下高校课堂论证式教学过程中的关键步骤之一。教师讲授、论题创设、论题和站方选择、论证建构以及展示反馈六个阶段也构成了教学过程的基本步骤。

最后，在论证式教学实施后，对其教学的评价能够全面判断论证式教学的质量和水平，为教师下次更好地开展实践以及发挥其理想的效果提供参考。因此，教学效果评价也是论证式教学的关键步骤之一。

综上所述，混合学习环境下高校课堂论证式教学主要包含以下七个关键步骤：教师讲授、论题创设、论题和站方选择、论证建构、展示反馈以及教学效果的评价。

第二，混合学习环境下高校课堂论证式教学步骤的内容设计。当混合学习环境下高校课堂论证式教学的步骤确定之后，接着就要对每个步骤的具体内容进行设计。对于教学过程中（教师讲授、论题创设、论题和站方选择、论证建构以及展示反馈）每次步骤的内容设计而言，其主要参考三节点论证学习框架中论证对话的影响因素，具体包含任务设计（争议的内容、组队、信息资源、假设检验）、交流媒体（内容留痕、紧扣主题、平等参与、减少拘谨）、过程支持（话语指导、教师脚手架、软件设计）、个体特征（认知、认识论信念、动机、性别）以及社会文化（社会关系和友谊、地方和文化规范）。此外，论证建构阶段还参考了批判性讨论模型和 Toulmin 论证模型，这些模型能够具体指导学生开展争论性论证。最后，鉴于学生在教学过程中具有不同的学习方式，研究参考 ICAP 框架对学生每个步骤中的学习方式进行总结，同时也对技术所发挥的支持作用进行描述。

对于教学效果评价而言，其内容设计主要参考三节点论证学习框架中的学习结果部分，具体包含学生的批判性思维技能、论证技能以及专业知识水平，专业知识水平又分为事实性知识水平、概念性知识水平以及程序性知识水平。此外，研究也关注了学生对于论证式教学的态度，以下分别对每个步骤的内容及其设计过程进行详细描述。

（一）教师讲授

教师讲授阶段主要参考了三节点论证学习框架中论证对话的以下影响因素：为学生提供相关认知、帮助学生树立恰当的认识论信念以及理解地方和文化规范。

为学生提供相关认知主要表现为教师在线下给学生讲解专业知识和论证相关的内容，帮助学生明确论证中所用到的专业学科知识和论证的方法等，这些专业或论证相关知识为学生科学开展论证活动、高效应用所学知识奠定了基础。

帮助学生树立恰当的认识论信念以及理解地方和文化规范主要表现为学生基于教师对论证本身内容的讲解，能够对论证的价值有正确的定位，理解论证中需要开展支持和反驳，真理通常在人们不断地支持或反驳中产生，但这些支持或反驳仅仅是为了深入探究论题内容，而不是针对个人的行为。

综上所述，对于混合学习环境下高校课堂论证式教学的教师讲授阶段而言，其核心内容是教师在课堂上给学生讲授专业和论证相关的知识，学生听教师的讲授，在听的过程中也可以通过做笔记等方式记录关键内容。从 ICAP 框架的角度来看，在教师讲授过程中，学生既可以被动地接受教师所讲的内容，也可以积极主动地参与教学，在实际学习行为操控学习材料，如对重要的内容做笔记或画线等，这些都体现出学生的被动学习或主动学习。从技术支持的角度而言，多媒体的应用有助于教师直观和有趣地呈现教学内容，通过图形等方式提高学生学习的积极性，促使学生开展被动学习或主动学习。

（二）论题创设

论题创设阶段主要参考了三节点论证学习框架中论证对话的以下影响因素：为学生提供争议性的内容以及平等的参与机会。

争议性的内容主要表现为论题的争议性，为了给学生提供争议性论题，一方面，所有学生都可以通过线上的方式提出论题，这样能够扩展争议性论题来源的筛选范围。另一方面，教师要在线上对论题的质量进行审核和评价，以确保论题具有争议性。争议性的论题是保障学生高质量参与论证的先决条件。

为学生提供平等的参与机会主要表现为所有学生都可以通过线上的方式提出论题。通过在线上提论题，学生不仅能够运用自己所学的知识，还能够提高对于论题的兴趣感，进而更加积极地参与论证建构

综上所述，对于混合学习环境下高校课堂论证式教学的论题创设阶段而言，其核心内容是学生线上提出论题，教师线上审核学生所提出的论题。从 ICAP 框架的角度来看，学生在提出论题过程中能够建构知识，且线上的方式为所有学生参与建构提供了条件，因此，学生在提出论题过程中实现了建构学习，此外，教师对论题的审核为学生的建构提供了质量保障。从技术支持的角度而言，基于在线群聊、在线讨论区或在线

协同平台，学生能够和他人共享自己提出的论题，这有助于其开展建构学习。

(三) 论题和站方选择

论题和站方选择阶段主要参考了三节点论证学习框架中论证对话的以下影响因素：让学生组队以及为学生提供平等的参与机会。

学生组队主要表现为他们基于论题从正反方两个角度进行组队，每队不仅对自己的站方进行维护，还要对对方进行反驳，且正反双方都以说服对方为主要目标。在说服对方目标的驱动下，学生也能够积极参与论证。

为学生提供平等的参与机会主要表现为每个人有平等的机会直接或间接方式参与论题和站方的选择，其中间接方式是指在学生虽然不自己直接选择论题和站方，但是他们可以线上共享论题和站方相关的知识点，这些知识点来自教师课堂上所讲授的内容。直接方式是指所有学生通过线上的方式直接选择论题和站方。通过共享论题和站方的关键内容或参与选择过程，学生对论题和自己的站方会有进一步的理解，这为他们后续参与论证提供了参考。

综上所述，对于混合学习环境下高校课堂论证式教学的论题和站方选择阶段而言，其核心内容是学生以正反方的形式组队，教师既可以给学生指定论题和正反方，学生也可以在线上单独或通过商讨选择论题和正反方，对于教师指定论题和正反方而言，学生可以在线上共享论题和站方相关的知识点，这也是对教师讲授内容的再次回顾。从ICAP框架的角度来看，对于教师给学生指定论题和站方而言，学生虽然没有直接参与选择的过程，但学生可以回顾和总结教师课堂所讲内容，然后线上共享论题和站方相关的知识点，因此，学生在该过程中主要表现为主动学习。在线上环境的支持下，学生也可以自选论题和正反方，他们既可以通过建构的方式自己单独选择，也可以在和其他同学交流的基础上选择，学生在该过程中主要表现为建构学习或交互学习。从技术支持的角度而言，在线群聊和在线协同平台有助于学生和他人共享自己所回顾的论题和站方相关知识点、促使学生自己单独或和他人交流讨论中选择论题和站方，进而帮助其开展建构学习或交互学习。

（四）论证准备

论证准备阶段主要参考了三节点论证学习框架中论证对话的以下影响因素：为学生提供平等参与论证准备的机会，其主要表现为所有队员都能够通过线上的方式准备论证，所有队友之间相互协同工作，如协同地共享论证资料、梳理论证内容和思路等。所有队员以线上协同的方式准备论证不仅确保了论证的公平性，促使每个队员都能够按照自己的时间灵活准备论证，同时也便于资源的共享以及集思广益，这些都有助于学生提高其准备论证的效率。

综上所述，对于混合学习环境下高校课堂论证式教学的论证准备阶段而言，其核心内容是每个站方的学生以在线协同的方式准备论证。从ICAP框架的角度来看，所有学生都可以随时和队友共享自己所找到的资料，并在商讨中筛选和评价资料，这为其后续参与论证奠定了基础，学生在上述过程中主要表现为交互学习。从技术支持的角度而言，在线协同平台有助于所有学生参与论证的准备并共享各种资源，促使其开展交互学习。

（五）论证建构

论证建构阶段主要参考了三节点论证学习框架中论证对话的以下影响因素：为学生提供信息资源、让学生的论证内容留痕、促使学生的论证紧扣主题、为学生提供平等的参与机会、减少学生的拘束感、为学生提供话语指导、提高学生的参与动机以及维护学生之间的社会关系和友谊。此外，批判性讨论模型和Toulmin论证模型为学生具体开展争论性论证提供了指导。

为学生提供信息资源和让学生的论证内容留痕主要表现为学生通过写论证内容的方式进行论证。相比于口头论证，写论证内容的方式不仅能够给予学生较为充分的思考时间，让他们在写的过程中再次思考自己的想法，也能够将论证的内容留痕。当论证结束后，学生能够依据这些留痕的论证内容再次回顾和反思论证等。

促使学生的论证紧扣主题、提供平等的参与机会、减少学生的拘束感以及维护学生之间的社会关系和友谊主要表现为学生以线上的方式参与论证。线上的方式能够为所有学生提供公平的参与论证的机会，且他们线上参与论证的时间更为灵活，这就为学生提供了更多的思考时间，更多的思考时间有助于学生深思自己的发言内容，提高自己发言内容和论证主题的相关性。此外，相比于面对面的形式，线上的环境会给学生之间的交流带来"缓冲"，这就减少了学生的拘束感，让他们摆脱人际关系的顾虑而充分反驳对方，被批判的人面对批判也不会产生焦躁感或感到社会存在感下降。与此同时，学生之间的关系和友谊也能够得到维护。

为学生提供话语指导和提高学生的参与动机主要表现为学生以争论性论证的方式建构论证。争论性论证主要表现为学生以正反方的形式开展论证，且论证主要基于批判性讨论模型和 Toulmin 论证模型开展。批判性讨论模型的四个阶段（冲突、起始、论辩和结束）为学生的论证过程提供了流程参考，且学生在批判性讨论过程中所遵守的十条规则能够提高他们的论证质量。借鉴批判性讨论模型四个阶段的具体内容，在争论性论证中，学生首先被分为正反两方，学生也因此产生意见分歧，然后两方基于同一个概念，在十条规则的约束下开始准备论证。正反双方间彼此给对方提出批判性的评论，双方也都需要对批判性的评论进行回复。最后，正反两方的学生对论证进行总结。

在论辩阶段，Toulmin 论证模型（主张、资料、依据、支援、限定和反驳）为学生高效开展论辩提供了内容参考。当 Toulmin 论证模型应用于论辩中时，学生不仅要能够提出主张，也要为其主张提供资料、依据、支援、限定等，从全面的角度对主张进行阐述，对方可以对资料、依据等进行反驳。当然，对方在反驳的时候也要提供资料、依据和支援，这样才能够提高反驳的可信度。最后，经过多次的支持和反驳，虽然双方之间的观点仍存在不同，但也会达成某些共识，双方各自对其主张成立的特定条件进行限制。总结而言，争论性论证的核心是维护己方并反驳对方，双方都以战胜对方为目标，这样的目标也能够提高学生参与论证的动机。

综上所述，对于混合学习环境下高校课堂论证式教学的论证建构阶段而言，其核心内容是在批判性讨论模型和 Toulmin 论证模型的指导下，每组正反方在线上开展论证，论证者间通过实名或匿名、文字以及异步的方式进行多次交互。从 ICAP 框架的角度来看，正反双方在论证过程中主要表现为交互学习，且交互过程具有实名或匿名、文字、异步以及多次交互的特点，这些特点有助于学生间高效地交互，进而提升学生的论证和批判性思维等技能，如匿名形式的交互有助于双方间充分反驳、文字形式的交互促使学生再次思考自己的想法、异步形式的交互为学生提供充足的思考时间、学生在多次交互中充分经历支持或反驳。从技术支持的角度而言，在线讨论区或在线协同平台能够帮助正反双方在线上开展论证，支持论证者间以实名或匿名、文字以及异步的方式进行多次交互，促进其开展交互学习以及提高论证的质量。

（六）展示反馈

展示反馈阶段主要参考了三节点论证学习框架中论证对话的以下影响因素：为学生提供留痕的内容和教师脚手架①。

为学生提供留痕的内容主要表现为在展示过程中，学生能够对留痕的论证内容进行展示，这样的展示不仅能够让学生精确反映论证过程中产生的具体内容，也能够提高他们的逻辑性，因为他们在展示的时候需要再次对论证内容进行加工和梳理。此外，基于留痕的论证内容，学生也能够更科学地评价论证。

教师脚手架主要表现为在反馈过程中，教师能够依据学生论证过程中留痕的内容提供科学且精确的指导和评价，这些评价和指导为学生后续有针对性地完善论证以及更好地开展论证提供了方向。

综上所述，对于混合学习环境下高校课堂论证式教学的展示反馈阶段而言，其核心内容是学生基于留痕的论证内容评价论证或展示论证的内容与过程，留痕的内容能够提高学生评价或展示的科学性和精确性。教师基于留痕的内容对学生的展示进行评价和指导，留痕的内容能够帮助教师从多个角度、有针对性地提出改进意见。从 ICAP 框架的角度来看，在评价论证过程中，学生需要参考留痕的论证内容，在经过思考后得出自己的判断。在展示留痕的论证内容过程中，学生需要对论证内容再次加工和组织，以更有逻辑性的方式建构和表述论证内容和过程，由此可见，学生在评价论证或展示论证的内容和过程中主要表现为建构学习。此外，教师对展示的反馈也给学生提供了指导，促使学生进一步深化理解论证内容以及提升论证等技能，该过程也体现了学生的建构学习。从技术支持的角度而言，在线评价工具有助于学生高效地评价论证，多

---

① 指教师在教学过程中，为学生提供的教学辅导。

媒体的应用有助于学生直观地展示论证的内容和过程，这些都能够促使其开展建构学习。

（七）教学效果评价

混合学习环境下高校课堂论证式教学效果的评价主要参考了三节点论证学习框架中的学习结果部分，即学生的领域内知识、论证技能和批判性思维技能、论证的陈述性知识以及智力能力。由于领域内知识是指学生在相关课程中所学到的课程知识，它又可以表述为学生的专业知识，专业知识又可以从事实性知识、概念性知识以及程序性知识三个方面分别分析。

鉴于论证的陈述性知识关注论证"是什么"以及"怎么样"，它体现了学生对论证本身内涵等的态度，因此，在本研究中，学生关于论证的陈述性知识主要表现为他们对论证式教学的态度，即通过测量他们对论证式教学的态度来反映。此外，鉴于在论证式教学的相关研究中，较少有研究者关注学生的智力能力，因此，智力能力也不作为本研究中教学效果评价所关注内容。

综上所述，混合学习环境下高校课堂论证式教学效果评价的内容可以总结为以下四个方面，即学生的批判性思维技能、论证技能、专业知识水平以及对论证式教学的态度，其中专业知识水平又包含事实性知识水平、概念性知识水平以及程序性知识水平。鉴于混合学习环境能够对学生论证过程中的内容进行保存和留痕，基于留痕内容分析的评价有助于提升教学效果评价的客观性。

第四节 混合学习环境下高校课堂论证式教学框架的应用

"混合学习环境下高校课堂论证式教学框架"能够为论证式教学实践研究的顺利开展提供理论支撑。基于该框架，本研究在高校的混合学习环境下开展三种不同形式的论证式教学研究，它们分别为教师指定论题和正反方的线上线下同步论证式教学研究（研究一）、小组自选论题和正反方的线上可视化论证式教学研究（研究二）、个人自选论题和正反方的线上可视化论证式教学研究（研究三）。通过三个研究不断地对混合学习环境下高校课堂论证式教学的各个步骤进行优化和改进（见表3.3）。

表3.3　高校混合学习环境下三种不同形式论证式教学的设计表

研究	活动	混合学习环境下高校课堂论证式教学的步骤及内容						教学效果
		教师讲授	论题创设	论题和站方选择	论证准备	论证建构	展示反馈	
研究一	教师活动	课中通过多媒体讲解相关知识	线上提一个并审核论题	给学生指定论题和站方	—	—	课中教师对论证给予反馈	批判性思维技能、论证技能、专业知识水平、学生对论证式教学的态度
	学生活动	听讲、做笔记等	线上提多个	回顾课堂内容，线上共享论题和站方相关知识点	每方线上协同准备论证	一组正反方口头论证，其余的实名发帖同步论证，学生间多次交互	课中评价他人的论证，线上论证者给线下论证者投票	
	学习方式	被动学习或主动学习	建构学习	主动学习	交互学习	交互学习	建构学习	
研究二	教师活动	课中通过多媒体讲解相关知识	线上审核论题	—	—	—	课中教师反馈和指导学生的展示	
	学生活动	听讲、做笔记等	线上提多个	线上商讨中选择	每方线上协同准备论证	课外每组正反方线上共同绘制论证图，小组匿名地开展多次交互	课中展示论证的内容和过程	
	学习方式	被动学习或主动学习	建构学习	交互学习	交互学习	交互学习	建构学习	

续表

研究	活动	混合学习环境下高校课堂论证式教学的步骤及内容							教学效果
		教师讲授	论题创设	论题和站方选择	论证准备	论证建构	展示反馈	
研究三	教师活动	课中通过多媒体讲解相关知识	线上审核论题	—	—	—	课中教师反馈和指导学生的展示	
	学生活动	听讲、做笔记等	线上提多个	线上单独选	每方线上协同准备论证	课外每组正反方线上共同绘制论证图，以匿名的方式开展多次交互	课中展示论证的内容和过程，评价他人的展示	
	学习方式	被动学习或主动学习	建构学习	建构学习	交互学习	交互学习	建构学习	

注：小组匿名表示双方都知道彼此的组员，但不知道具体是谁在和自己论证，"—"表示无相关的活动。

从表3.3中可以看出，三个研究在教师讲解阶段、论题创设阶段、论证准备阶段以及效果评价阶段均相同。第一，在教师讲解阶段，教师通过多媒体给学生讲解专业和论证相关知识，学生听讲或通过做笔记等方式记录重要内容，学生在该阶段主要表现为被动学习或主动学习，多媒体的应用有助于直观呈现教学内容，促使学生高效地开展被动学习或主动学习。

第二，在论题创设阶段，学生通过线上的方式提出论题，他们在提出论题中需要结合之前所学知识，通过思考产生新内容，学生在该阶段主要表现为建构学习，线上的方式则为所有学生开展建构学习提供了条件。

第三，在论证准备阶段，学生通过线上的方式协同准备论证，学生在该阶段主要表现为交互学习，线上协同的方式不仅给予学生充足的准备时间，还给他们提供充分的交互机会，促使他们更好地开展交互学习。

第四，在教学效果评价阶段，三个研究中评价的具体内容均包含学生的批判性思维技能、论证技能、专业知识水平以及学生对于论证式教学的态度，这些评价内容既包含学生本身的学习结果，也包含学生对于教师教学的评价。

三个研究在论题和站方选择、论证建构以及展示反馈三个阶段均存在差异性。首先，对于论题和站方选择而言，在第一个研究中，教师给学生指定论题以及给小组指定站方，学生回顾课堂内容并共享论题和站方相关的知识点，他们在该过程中主要表现为主动学习。在第二个研究中，学生通过线上商讨的方式选择论题和站方，他们在该过程中主要表现为交互学习。在第三个研究中，学生线上单独选择论题和站方，他们在该过程中主要表现为交互学习。

综上所述，在论题和站方选择阶段，三个研究的逻辑关系如下：虽然研究一中学生也是主动学习，但相比于研究一，研究二给予学生更多交互学习的机会，即学生通过线上商讨的方式选择论题和站方，研究三给予学生更多建构学习的机会，即学生线上单独选择论题和站方。相比于主动学习，建构学习或交互学习在促使学生论证等技能提升方面更有优势。

对于论证建构阶段而言，三个研究中，虽然学生都是以正反方间多次交互的形式开展论证，学生在该阶段主要表现为交互学习，但三个研究中学生交互的特点也存在差异，在第一个研究中，线下论证者以口头方式在课堂内开展异步交互，线上论证者以文字形式在课堂内开展异步交互，线上和线下论证者之间是同步论证。在第二和第三个研究中，学生都是以绘制论证图方式进行交互，且交互都是在课外以异步的方式开展，课外异步给论证者提供更多的时间开展多次交互，但第二和第三个研究也存在差异，研究二中学生以小组匿名的方式进行交互，研究三中学生以匿名的方式进行交互。

综上所述，在论证建构方面，三个研究的逻辑关系如下：三个研究中学生都以正反方的形式开展交互学习，且学生间都会进行多次交互，但相比于研究一，研究二和研究三更多地体现了学生在交互中的异步性、匿名性以及可视化，即学生拥有更多的时间、更多的隐私以及更清晰的思路开展论证，这些也是促使论证式教学发挥其效果以及提升学生论证等技能的关键因素。此外，研究二和研究三在交互的匿名程度上存在差异，研究二中是小组匿名，即双方都知道彼此的组员，但不知道具体是谁在和自己论证，研究三中是匿名，双方在论证过程中彼此不知道对方是谁，鉴于匿名性是影响学生反驳质量的重要因素，研究二和研究三也会在不同程度上促使学生论证等技能的提升。

对于展示反馈阶段而言，教师在三个研究中都会对学生的论证给予反馈，虽然学生在三个研究中均表现为建构学习，但建构学习的表现方式存在差异，在研究一中，学生通过评价他人论证的方式开展建构学习，在研究二中，学生通过展示论证内容和过程的方式开展建构学习，在研究三中，学生通过展示论证内容和过程以及评价他人论证的方式开展建构学习。由此可见，研究三的做法是将研究一和研究二结合，这也有助于学生开展建构学习。

三个研究中涉及的研究内容、研究场景、研究对象、研究周期、教学工具、研究方法、研究工具、数据的收集和分析方法如表3.4所示。三个研究既有很多相同点，也存在差异性。如研究对象都是大二本科生、研究方法都是内容分析法和访谈法。第一个研究周期是16周，第二和第三个研究周期是八周。相比于第一个研究，第二和第三个研究的研究工具增加了Murphy批判性思维过程分析框架等。

表3.4　　　　　　　　三个研究概览表

	研究一	研究二	研究三
研究内容	教师指定论题和正反方的线上线下同步论证式教学研究	小组自选论题和正反方的线上可视化论证式教学研究	个人自选论题和正反方的线上可视化论证式教学研究
研究场景	某研究型大学Z校本科生专业必修课《马克思主义基本原理概论》	某研究型大学Z校本科生专业必修课《学习科学与技术》	某研究型大学Z校本科生专业必修课《学习科学与技术》
研究对象	76名大二学生	42名大二学生	17名大二学生
研究周期	2020年秋冬学期16周48课时	2021年春学期8周32课时	2021年春学期8周32课时

续表

	研究一	研究二	研究三
教学工具	1 "钉钉"：支持建群和群聊天的智能移动办公平台 2 "学在浙大"：具备异步讨论区、资源浏览的课程学习管理平台 3 "浙大语雀"：支持学生协同准备论证和开展可视化论证的在线协同平台		
研究方法	内容分析法、访谈法		
研究工具	纽曼等人的批判性思维深度分析框架、Toulmin的论证技能等级分析框架、半结构化访谈提纲	纽曼等人的批判性思维深度分析框架、Murphy的批判性思维过程分析框架、Toulmin的论证技能等级分析框架、半结构化访谈提纲	
数据收集方法	论证内容、半结构化访谈、个人反思采集		
数据分析方法	主题分析、相关分析、线性回归分析	主题分析、相关分析、滞后序列分析	主题分析、相关分析、线性回归分析、滞后序列分析

第五节　本章小结

　　本章首先阐述了混合学习环境下高校课堂论证式教学框架构建的目的，然后通过对ICAP框架、批判性讨论模型、Toulmin论证模型、论证式教学方式以及三节点论证学习框架这五个模型和框架的具体分析，发现四者侧重点分别是"如何论证""如何组织论证式教学""如何学习"以及"如何评价论证式教学的效果"，在对其进行整合的基础上，研究以"混合学习环境"为大背景、以"批判性讨论模型和Toulmin论证模型"为论证指导、以"论证式教学方式"为实施流程参考、以"三节点论证学习框架"为内容导向、以"ICAP框架"为学习本质，分析构建了"混合学习环境下高校课堂论证式教学框架"。该框架能较好地呈现混合学习环境下高校课堂论证式教学的步骤和内容，这为研究者在高校开展混合学习环境下的论证式教学提供了理论支持与实践指导，同时也为基于研究发现总结混合学习环境下论证式教学的设计与实施要点提供了参考。最后，研究对该框架的教学应用进行了概述。

第四章

教师指定论题和正反方的线上线下同步论证式教学

高校传统论证式教学中容易存在学生鲜有机会提出论题、被动接受教师所指定的论题和站方、参与人数受限等问题,他们也缺乏在提出论题中建构学习、在论题和站方选择中主动学习以及在论证中交互学习的机会,为了解决这些问题,基于"混合学习环境下高校课堂论证式教学框架",研究一旨在让所有学生通过线上的方式提出论题、在论题和站方选择中发挥主动性以及全员参与论证,促使学生在主动学习、建构学习以及交互学习中提升自身的论证等技能,最后对教学效果进行检验。具体的研究问题如下。

（1）教师指定论题和正反方的线上线下同步论证式教学设计包括哪些关键步骤和内容?

（2）教师指定论题和正反方的线上线下同步论证式教学实施后,学生的批判性思维技能有何变化?学生的发言次数和批判性思维技能关系如何?

（3）教师指定论题和正反方的线上线下同步论证式教学是否有助于学生论证技能和专业知识水平的提升?

（4）学生对于教师指定论题和正反方的线上线下同步论证式教学有怎样的态度?

第一节 研究设计与实施

一 课程概述

本研究选取某研究型大学 Z 校大二学生的专业必修课《马克思主义基本原理概论》开展教学实践。该课程共 16 周 48 课时,主要包括以下 11 个教学主题:导论和哲学(2 周 6 课时)、马克思和马克思主义(1 周 3 课时)、真理与价值(1 周 3 课时)、世界观(1 周 3 课时)、本体论(1 周 3 课时)、认识论(1 周 3 课时)、唯物辩证法(1 周 3 课时)、实践观(1 周 3 课时)、价值观(1 周 3 课时)、历史观(1 周 3 课时)、政治经济学(上)(1 周 3 课时)、政治经济学(下)(1 周 3 课时)。

本课程的开设旨在让学生达到以下学习目标:(1)从整体上把握马克思主义基本理论,了解人类社会发展的基本规律,进而确立正确的世界观和人生观;(2)提高学生分析和解决实际问题的能力,学会运用马克思主义基本原理这把"金钥匙"解决实际问题,提高贯彻和执行中国特色社会主义的路线、方针及政策的自觉性;(3)培养学生人文素质,提高学生的理论分析素养和能力;(4)提高学生的自主学习、资料收集、分析判断、团队协调以及沟通能力。

为了让学生达到上述学习目标,教师在课程中组织了教师指定论题和正反方的线上线下同步论证式教学活动。基于该活动的设计,课程的教学评价主要包括以下五项内容:(1)课堂参与性(20 分),包括课堂出勤率和课堂上回答老师提问的次数;(2)论证表现(最高 40 分,最低 30 分);(3)读书报告(10 分);(4)期末考试成绩(20 分);(5)小组反思,且反思字数不超过 8000(10 分),共计 100 分。

二 课程的混合学习环境

(一)线下环境

该课程在学校的普通多媒体教室进行授课,教师允许学生自带设备上课,故学生可通过个人电脑、手机、平板等多终端设备参与课程相关的在线学习任务(见图 4.1)。

图 4.1 研究一的课程授课场景

（二）线上环境

首先，研究选取"钉钉"办公平台作为学生的交流平台，基于"钉钉"办公平台建立了班级群，班级内所有学生既可以通过"钉钉"的群聊天提出论题，也可以共享论题和站方相关的知识点。其次，研究选取"学在浙大"平台作为课程的在线学习管理平台，学生可以通过该平台的讨论区进行线上论证。再次，研究选取"浙大语雀"协作平台支持小组在线协同准备论证。最后，研究选取"智云课堂"平台作为记录学生面对面口头论证内容的工具。

1. "钉钉"办公平台

"钉钉"是一款智能移动办公平台，平台具有远程视频会议、消息已读/未读、移动办公考勤、签到、审批、建群、群聊天等功能，这些功能让人们的工作和学习更加便捷化。在本研究中，老师在"钉钉"办公平台上建立了班级钉钉群，入群的每个学生都可以通过群聊天发表自己的想法，主要表现为提出论题以及表达关于论题和站方的知识点。

2. "学在浙大"平台

"学在浙大"课程平台是 Z 校为师生及校外用户打造的线上课程学习平台，该平台具有以下功能：A 提供丰富的在线课程。平台提供了如理工农医、经管法教等十余个学科门类的在线课程，覆盖了Z校所有的学院及单位，让学生随时查看课程；B提高课堂活力。平台提供了测试、讨论、问卷等，它们能够支持教师组织丰富多样的教学活动，这些活动让课堂的组织更具有弹性和灵活性；C提供丰富的学习资源。平台资源库汇聚了课件、题库、评分量规等多种类型的资源，师生上传一次就可以无限次复用；D可视化记录和展示学生的学习过程。"学在浙大"以云端平台为基础，完整记录师生教学过程中的行为数据，全面展示学生学习进度、学习时长、测评表现以及课堂参与程度等，并自动生成可视化统计图表，多维度呈现学生的学习状态。在本课程中，研究主要在"学在浙大"平台上为学生搭建了讨论区模块。

本研究在"学在浙大"课程平台上为学生搭建了针对6—14周的讨论区模块，每一章都有"线上论证"的讨论区。当讲台上的学生在面对面口头论证的时候，其他同学能够通过该讨论区以线上的方式发表自己的想法，从而实现与线下学生同步论证的目标。对于每次论证而言，非面对面口头论证者点击"线上论证"即可发布自己的帖子，其他学生点击"回帖"即可对大家发表的想法进行支持或者反驳。

3. "浙大语雀"平台

"浙大语雀"是Z校为了提高跨学科、跨团队的科研协作效率，实现大范围的知识共享、探索更多科研领域的创新所设计的一个在线协同平台。该平台为Z校师生提供了一个专业的云端知识库工具，支持师生知识管理、共享和协作，便于团队等开展在线协同工作。在本课程中，研究主要在"浙大语雀"平台上为学生搭建了协作区模块。

在本研究中，"浙大语雀"平台主要的作用是帮助学生在课前协同准备论证。论证小组的成员可以共享各类论证所需资源、协同对资源整理和归纳、促进彼此间的异步协作交流。

对于每次论证而言，学生在主页面点击"论证小组协作区"即可进入协作的目录界面。该目录包含两类关键信息，第一是论证的次数，第二是正反站方的论题名称。每次课前的小组协作中，学生只需要知道自己参与的论证次数和站方，然后点击正反方论题题目就可以开展小组协作。在协作过程中，成员能够将图片、表格、公式等多种形式的资源进行共享。

4. "智云课堂"平台

"智云课堂"是支持课堂直录播的平台，它能够将课堂的视频以同步高清的方式进行在线直播，并同步存储课程流为回看文件。"智云课堂"打破了传统环境下教室容量限制、选课人数限制的障碍，有助于实现多样化的课程资源共享。该平台主要包含以下几种功能：语音智能识别、PPT动态抓取以及笔记在线留存（见图4.2）。平台利用阿里巴巴达摩院的语音识别等技术，能够实现几乎零延迟的语音识别。平台也支持PPT实时抓取，并结合文字笔记等功能让学生实现笔记的实时记录。学生只需在课程中切换至PPT模式，便可在下方笔记区域输入文字内容，及时记录下关键知识点与灵感，这也便于学生在后续对知识进行巩固和复习。

图4.2 "智云课堂"界面示例

在本研究中，"智云课堂"平台的主要作用是将线下面对面口头论证者的论证内容实时识别为文字信息，这些文字信息不仅能够将学生的论证内容留痕，也便于研究者后续对学生论证内容的编码分析。

三 教学设计

为了回答第一个研究问题（教师指定论题和正反方的线上线下同步论证式教学设计包括哪些关键步骤和内容？），研究一以"混合学习环境下高校课堂论证式教学框架"为指导，将教师指定论题和正反方的线上线下同步论证式教学的关键步骤归纳为以下七个阶段：教师讲授、论题创设、论题和站方选择、论证准备、论证建构、展示反馈以及教学效果评价，并对每个步骤的具体内容进行详细设计（见图 4.3）。

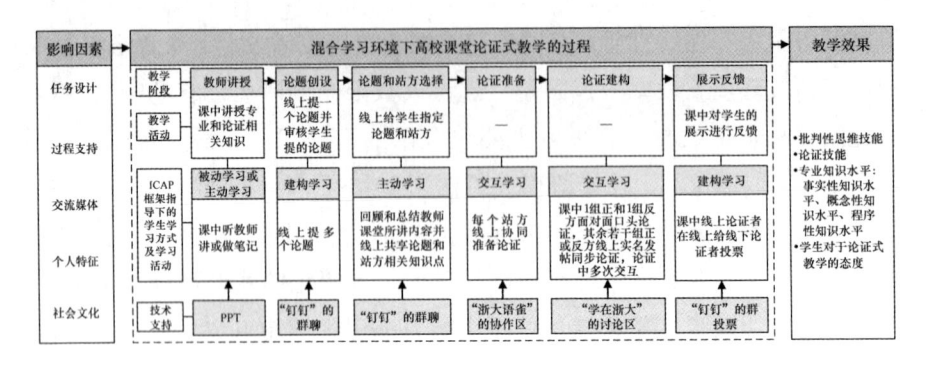

图 4.3 教师指定论题和正反方的线上线下同步论证式教学设计

（一）教师讲授

教师讲授阶段的核心内容如下：教师在课堂上给学生讲授论证中所用到的专业知识和论证相关知识，学生听教师的讲授，在听的过程中也可以通过做笔记等方式记录关键内容。

具体而言，每次论证活动开始前，教师都会在多媒体教室内，利用PPT等多媒体给学生讲授专业知识和论证相关知识，其中，专业知识主要是依据教材内容而定，而论证相关知识依据教学阶段不同也会有不同的侧重点。在论证活动开始前，教师侧重讲解论证本身的价值等知识，帮助学生正确认识论证以及明确论证对学习的重要作用。在论证开始后，教师的讲解侧重论证技巧，总结学生在上次论证中的不足，为学生下次更好地开展论证提供参考。在教师讲授过程中，学生既可以听老师讲，也可以通过画线或做笔记等方式记录教师讲授的关键内容，这些关键内容为其后续参与论证提供了内容基础。

上述设计也体现了三节点论证学习框架中论证对话的以下影响因素：为学生提供相关认知、帮助学生树立恰当的认识论信念、帮助学生理解地方和文化规范。教师的讲授不仅能够让学生学习论证中所用的专业知识，也能够帮助他们正确理解论证的价值以及掌握论证技巧，为学生开展高质量的论证奠定基础。

从 ICAP 框架的角度来看，在教师讲授过程中，学生既可以被动地接受教师所讲的内容,也可以积极主动地参与教学,在实际学习行为中操控学习材料,如对重要内容画线等,这些都体现出学生的被动学习或主动学习。从技术支持的角度而言,PPT 能够将教学内容以图片、动画等生动的方式呈现,帮助学生更好地开展被动学习或主动学习。

(二) 论题创设

论题创设阶段的核心内容如下:学生通过线上的方式提出多个论题,教师通过线上的方式提出一个论题,然后审核学生所提出的论题。具体而言,课程开始前,教师会在"钉钉"平台上建立一个班级群,班级内所有学生都加入该群。每次课后,师生通过"钉钉"的群聊天提出论题,学生可以提多个论题,教师提一个论题。师生提论题的时间是两天。两天后,教师会对学生提出的论题进行审核和评价,评价审核的标准是论题的科学性、与课堂所讲内容的关联性以及可辩性。

上述设计也体现了三节点论证学习框架中论证对话的以下影响因素:为学生提供争议性的内容以及平等的参与机会,具体的表现如下:师生通过"钉钉"群聊天共同提出论题,这不仅扩大了论题的筛选范围,增加论题的争议性,同时也能够发挥学生的主体性以及调动他们参与论证的积极主动性。此外,所有学生都可以通过"钉钉"的群聊天拥有平等的提出论题的机会。

从 ICAP 框架的角度来看,学生在提出论题过程中需要建构知识,且线上的方式为所有学生参与建构提供了条件,因此,学生在提出论题过程中实现了建构学习,此外,教师审核论题为学生的建构提供了质量保障。从技术支持的角度而言,在"钉钉"群聊功能的支持下,学生能够和他人共享自己提出的论题,促使其开展建构学习。

(三) 论题和站方选择

论题和站方选择阶段的核心内容如下:教师线上给学生指定论题和站方,学生基于指定的论题和站方线上共享相关知识点。具体而言,对于论题选择而言,在审核过所有论题之后,教师通过"钉钉"群聊天给学生指定一个论题,学生后续围绕该论题开展论证。对于站方选择而言,论证活动开始前,全班组织一次分组和分站方的活动,所有学生以自由组合的方式分为若干小组,每个小组 4—5 人,分组和指定站方的具体过程如下:所有学生按照先到先得的方式领取组号,即第一小组是第一个成组并将组员名字通过"钉钉"的群聊天报告给老师，之后组号的分配顺序按照学生给老师报告的时间依次递推。奇数的组号是正方，偶数的组号是反方。学生之后参与的所有论证活动都是依据上述分组和分站方的结果。

上述设计也体现了三节点论证学习框架中论证对话的以下影响因素：让学生组队以及为学生提供平等的参与机会。学生组队主要表现为学生自由组成4—5人的小组，教师基于小组的组号为其指定正或反方。对于为学生提供平等的参与机会而言，其主要表现为所有学生都可以通过"钉钉"的群聊天共享相关知识点。

从ICAP框架的角度来看，教师给学生指定论题和站方，虽然学生被动地接受教师的分配，但他们可以在线上共享论题和站方相关的知识点，而这些知识点需要学生对教师课堂所讲内容进行回顾和总结，因此，学生在论题和站方选择过程中主要表现为主动学习。从技术支持的角度而言，在"钉钉"群聊功能的支持下，学生能够和他人共享自己所总结的知识点，促使其开展主动学习。

（四）论证准备

论证准备阶段的核心内容如下：每个站方的学生线上协同准备论证。具体而而言，当学生的正反方确定之后，他们通过"浙大语雀"的"论证小组协作区"协同准备论证所需的资料，同一站方的所有学生都可以在该区中添加资料，他们也可以针对资料发表自己的想法和观点。

上述设计也体现了三节点论证学习框架中论证对话的以下影响因素：为学生提供平等参与论证准备的机会，其主要表现为每个队员都可以通过"浙大语雀"的"论证小组协作区"线上共享论证相关的资源。

从ICAP框架的角度来看，基于"浙大语雀"平台"论证小组协作区"的支持，每方学生都可以在线上协同地准备论证，这为他们提供了充分的交互机会，所有学生都可以随时和队友共享自己所找到的资料，并在商讨中筛选和评价资料，学生在该过程中主要表现为交互学习。从技术支持的角度而言，"浙大语雀"平台的"论证小组协作区"为所有学生实现线上的协同提供了条件，促使其开展交互学习。

（五）论证建构

论证建构阶段的核心内容如下：两个小组线下面对面口头论证，其余小组通过线上实名发帖的形式和线下论证者同步开展论证,过程中论证者间有多次交互。

具体而言,每次论证中,两个论证小组(一正一反,参与的顺序按照组号顺序)的学生以面对面口头形式在讲台上进行论证,其余小组的学生通过"学在浙大"平台的"线上论证"讨论区以实名发帖的形式同步参与论证。无论是线上还是线下论证者,他们论证的开展都是基于批判性讨论模型、Toulmin 论证模型以及他们前期在"浙大语雀"平台中协同准备的资料。在争论性论证中,学生不仅要对本方的观点进行支持,为观点提供资料、依据、支援、限定以及反驳,也要反驳对方,双方以"战胜"和说服对方为目标。

为了保障论证式教学的质量,参考学生在批判性讨论过程中应遵循的十条规则,本研究为学生制定了以下的发言规范:①不能诋毁对方,不能对对方发言者进行人身攻击;②在论证过程中,每个站方的发言者每次发言时间不能超过 2 分钟(线下论证者);③发言人的表述应当清晰、准确、全面;④发言者的自我支持或者对对方的反驳应该清晰、相关、有力度;⑤发言者的表述应当有事实、数据、文献等支持;⑥发言者的发言应当具有逻辑性和组织性;⑦发言者应当在同一个概念下发言,不能偏离论证主题;⑧发言者应当专业性地呈现信息。

上述设计也体现了三节点论证学习框架中论证对话的以下影响因素:为学生提供信息资源、促使内容留痕、紧扣主题、提供平等的参与机会、减少论证者的拘束感、提供话语指导、提高论证者的动机以及维护其社会关系和友谊。首先,线上论证者以发帖的形式参与论证,写论证内容的方式能够让论证过程留痕,线上的环境不仅为所有学生提供平等的参与机会,也能够减少学生在反驳过程中的拘束感,促使他们自由发表自己的反驳,同时也维护了学生间的社会关系和友谊。线上异步的方式开展论证为学生提供了充足的思考时间,促使其发言内容紧扣论证主题。

本研究中采用的论证对话类型为争论性论证,学生被分为正反两个站方,所有学生的目的都是维护自己站方以及反驳对方,进而达到说服对方的目的。"战胜"对方目标的驱使也能够提升学生参与论证的动机。

从 ICAP 框架的角度来看,无论是线上还是线下论证,正反方之间均需要开展支持或反驳,学生在支持或反驳中主要表现为交互学习,线下论证者通过口头的方式交互,线上论证者通过发帖写文字的方式交互,无论是线下还是线上论证者,他们都以实名的方式、在多次交互中支持己方和反驳对方,且论证和交互都要在课中以异步的方式完成,这说明学生的交互学习具有实名、多次、课中异步以及口头和文字结合的特点。从技术支持的角度而言,"学在浙大"平台"线上论证"讨论区不仅为"观众"参与论证提供了条件,还支持其以文字的方式开展论证。

(六) 展示反馈

由于线上和线下论证者在论证建构的时候已经将论证展示,因此,该环节重点关注的是反馈,其核心内容是:教师线下对学生的展示进行反馈,在参考留痕内容的基础上,线上论证者对线下论证者以线上投票的方式进行评价。

具体而言,教师基于学生的口头展示以及他们在"浙大语雀"的"论证小组协作区"中协同准备的留痕内容进行评价和反馈。此外,基于"浙大语雀"的"论证小组协作区"中协同准备的留痕内容,线上论证者要对线下论证者的论证表现进行投票,他们通过"钉钉"的"群投票"功能给线下论证者投票,支持哪方则为其投上一票,票数较高的一方是获胜方,获胜方中所有学生都能够获得较高的平时分(40 分)。另一方的所有学生则获得较低的平时分(30 分)。如果两方的票数相同,双方都获得 35 分。

上述设计也体现了三节点论证学习框架中论证对话的以下影响因素:为师生提供留痕的内容和教师脚手架。在"浙大语雀"的"论证小组协作区"支持下,学生协同准备的内容能够留痕,教师和学生基于这些留痕的内容进行评价和反馈,这为学生后续完善论证指明了方向。

从 ICAP 框架的角度来看,学生在评价论证中需要产生自己的判断和想法,教师的反馈也为学生后续更好地完善论证提供了方向,学生在反馈过程中主要表现为建构学习。从技术支持的角度而言,"钉钉"的"群投票"功能为学生高效评价论证提供了基础,促使其开展建构学习。

(七) 教学效果评价

参考三节点论证学习框架中学习结果部分的内容,本研究分别从学生的批判性思维技能、论证技能以及专业知识水平三个方面评价教学效果。此外,研究还关注了学生对于论证式教学的态度。

1. 学生的批判性思维技能

在本研究中，学生的批判性思维技能主要是通过他们的批判性思维深度反映。为了测量学生的批判性思维深度，研究依据 Newman、Webb 和 Cochrane[①] 的批判性思维深度分析框架计算学生的批判性思维深度。该框架包含相关性、重要性、新颖性、清晰性、观点的联系、扩展性、合理性、批判性评论、实际应用以及理解的广度十个维度。对于每个维度而言，符合描述标准的记作 X^+，不符合的记作 X^-，批判性思维深度计算公式为 $(X^+ - X^-)/(X^+ + X^-)$，其最终数值在 -1 到 1 之间，数值越大代表学生的批判性思维技能水平越高（附件1）。此外，基于学生批判性思维深度的分析结果，研究还探究了学生的发言次数和批判性思维技能之间的关系。

2. 学生的论证技能

为了测量学生的论证技能，本研究主要分析了小组的论证内容和反思内容。一方面，参考 Toulmin[②] 论证技能等级框架，研究对论证者九次论证的内容进行分析，通过比较总结出学生论证技能的变化情况，该框架将学生的论证技能划分为四个等级，每个级别的具体内容如表4.1所示。另一方面，研究基于对小组反思数据的分析，归纳出学生论证技能的整体情况。

表4.1　　　　　　　　　　论证技能等级划分表

等级	解释
1	主张、结论、命题或断言
2	主张、数据（支持主张）和/或保证（确保主张和数据之间的必然关系）
3	主张、数据/保证、支援（确保保证）或限制
4	主张、数据/保证、支援和限制

[①] David Newman, Brian Webb, Clive Cochrane, "A Content Analysis Method to Measure Critical Thinking in Face-to-face and Computer Supported Group Learning", *Interpersonal Computing & Technology*, Vol. 3, No. 2, 1995.

[②] Stephen Edelston Toulmin, *The Uses of Arguments* (*Updated Edition*). Cambridge, UK: Cambridge University Press, 2003, pp. 46–52.

3. 学生的专业知识水平

为了测量学生的专业知识水平，本研究主要分析了小组的论证内容和反思内容。一方面，研究对论证者九次论证的内容进行分析，通过比较总结出学生专业知识水平的变化情况。此外，研究还分别从事实性知识水平、概念性知识水平以及程序知识水平三个方面对九次论证中的知识类别进行比较，从而进一步探究学生专业知识水平的详细变化情况，其中事实性知识指独立的、特定的知识内容，概念性知识是一种较为抽象概括的、有组织的知识。程序性知识是关于如何做某事的知识（Krathwohl, 2002）。另一方面，研究基于小组反思数据的分析，归纳出学生专业知识水平的整体情况。

4. 学生对于论证式教学的态度

为了测量学生对于论证式教学的态度，研究主要分析了受访者半结构化访谈的内容以及个人反思的内容。一方面，参考混合学习环境下高校课堂论证式教学的步骤和内容，本研究中半结构化访谈提纲主要包含以下六个部分：学生对于教师讲授（2个问题）、论题创设（1个问题）、论题和站方选择（3个问题）、论证准备（1个问题）、论证建构（4个问题）以及展示反馈（3个问题）的态度，共计14个问题（见表4.2）。另一方面，研究基于小组反思数据的分析，归纳出学生对于论证式教学态度的整体情况。

表4.2　　　　　　　　研究一的半结构化访谈提纲

教学阶段	具体问题
教师讲授	1 教师的讲课对你整个论证过程有怎样的影响？ 2 经过教师对论证相关内容的讲授，你对论证有怎样的认识？
论题创设	你对自己提出论题有怎样的态度？
论题和站方选择	1 你对教师定论题有怎样的态度？ 2 你对教师定正反方有怎样的态度？ 3 你对正反方组队有怎样的态度？
论证准备	你对队友线上协同准备论证有怎样的态度？

续表

教学阶段	具体问题
论证建构	1 你对线上写下来论证有怎样的态度？ 2 你对于面对面论证有怎样的态度？ 3 你对于以超越对方为目标有怎样的态度？ 4 你对于实名论证有怎样的态度？
展示反馈	1 你对于基于留痕的准备内容进行论证有怎样的态度？ 2 你对于教师的反馈有怎样的态度？ 3 你作为面对面论证的评分者有怎样的态度？

（八）技术促进学生学习的内在机理

本节的前六个部分分别从教师讲授、论题创设、论题和站方选择、论证准备、论证建构以及展示反馈对教师指定论题和正反方的线上线下同步论证式教学的实施步骤进行了说明，为了促使研究更具有理论价值和实践指导性，以下将结合 ICAP 框架，从技术发挥作用本质的视角，对技术促进学生学习的机理进行凝练和提升，该机理也是技术促进论证式教学发挥其效果的反映。具体而言，研究从以下四个方面进行分析：第一，研究中具体应用了哪些技术？第二，这些技术旨在解决哪些问题？第三，这些技术是怎样解决问题的？第四，技术解决问题的本质是什么？（见表4.3）

表4.3　　　　　研究一中技术促进学生学习的内在机理

阶段	技术类别	主要功能	针对的问题	解决方式	内在本质	ICAP 框架视角下的本质概括
教师讲授	多媒体	PPT：直观展示内容	内容呈现方式单调，难以吸引学生	教学内容通过 PPT 直观且形象地呈现	多角度观看内容	被动学习或主动学习
论题创设	"钉钉"办公平台	群聊天：异步交流	教师提出，学生缺乏提出论题的机会	所有学生都可以通过群聊天提出论题	锻炼思考能力	建构学习

续表

阶段	技术类别	主要功能	针对的问题	解决方式	内在本质	ICAP框架视角下的本质概括
论题和正反方选择	"钉钉"办公平台	群聊天：异步交流	教师指定，学生被动地接受，缺乏发表想法的机会	所有学生都可以通过群聊天共享相关知识点	锻炼总结和归纳能力	主动学习
论证准备	"浙大语雀"在线协同平台	协作区：文档协同、资源共享	无准备时间、准备中无互动或互动时间受限	所有学生在协作区中异步协同准备论证，共同编辑文档、随时共享资料	增加交流和讨论机会	交互学习
论证建构	"学在浙大"课程管理平台	讨论区：实名发帖	1 少部分学生参与论证进行交互，大部分学生作为观众缺乏互动学习的机会 2 论证内容不能保留，学生后续修改、反思等难以全面参考论证内容	观众以正反方的形式通过讨论区实名发帖参与论证，论证中开展多次交互	1 打破时空限制促使观众参与论证和交互 2 文字有助于系统化整理论证内容	交互学习
展示反馈	"钉钉"办公平台	群投票：实名投票	学生较少有机会参与评价	学生通过群投票评价论证	锻炼判断能力	建构学习

从表4.3可以看出，在教师指定论题和正反方的线上线下同步论证式教学中，不同阶段应用了不同技术帮助学生实现不同方式的学习。第一，教师讲授阶段主要应用了多媒体技术，PPT能够将教学内容直观且生动地呈现。在该阶段，由于教学内容呈现方式单一，学生会对教师的讲授缺乏兴趣感，在PPT的支持下，教学内容以文字、图片等有趣的方式呈现，这有助于学生多角度查看教学内容以及更积极地开展被动学习或主动学习，因此，ICAP框架视角下技术作用的本质可概括为促进学生的被动学习或主动学习。

第二，论题创设阶段主要应用了"钉钉"办公平台，其群聊天功能支持学生异步交流，该阶段学生主要面临无法提出和建构论题的难题，借助"钉钉"办公平台的群聊天功能，所有学生都有机会提出论题，学生在提出论题中锻炼了自身的思考能力，他们在思考中建构知识，因此，ICAP框架视角下技术作用的本质可概括为促进学生的建构学习。

第三，论题和站方选择阶段主要应用了"钉钉"办公平台，其群聊天功能支持学生异步交流，该阶段学生主要面临被动地接受教师所指定的论题和站方，自己缺乏表达想法的难题，借助"钉钉"办公平台的群聊天功能，所有学生都有机会表达和共享论题和站方相关的知识点，而这些知识点主要来自教师在课堂中所讲授的内容，这就需要学生对教师的讲授内容进行总结和归纳，由此可见，ICAP框架视角下技术作用的本质可概括为促进学生的主动学习。

第四，论证准备阶段主要应用了"浙大语雀"在线协同平台，其协作区支持文档协同和资源共享。在该阶段，学生主要面临无准备时间、准备中无互动或互动时间受限的问题，在"浙大语雀"在线协同平台协作区的支持下，每个学生都可以通过线上协作准备论证内容，他们通过异步协同编辑文档的方式交流想法，同时也可以共享资料，学生拥有充足的时间交流和交互，由此可见，ICAP框架视角下技术作用的本质可概括为促进学生的交互学习。

第五，论证建构阶段主要应用了"学在浙大"课程管理平台，平台的讨论区支持学生实名发帖。该阶段主要面临观众无法参与论证进行交互以及论证内容无法留痕的难题，基于"学在浙大"课程管理平台的讨论区，观众通过发帖的方式在课中异步参与论证，他们在发帖中也可以和他人多次交互，且发帖的方式还能让论证内容留痕，因此，ICAP框架视角下技术作用的本质可概括为促使观众参与论证以及开展交互学习，正反方间以文字的形式实名开展多次交互。

第六，展示反馈阶段主要应用了"钉钉"办公平台，其群投票功能支持学生实名投票。该阶段学生主要面临难以参与论证评价的难题，基于"钉钉"办公平台的群投票，所有学生都可以通过投票的方式评价论证，为了客观评价，学生在评价过程中要有自己的思考和判断，因此，ICAP框架视角下技术作用的本质可概括为促进学生的建构学习。

四　研究对象

课程包含来自 Z 校 XX 学院的 76 名大二本科生,在这 76 名学生中,男生占 43 人,女生占 33 人,平均年龄是 18 岁。XX 学院是 Z 校对优秀本科学生实施"特别培养"的荣誉学院,学院具有高水平的师资力量,采用多元化培养模式和个性化培养方案,为优秀本科生的个性发挥以及潜能发掘提供空间。76 名学生以自由组合的方式分为 18 个论证小组,14 个小组有 4 人,4 个小组有 5 人。

五　研究的实施过程

研究一从 2020 年 9 月开始实施,共持续 16 周。16 周中每个时间段的具体安排如表 4.4 所示。以下分别对这 16 周的安排进行详细阐述。

表 4.4　　　　　　　　研究一中 1—16 周教学流程安排表

周次	课时	课堂活动流程
1—5	1—3	（a）课程介绍 （b）论证相关内容讲解（Toulmin 论证模型等） （c）"浙大语雀""学在浙大"平台操作讲解 （d）班级分组和分正反方 （e）课程评价的介绍
6—14	课前	（a）师生通过"钉钉"群聊天提论题,教师评估后定一个论题 （b）学生回顾和总结教师所讲内容并通过"钉钉"群聊天共享论题和站方相关的知识点 （c）同一站方的学生通过"浙大语雀"的"论证小组协作区"协同准备论证
6—14	1	（a）两个论证小组面对面在讲台上论证,其余学生通过"学在浙大"平台的"线上论证"讨论区以发帖的形式同步参与论证 （b）教师对学生面对面口头论证的内容进行反馈 （c）线上论证者通过钉钉群的"群投票"给线下论证者投票
6—14	2—3	教师讲解下次论证的相关知识
15—16	1—3	小组读书汇报
16 周后		对学生进行半结构化访谈以及小组提交反思

（1）准备阶段（第1—5周）：每周一次课，每次三课时，教师均采取讲授式教学，未安排教师指定论题和正反方的线上线下同步论证式教学活动。在该阶段中，教师主要利用PPT讲解先导性知识（导论、哲学、马克思与马克思主义）、论证的相关知识（Toulmin论证模型等）、"学在浙大"和"浙大语雀"两个平台的操作介绍（附件3）、课程评价的介绍以及学生分组和定正反方等。

（2）教学干预阶段（第6—14周）：该阶段融入了教师指定论题和正反方的线上线下同步论证式教学活动。每周一次课，每次课包含三个课时。对于每次论证活动而言，教师会将相关知识在上次课程中进行讲解，讲解完之后鼓励学生基于所学知识在班级钉钉群中提出论题，同时教师也会提出一个论题。师生提出论题的时间是两天，两天后，教师会对学生提出的论题进行审核，教师基于审核结果确定一个当周的论题。九次论题的具体信息如表4.5所示。

表4.5　　　　　　　　研究一中第6—14周的论题

论证次数	教学主题	论题
1	世界观	正：世界能够被认识；反：世界不能被认识
2	本体论	正：存在决定思维；反：思维决定存在
3	认识论	正：人的心灵是一块白板；反：人的心灵是一块大理石
4	唯物辩证法	正：美是客观的；反：美是主观的
5	实践观	正：爱是有条件的；反：爱是无条件的
6	价值观	正：道德的本质的利己主义；反：道德的本质的利他主义
7	历史观	正：时势造英雄；反：英雄造时势
8	政治经济学（上）	正：资本主义可以调节两极分化；反：资本主义不可以调节两极分化
9	政治经济学（下）	正：共产主义可以实现；反：共产主义不可以实现

当论题确定之后，学生按照自己的小组编号选择正反方（奇数为正，偶数为反），他们回顾和总结教师课堂所讲的内容并通过"钉钉"群聊天

共享论题和站方相关的知识点,然后同一个站方的学生在"浙大语雀"的"论证小组协作区"协同准备论证。

在课堂上,第一个课时是论证活动,教师在后两个课时讲解下次论证相关知识。在第一个课时中,指定的两小组学生站在讲台上面对面开展口头论证(见图4.4),其他小组的学生通过"学在浙大"的"线上论证"讨论区以发帖的形式同步参与论证。无论是面对面口头论证还是线上论证,其开展主要基于批判性讨论模型和Toulmin论证模型,正反双方基于同一个概念不断地支持己方以及反驳对方。具体而言,一方在支持自己主张时要尽量提供资料、依据、支援、限定以及反驳,从比较全面的角度论证自己的主张,对方可以对资料、依据等进行反驳,而该方则要维护己方的观点和立场,同时也要反驳对方提出的反对意见,最后双方对论证进行总结。

图4.4 两组论证者在讲台上面对面口头论证示意

面对面口头论证的具体流程为:①立论阶段:两方明确论题的不同点,并开始论证(10分钟,各自5分钟);②辩论阶段:每方都尽力地反驳对方的观点,同时也维护自己方的观点,尽力消除对方的质疑(20分钟）；③总结阶段：各方借鉴对方的看法补充己方的观点，总结双方达成的一致以及存在的不同，并提供后续观点间融合创新的方法（5分钟）；④评价阶段：教师分别从论证技巧和论证内容两个方面对面对面口头论证进行评价，线上论证者给面对面口头论证者投票，他们通过"钉钉"的"群投票"功能给自己认可的一方投一票，票数较高的一方是本次论证的获胜方，获胜方的每个组员都可以获得40分的平时分，而票数较低的一方获得30分的平时分。如果双方票数一样，每方组员都获得35分的平时分（10分钟）。

在后两个课时中，其主要任务是教师讲授下次论证的相关内容，老师在讲授过程主要用到了PPT提高学生的听课兴趣，通过PPT形象且生动地展示教学内容。

（3）总结与反思阶段（第15—16周）：15周或16周的课后小组会将反思以Word形式发送到教师指定的邮箱。半结构化访谈是在这两周的课后时间进行，主要以面对面的形式开展。

第二节　数据收集与分析

为了探究学生的批判性思维技能、批判性思维技能与参与次数的关系、论证技能、专业知识水平以及学生对论证式教学的态度，研究主要收集以下几个方面的数据：线下论证者的论证内容和发言次数数据、线上论证者的论证内容和发言次数数据、小组反思的内容数据以及受访者对课程体验的半结构化访谈数据。

一　线下论证者论证内容和发言次数数据的收集与分析

线下论证者的论证内容和发言次数数据主要通过"智云课堂"收集，"智云课堂"能够将线下口头论证者的论证内容和发言次数数据通过语音识别实时转化成文本，且转化的准确率比较高。学生每次论证结束后，研究者都会将"智云课堂"中转换得到的文本整理到一个专门的Word文档中，并对转换的内容进行校对。校对的方法如下：研究者利用"智云课堂"回放功能再次听线下口头论证者的论证，并针对Word文档中的文字逐一校对。九次论证中，线下口头论证者论证的内容共包含88305

个字。

九次论证中，67名线下面对面口头论证者（9名没发言）共计发言358次，表4.6展示了他们在九次论证活动中的发言量、交互次数以及每次论证中单个学生最高发言量。从表4.6可以看出，学生每次论证的发言量处于29次至45次，且随着论证次数的增加呈增长趋势。其次，每次论证中，学生的交互次数也比较高，说明论证者能够经常对上一个人所说的话进行支持或者反驳。最后，对于单个学生的最高发言量而言，最低是5次，最高是10次，这说明有些学生能够积极参与面对面口头论证。

表4.6　　　　　　线下论证者发言次数基本情况统计　　　　（单位：次）

论证次数	第1次	第2次	第3次	第4次	第5次	第6次	第7次	第8次	第9次	总计
发言量	29	38	41	39	40	41	41	44	45	358
交互次数	20	31	32	31	30	32	33	34	36	279
单个学生最高发言总量	5	6	6	8	7	9	10	8	7	—

对于线下面对面口头论证的内容数据分析而言，研究主要采用内容分析法，分别从批判性思维技能、论证技能以及专业知识水平三个角度进行分析。首先，对于批判性思维技能而言，研究依据纽曼的批判性思维深度分析框架（Newman, Webb & Cochrane, 1995）对分析单元进行编码，论证者的一次发言就是一个分析单元。

两名教育技术专业的博士生对学生的论证内容进行独立编码。在编码开始之前，两名博士生对编码框架进行了认真的探讨，以确保两人都能够全面且深刻地理解框架中的内容。当编码完成之后，研究对编码结果的信度进行了检验。两名博士生的最终编码信度为0.77，这表明编码结果是可信的。

以下以"美是主观的还是客观的"论题的某个论证片段为例，具体说明编码过程（见表4.7）。正方的观点是"美是客观的"，反方的观点是"美是主观的"。学生A和学生C来自反方，学生B和学生D来自正方。

表 4.7　　　　第一个研究中线下论证内容的具体编码情况表

论题：美是主观的还是客观的	
A	对方辩友认为美是客观的，是不以人的意志转移为转移的，但是唐朝的时候人们以胖为美，宋朝的时候以瘦为美，这就是说美是以人的意志转移为转移的，那就是说美不是客观的吗？
编码	学生 A 用证据清楚地反驳了对方（R^+、C^+、A^+），并从宏观的角度表达了美不是客观的这一重要观点（I^+、W^+）。学生 A 以"唐宋时期对美的评价标准不同"这一证据来支持她的观点，这一证据属于她以前所学的知识（O^+、J^+）
B	唐朝之所以以胖为美，宋朝之所以以瘦为美，主要是人感知美的角度不同，很明显这个感知是美感，感知本来就是属于主观定义里面的一种，因此可以看出对方对美的定义只是把美当作美感
编码	学生 B 用证据清晰地反驳了学生 A（R^+、C^+、A^+），且表达了一个重要和新颖的观点：美感（I^+、N^+）。学生 B 用他之前所学的"感知"相关知识支持他的观点（O^+、J^+）。此外，感知是一个抽象的概念，表明学生 B 是从宏观角度表达自己的观点（W^+）
C	我们这里并没有把美和美感等同起来，我打个比方，外面是冷的，这个冷是它的客观属性吗？只有温度才是客观属性，温度很低，他跟我们的体温进行比较进而得出了冷。那么美也是这样，我们感受到了愉悦，我们把带给我们愉悦的刺激定义为美，所以我觉得我们并没有把这两个等同起来
编码	学生 C 用证据清晰地反驳了学生 B（R^+、C^+、A^+），并从宏观角度区分了美与美感（I^+、W^+）。学生 C 通过解释冷的感觉和温度之间的区别来支持自己的观点（O^+、L^+、J^+）
D	美和美的感受在我们看来都是主观的
编码	学生 D 毫无证据地反驳了学生 C（R^+、C^-、L^-、J^-、A^+）。学生 D 从宏观的角度表达了重要的观点（I^+、W^+）。

其次，对于论证技能而言，研究基于 Toulmin（2003）的论证技能等级框架对学生九次的论证内容依据分析单元进行编码，论证者的一次发言就是一个分析单元。两名教育技术专业的博士生对学生的论证内容进行独立编码，第 1 等级的论证技能编码为 1，第 2 等级的论证技能编码为 2，第 3 等级的论证技能编码为 3，第 4 等级的论证技能编码为 4。在编码开始之前，两名博士生对编码框架进行了认真的探讨，以确保两人都能够全面且深刻地理解框架中的内容。当编码完成之后，研究对编码结果

的信度进行了检验。两名博士生的最终编码信度为 0.82，这表明编码结果是可信的。

最后，对于专业知识水平而言，研究基于专业知识的定义和特征对学生九次的论证内容依据分析单元进行编码，并将知识分为事实性知识、概念性知识以及程序知识三类，论证者的一次发言就是一个分析单元。两名教育技术专业的博士生对学生的论证内容进行独立编码。在编码过程中，体现专业知识的分析单元编码为 I，其中，事实性知识编码为 F，概念性知识编码为 C，程序性知识编码为 P，没有体现专业知识的分析单元编码为 0。在编码开始之前，两名博士生对编码框架进行了认真的探讨，以确保两人都能够全面且深刻地理解框架中的内容。当编码完成之后，研究对编码结果的信度进行了检验。两名博士生的最终编码信度为 0.75，这表明编码结果是可信的。

以下以第一次论证"世界是否能够被认识"和第九次论证"共产主义是否可以实现"的某个论证片段为例，具体说明论证技能和专业知识水平的编码过程（见表4.8）。对于第一次论证而言，正方的观点是"世界能够被认识"，反方的观点是"世界不能被认识"。学生 A 和学生 C 来自反方，学生 B 和学生 D 来自正方。对于第九次论证而言，正方的观点是"共产主义可以实现"，反方的观点是"共产主义不可以实现"。学生 a、学生 c 和学生 e 来自正方，学生 b 和学生 d 来自反方。

表4.8 研究一中线下论证者的论证技能和专业知识编码示例

	第1次论证的论题：世界是否能够被认识
A	对方说，我们的世界是可以认知的，但是是不断完善的，永远不可能达到认识，但是你们对于完善怎样理解的？如果说不完善的话，你们是跟某个东西对比吗，如果你们是跟现象本身对比的话，不完善到底怎样界定和理解？
论证技能编码	1
解释	学生 A 仅仅表述了自己的想法，他对对方主张"世界是可以认知的，但是是不断完善的"存在质疑
专业知识编码	0
B	我想说，世界是建立在现象而不是科学本身
论证技能编码	1

续表

解释	学生 B 仅仅发表了自己的观点，即"世界是建立在现象而不是科学本身"
专业知识编码	0
C	但我们对现象和世界的定义本身就存在争议的，现象是事物在发展过程中表现出来的外部形式，但我们在达成共识的过程中并没有对世界有一个基本的描述，对世界的定义是有区别的，我们仅仅是在讨论过程中有一些概念上的界定和限制，我们并没有给世界一个具体描述
论证技能编码	1
解释	学生 C 仅仅表达了自己的观点，他认为当前的论证中并没有给世界一个具体描述，双方对世界的定义存在差异
专业知识编码	I C
解释	学生 C 运用了"现象"这个专业知识，且从抽象的角度对其进行了解释。
D	这不是我们概念上的阐述，这是多年以来大家认可的东西。
论证技能编码	1
解释	学生 C 仅仅表达了自己的观点，即"这是大家多年来认可的东西"
专业知识编码	0
第 9 次论证的论题：共产主义是否可以实现	
a	就是我方观点是实现共产主义的必要条件并不是要生产力的大力发展，但是生产力的发展我方认为并不是一定要导向共产主义，但是随着生产力的发展，目前的资本主义制度一定是不行的，一定会引发资产阶级和无产阶级的矛盾，最终马克思认为未来资产阶级无法适应生产力发展了，而无产阶级在推翻资产阶级后发展为自由联合的整体，渐渐地走向共产主义
论证技能编码	2
解释	学生 a 表达了"社会最终走向共产主义"的观点，并对该观点进行解释，提供了观点相关的支撑证据
专业知识编码	I P
解释	学生 a 解释了社会是怎样走向共产主义的，即生产力发展引发资产阶级和无产阶级的矛盾，资产阶级无法适应发展，无产阶级推翻资产阶级后逐步走向共产主义
b	对方辩友也说了，虽然资产阶级本身存在问题，但是无产阶级推翻资产阶级也可以建立我们现在的制度，并不一定达到共产主义制度
论证技能编码	1
解释	学生 b 仅仅表达了"无产阶级推翻资产阶级并不一定达到共产主义"的观点
专业知识编码	0

续表

c	目前的社会制度是共产主义的一个初级形态，共产主义要在生产力很高的水平下才有可能随着人的对于思想的教化达到的一个阶段，我们要看目前的实践结果，比如俄国的十月革命，这些都是在走向共产主义发展中目前很成功的实践的例子，我们认为他是有这个趋势的
论证技能编码	2
解释	学生 c 用"俄国的十月革命"这一证据支持了自己的观点
专业知识编码	ⅠC
解释	学生 c 提到了"俄国的十月革命"这一知识，且该同学从总结性的层面对该知识进行阐述，认为"十月革命"是走向共产主义中很成功的例子
d	生产力很高和目前能源有限的现实是冲突的，比如石油，有资料表明，人类共同拥有1.7万亿桶左右的石油，如果按照每一年都消耗390亿桶来计算，这些石油还可供全人类使用46年左右
论证技能编码	2
解释	学生 d 表述了自己的观点，即"生产力很高和目前能源有限的现实是冲突的"，然后以石油为例作为支持观点的证据
专业知识编码	ⅠF
解释	为了证明"生产力很高和目前能源有限的现实是冲突的"这一观点，学生 d 列举了石油存储和使用方面的事实性资料
e	就是你所看到的只是目前的，我们都说能源是有限的，但是随着科技发展这些都会变化，比如月球的能源，我们目前无法利用，但是月球有很多能源比如钛元素，然后这个东西也可以用，就是说你目前认为有限的未来不一定是有限的
论证技能编码	3
解释	学生 e 表达了"资源只是目前有限"这一观点，然后以月球资源为例，既有"反面信息"（月球资源无法利用）也有"正面信息"（可以利用月球的元素），从比较全面和严谨的角度支持了自己的观点
专业知识编码	ⅠF
解释	为了说明"资源只是目前有限"这一观点，学生 e 提到了月球中的能源这一事实性的知识

二 线上论证者论证内容和发言次数数据的收集与分析

线上论证者的论证内容和发言次数数据主要通过"学在浙大"平台的"线上论证"讨论区收集。通过梳理统计,九次论证中,47 名学生共计发 120 个帖子,120 个帖子共包含 7835 个字。表 4.9 展示了线上论证者在九次论证活动中的原发帖量、回帖量以及每次论证中单个学生最高发帖量。从表 4.9 可以看出,学生每次论证的原发帖量处于 10—17 个,整体数量差距不大。其次,学生每次论证的回帖量都是 0 个,说明没有学生对发帖人的发言内容进行支持或反驳。最后,单个学生的最高发帖量处于 1 个到 2 个,说明学生的参与性还有待提升。

表 4.9   学生"学在浙大"讨论区发帖数量基本情况统计   (单位:个)

	1	2	3	4	5	6	7	8	9	总计
原发帖量	13	15	14	17	17	13	11	10	10	120
回帖量	0	0	0	0	0	0	0	0	0	0
单个学生最高发帖量	2	2	1	1	2	1	1	2	1	—

对于学生线上发帖的论证内容数据分析而言,研究主要采用内容分析法,分别从批判性思维技能、论证技能以及专业知识水平三个角度进行分析。首先,对于批判性思维技能而言,研究依据纽曼的批判性思维深度分析框架(Newman,Webb & Cochrane,1995)对分析单元进行编码,一个帖子就是一个分析单元。

两名教育技术专业的博士生对学生的论证内容进行独立编码,并在编码开始之前对框架内容进行了详细商讨。当编码完成之后,研究对编码结果的信度进行了检验。两名博士生最终的编码信度为 0.78,这表明编码结果是可信的。

以下以"美是主观的还是客观的"论题的某个论证片段为例,具体说明编码的过程(表 4.10)。正方的观点是"美是客观的",反方的观点是"美是主观的"。学生 A 和学生 B 均来自正方。

表 4.10　　　第一个研究中线上论证内容的具体编码情况表

论题：美是主观的还是客观的	
A	事情只要符合一定的标准，就是美好的。例如，黄金比例代表美丽
编码	学生 A 很清楚地支持了同方学生的观点（R^+、A^+），并表达了"美是可以衡量的"这一重要观点（I^+）。学生 A 用"黄金比例代表美丽"这一证据来支持他的观点，该证据与他之前学到的知识有关（O^+、J^+）。最后，学生 A 从宏观层面讨论了美的衡量标准（W^+）
B	美必须依附于客观的物理对象
编码	学生 B 在没有任何证据的情况下支持了同站方的学生（R^+、C^-、L^-、J^-、A^+）。学生 B 表达了美的存在方式这一重要观点，且从宏观角度阐述了该观点（I^+、W^+）

其次，对于论证技能而言，研究基于 Toulmin（2003）的论证技能等级框架对学生九次的论证内容依据分析单元进行编码，论证者的一个帖子就是一个分析单元。两名教育技术专业的博士生对学生的论证内容进行独立编码。在编码开始之前，两名博士生对编码框架进行了认真的探讨，以确保两人都能够全面且深刻地理解框架中的内容。当编码完成之后，研究对编码结果的信度进行了检验。两名博士生的最终编码信度为 0.77，这表明编码结果是可信的。

最后，对于专业知识水平而言，研究基于专业知识的定义和特征对学生九次的论证内容依据分析单元进行编码，并将知识分为事实性知识、概念性知识以及程序知识三类，论证者的一个帖子就是一个分析单元。两名教育技术专业的博士生对学生的论证内容进行独立编码。在编码开始之前，两名博士生对编码框架进行了认真的探讨，以确保两人都能够全面且深刻地理解框架中的内容。当编码完成之后，研究对编码结果的信度进行了检验。两名博士生的最终编码信度为 0.79，这表明编码结果是可信的。

以下以第 1 次论证"世界是否能够被认识"和第 9 次论证"共产主义是否可以实现"的某个论证片段为例，具体说明论证技能和专业知识的编码过程（见表 4.11）。对于第一次论证而言，正方的观点是"世界能够被认识",反方的观点是"世界不能被认识",学生 A 反方,学生 B 来自正方。对于第 9 次论证而言,正方的观点是"共产主义可以实现",反方的观点是"共产主义不可以实现",学生 a 来自正方,学生 b 来自反方。

表 4.11　研究一中学生线上论证的论证技能和专业知识编码

	第 1 次论证的论题:世界是否能够被认识
A	四维空间作为一种人们推理存在但是无法想象在脑海之中因此而得到的,到底算不算能够被认识
论证技能编码	2
解释	学生 A 表达了自己的质疑,即"四维空间算不算存在",然后用"人们推理存在但是无法想象在脑海之中因此而得到的"来说明自己质疑的原因
专业知识编码	ⅠC
解释	学生 A 用到了"四维空间"并对这一抽象概念进行了解释
B	世间所有事物都可以归结于一个共同的抽象的事物"存在",具有"存在"的属性,存在就能被认识
论证技能编码	2
解释	学生 B 表达了自己的观点,即"世间所有事物都能被认识",然后用"所有事物都具有存在的属性"作为证据支持了自己的观点
专业知识编码	ⅠC
解释	学生 B 表述了"世间所有事物都能被认识"这一观点,并用到了"存在"这一知识点并说明了"存在"具有抽象性
	第 9 次论证的论题:共产主义是否可以实现
a	马克思主义和乌托邦的区别如下:乌托邦是资产阶级的一个产物,隶属资本主义基础,但我们的共产主义是建立在唯物史观和剩余价值论上,是比较科学的机制
论证技能编码	2
解释	学生 a 表述了自己的观点,即"马克思主义和乌托邦是有区别的",然后分别从乌托邦的性质和共产主义产生的根源角度对比了两者的区别
专业知识编码	ⅠC
解释	为了说明马克思主义和乌托邦的区别,学生 a 用到了一些抽象的知识,如资产阶级、资本主义、唯物史观和剩余价值论

续表

b		按需分配，比如大米是基本的东西，然后大米也是有品质的，有些人想要好的品质的大米有些人就不得不要不好品质的，我怎样实现按需分配
论证技能编码	2	
解释		学生 b 表述了自己的观点，即"按需分配的实现有难度"，然后以大米的质量为例具体说明了分配的难度
专业知识编码	0	

注：1 代表第 1 等级的论证技能，2 代表第 2 等级的论证技能，3 代表第 3 等级的论证技能，4 代表第 4 等级的论证技能。I 代表该分析单元体现了专业知识，F 代表事实性知识，C 代表概念性知识，P 代表程序性知识，0 代表没有体现专业知识。

三 学生反思数据的收集与分析

每个小组提交一份反思，18 个小组共计 18 份反思，小组将课程反思以 Word 形式提交到教师指定的邮箱。18 份反思共有 12935 个字。研究通过主题分析（Thematic Analysis）的方法对小组的反思数据进行分析。主题分析是分析定性数据的一种系统方法，其步骤包括确定意义主题或模式、编码并根据主题对数据进行分类，通过寻求共性、关系、总体模式、理论结构或解释性原则来解释由此产生的主题结构。主题分析包含演绎和归纳两种建构方式。演绎指研究者根据既定的理论结构将其主题类别作为编码数据文档的先验主题起始列表，并在此基础上进行衍生。归纳中主题形成则完全来自数据并基于数据[①]。本研究对学生反思的主题分析采取的是归纳的建构方式，即基于小组反思数据归纳出学生对论证式教学的整体感知。

在本研究中，两名教育技术的博士生首先熟悉小组反思的内容，然后各自形成初始编码，接着依据研究主题对编码进行合并或拆分，并形成最终的编码。两名博士生最终的编码信度为 0.81，这说明编码结果是可信的。

---

① Albert J. Mills, Gabrielle Durepos, Elden Wiebe, *Encyclopedia of Case Study Research*. Thousand Oaks, CA: Sage, 2010, pp. 19 - 24.

四 学生半结构化访谈数据的收集与分析

半结构化访谈主要是以面对面的形式开展，从每个小组中随机挑选1名学生作为代表进行深度访谈，18个小组共计18名受访者，研究主要通过录音笔收集相关数据。18名受访者半结构化访谈内容共包含52106个字。本研究采用主题分析的方式分析受访者的半结构化访谈内容，且主题分析采取的是归纳建构的方式，即基于受访者表述的内容数据归纳他们对论证式教学的整体感受。

在本研究中，两名教育技术的博士生首先熟悉学生半结构化访谈的内容，然后各自形成初始编码，接着依据研究主题对编码进行合并或拆分，并形成最终的编码。两名博士生最终的编码信度为0.79，这说明编码结果是可信的。

第三节 研究结果与发现

一 学生的批判性思维技能变化

为了回答第二个研究问题（教师指定论题和正反方的线上线下同步论证式教学实施后，学生的批判性思维技能有何变化？学生的发言次数和批判性思维技能关系如何？），参考王国华、聂胜欣、袁梦霞和俞树煜[1]和Crowell和Kuhn[2]研究中的评价方法，即在单组实验的研究中，基于特定的指标分析框架，如批判性思维深度分析框架、论证技能等级框架，对学生的多次论证或讨论内容进行分析，通过比较相关指标在多次论证中的变化情况得出研究结论，本研究基于纽曼的批判性思维深度分析框架对线上和线下论证者的九次论证内容依据分析单元进行编码，论证者的一次发言就是一个分析单元，图4.5展示了线上线下论证者在九次论证中平均批判性思维深度的具体变化情况。从图4.5中可以看出，九次论证

---

[1] 王国华、聂胜欣、袁梦霞、俞树煜：《使用问题解决法促进批判性思维发展的研究——基于交互文本的分析》，《电化教育研究》2016年第5期。

[2] Amanda Crowell, Deanna Kuhn, "Developing Dialogic Argumentation Skills: A Three-year Intervention Study", *Journal of Cognition and Development*, Vol. 15, No. 2, 2014.

中，线上和线下论证者的平均批判性思维深度值在 0.71—0.83，且第一次最低，最后一次最高，整体呈上升的趋势，这说明教师指定论题和正反方的线上线下同步论证式教学有助于提升学生的批判性思维技能。

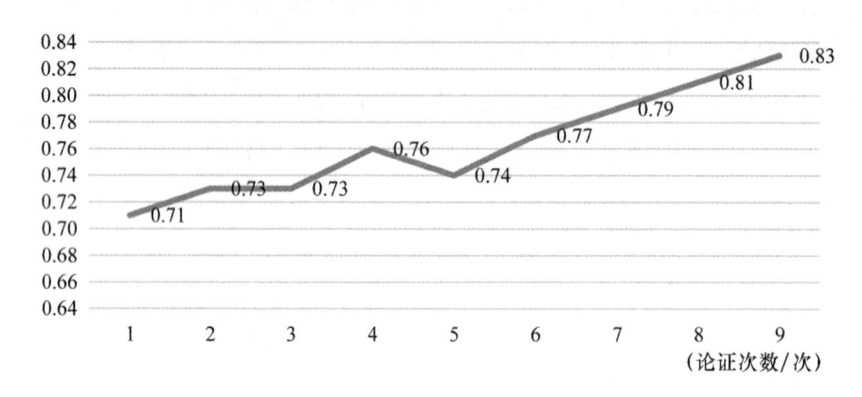

```
0.84                                                    0.83
0.82                                              0.81
0.80                                        0.79
0.78                                  0.77
0.76                      0.76
0.74            0.73  0.73        0.74
0.72  0.71
0.70
0.68
0.66
0.64
      1     2     3     4     5     6     7     8     9
                                              (论证次数/次)
```

图 4.5　九次线上线下同步论证中学生的平均批判性思维深度变化情况

此外，研究对 67 名发言者（线上或线下）的批判性思维深度与发言次数进行了相关性分析，结果如表 4.12 所示。结果表明，在线上线下同步的论证活动中，学生的批判性思维深度与其发言次数具有显著相关性（$p < 0.05$）。

表 4.12　学生的批判性思维深度与发言次数的相关性分析

		次数	深度
深度	Pearson 相关性	1	-0.320**
	显著性（双侧）		0.008
	N	67	67
次数	Pearson 相关性	-0.320**	1
	显著性（双侧）	0.008	
	N	67	67

注：**$p < 0.01$。

研究以学生的平均发言次数为自变量，以其批判性思维平均深度为因变量，使用线性回归法对其进行回归分析并得出回归方程（见表

4.13），结果表明，学生的发言次数与其批判性思维深度呈负相关，该回归方程为 $y = -0.012x + 0.864$，说明在一定范围内学生的发言次数越多，其批判性思维深度越低，即学生的发言次数多并不代表其批判性思维技能水平高。

表 4.13　学生的发言次数与批判性思维深度的回归效应分析

模型		非标准化系数		标准系数	t	Sig.
		B	标准误差	试用版		
1	（常量）	0.864	0.032		26.812	0.000
	次数	-0.012	0.004	-0.320	-2.720	0.008

三　学生的论证技能和专业知识水平变化

（一）学生的论证技能变化

为了回答第三个研究问题（教师指定论题和正反方的线上线下同步论证式教学是否有助于学生论证技能的提升？），研究主要对学生九次论证的论证内容以及小组的反思内容进行了分析。首先，对于论证内容的分析而言，在单组实验的研究中，基于特定的指标分析框架对学生的多次论证或讨论内容进行分析，通过比较相关指标在多次论证中的变化情况得出研究结论，本研究基于 Toulmin（2003）的论证技能等级框架对学生九次论证的内容依据分析单元进行编码，学生的一次发言（线下论证者）或一个帖子（线上论证者）就是一个分析单元。图 4.6 展示了线上线下论证者九次论证中论证技能的变化情况。

从图 4.6 中可以看出，对于九次论证而言，线上和线下论证者第 1 等级的论证技能占比在 55.3% 到 67.1%，且第一次最低，最后一次最高，整体呈上升的趋势。此外，线上和线下论证者第 3 等级的论证技能占比在 8.2% 到 14.7%，且第一次最低，最后一次最高，整体也呈上升的趋势。而且，线上和线下论证者第 2 等级的论证技能占比在 36.5% 到 18.2%，且第一次最高，最后一次最低，整体呈下降的趋势，九次论证中均没有出现第 4 等级的论证技能。因此，九次论证的过程可以看作学生第 2 等级的论证技能逐步转化为第 1 和第 3 等级论证技能的过程，这也表明学生的论证技能既有提升(从第 2 等级到第 3 等级)又有降低(从第 2 等级到第 1 等级)。

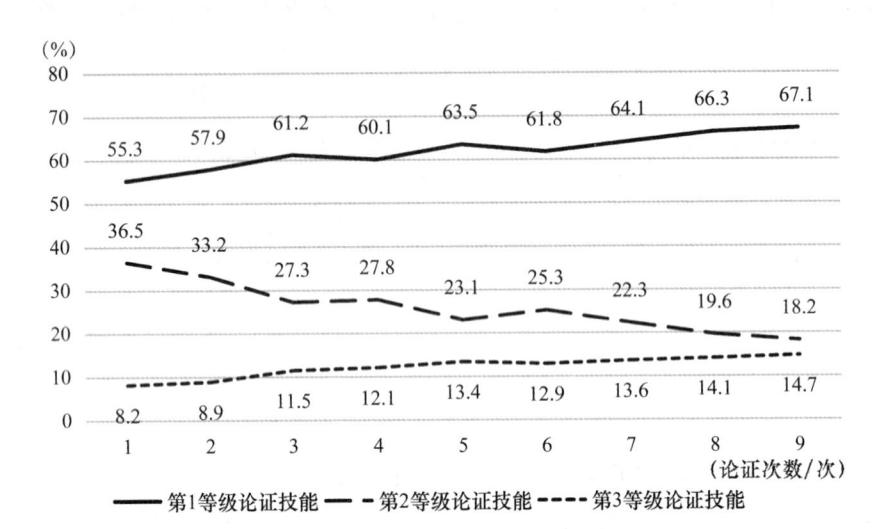

图 4.6　研究一中学生九次论证的不同论证技能等级的占比变化

此外,研究还对小组反思的数据进行了分析,结果表明,4 个小组在其反思中提到了他们关于论证技能的收获(见表 4.14)。学生认为论证需要足够的证据支撑以及合理的反驳。以下对学生的论证技能以及学生的反思内容进行介绍,为了便于呈现学生的反思内容,研究者将 18 份反思按照组号排序,依次编号为 G1—G18。

表 4.14　　　　　　　研究一中学生关于论证的技能

	主题	内容	频次	总数
论证技能	论据	理解意义和价值	2	4
		掌握查找方式	1	
		合理组织	1	
	反驳	离题	2	4
		缺乏论据	2	

第四章 教师指定论题和正反方的线上线下同步论证式教学

从表 4.14 中可以看出，在学生的反思中，有关"论证技能"的内容共被提到 8 次。具体而言，"论据"和"反驳"出现的次数相同，都是 4 次。

其中，"论据"主要表现为学生理解了论据的意义和价值（2 次），明白论据能够帮助他们更好地支持和证明自己的观点，让别人更好地相信自己的观点。学生也掌握了论据查找的方式（1 次），他们可以通过论文数据库、权威报道等收集资料。学生还明白了合理组织论据的重要性（1 次），将论据依据使用场景等提前归类有助于他们在支持或反驳的时候恰当地使用论据。代表性的相关内容如下：

> 我感觉我越来越能够感受到在表明一个观点的时候，你一定要有证据的支持，不然别人是不会相信你的，你只是空口说白话。经历过论证之后，我发现我之前的一些做法其实不是论证，仅仅是自己认为的一些主观想法，这些想法其实没有"科学性"，有理有据是我感受最深的点。（G5）
>
> 我之前找证据的时候经常去网页上找新闻，但是现在我知道了论据要具有权威性，因为现在网络上有很多不靠谱的论据，作为大学生，我们要从科学的角度查找论据，现在知道了还可以从知网等数据库中找别人发表的文章，依据文章找材料，这些材料的科学性相对可能比较高一些。也可以从有权威的报道、权威的专门的网站等中找。（G13）
>
> 论据可以有很多，但是在运用的时候要恰到好处，正好能够支持自己或反驳对方，其实这比找论据更难我觉着。我们方是找了好多论据，并按照论据可能使用的场景进行了分类，这样的话在支持和反驳的时候能够快速地从中抽取恰当的证据。（G12）

"反驳"主要表现为学生没有彻底理解自己要反驳的内容，导致他们的反驳脱离主题（2 次）。学生在反驳中也会出现没有证据支持的问题（2 次）。代表性的相关内容如下：

> 在反驳中，如果缺乏深入思考的话，你根本就接不上对方，或

者说接的内容不行，每个人说的每句话都要有价值，这样的反驳才会是高质量的。(G9)

可能由于时间等限制，我虽然反驳了，我也知道论据很重要，但是也是自己说自己的，总是找不出合理的证据来支持自己。(G17)

(二) 学生的专业知识水平变化

为了回答第三个研究问题（教师指定论题和正反方的线上线下同步论证式教学是否有助于学生专业知识水平的提升？），研究主要对学生九次论证的内容以及小组的反思内容进行了分析。首先，对于论证内容的分析而言，参考王国华、聂胜欣、袁梦霞和俞树煜[1]和 Crowell 和 Kuhn[2]研究中的评价方法，即在单组实验的研究中，基于特定的指标分析框架对学生的多次论证或讨论内容进行分析，通过比较相关指标在多次论证中的变化情况得出研究结论，本研究首先依据分析单元对学生九次论证内容中的专业知识进行编码，然后分别对专业知识的三种类型进行编码，三种类型分别为事实性知识、概念性知识以及程序性知识，从而进一步探究学生专业知识水平的详细变化情况。学生的一次发言（线下论证者）或一个帖子（线上论证者）就是一个分析单元。

从图4.7中可以看出，对于九次论证而言，线上和线下论证者专业知识的占比在35.7%到67.4%，且第一次最低，最后一次最高，整体呈上升的趋势，这说明教师指定论题和正反方的线上线下同步论证式教学有助于学生专业知识水平的提升。

三种类型的专业知识（事实性知识、概念性知识、程序性知识）的编码结果如图4.8所示，九次论证中，线上和线下论证者的事实性知识占比在33.3%到18.1%，且第一次最高，最后一次最低，整体呈下降的趋势。其次，线上和线下论证者的概念性知识占比在53.4%到63.9%，且

---

[1] 王国华、聂胜欣、袁梦霞、俞树煜：《使用问题解决法促进批判性思维发展的研究——基于交互文本的分析》，《电化教育研究》2016年第5期。

[2] Amanda Crowell, Deanna Kuhn, "Developing Dialogic Argumentation Skills: A Three-year Intervention Study", *Journal of Cognition and Development*, Vol. 15, No. 2, 2014.

第四章 教师指定论题和正反方的线上线下同步论证式教学

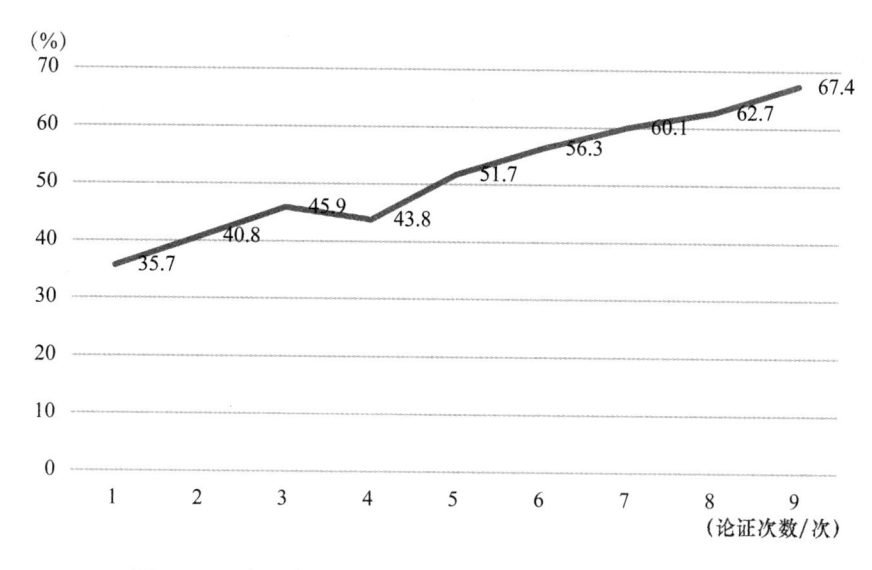

图4.7 研究一中学生九次论证的所有分析单元中体现专业知识单元的占比

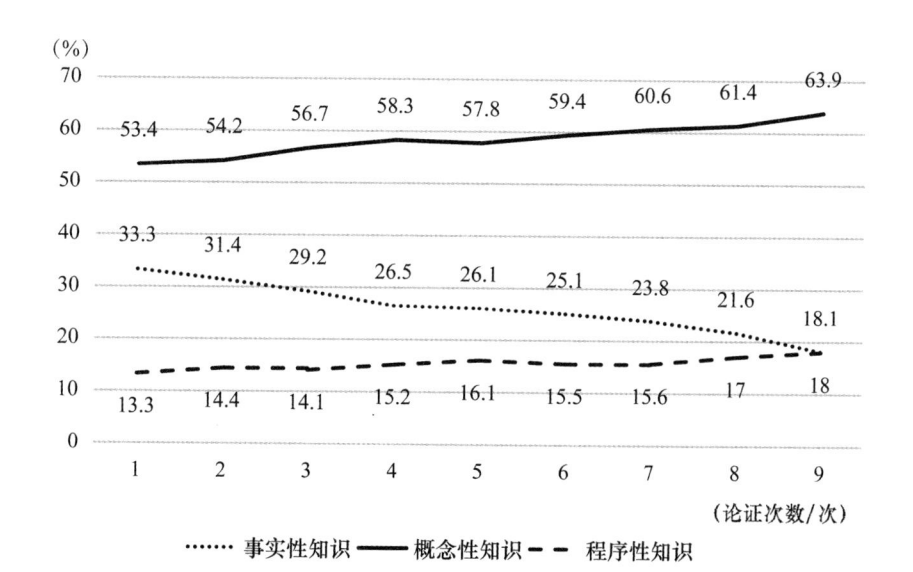

图4.8 研究一中学生九次论证中不同类型专业知识占比

第一次最低，最后一次最高，整体呈上升的趋势。最后，线上和线下论证者的程序性知识占比在13.3%到18%，且第一次最低，最后一次最高，整体呈上升的趋势。因此，九次论证的过程可以看作学生事实性知识逐步转化为概念性知识和程序性知识的过程，这也说明教师指定论题和正反方的线上线下同步论证式教学有助于学生专业知识水平的提升。

此外，研究还对18个小组的反思进行了内容分析，结果表明，所有小组均提到了他们在专业知识方面的收获（见表4.15），他们的收获既包含他们对知识本身有深刻的理解，他们也能够基于知识进行反思，以下分别对学生的专业知识以及他们的反思内容进行介绍，为了便于呈现学生的反思内容，研究者将18个小组的反思依据他们的组号依次编为G1—G18。

表4.15　　　　　　研究一中学生的专业知识水平　　　　（单位：次）

主题	内容	频次	总数	
专业知识	知识本身	哲学基本问题	15	45
		实践观	11	
		剩余价值	10	
		共产主义	9	
	基于知识的思考	优化自身人生观	13	23
		优化自身价值观	10	

总数：68

从表4.15中可以看出，在学生的反思中，有关"专业知识"内容共被提及68次，具体而言，"知识本身"被提及的次数最多（45次），其次是"基于知识的思考"（23次）。

其中，"知识本身"主要表现为学生学到了关于哲学基本问题（15次）、实践观（11次）、剩余价值（10次）和共产主义（9次）的知识，他们对哲学、实践观、剩余价值以及共产主义的本质与价值有了进一步的深层理解。代表性的相关内容如下。

简单而言，哲学中的基本问题就是思维和存在的关系：两者谁是第一，两者之间是否存在同一性。（G14）

实践是主体需要和客观现实之间的矛盾，是主体在面对生存挑

战时候所采取的积极态度。实践的作用是不断推动人们探索新事物。（G17）

剩余价值就是资本家剥削劳动者的体现，他们通过绝对剩余价值和相对剩余价值不断地获取利润，这也是资本主义生产方式的体现。（G12）

共产主义是无产阶级的思想体系和理想的社会制度，社会主义的历史飞跃，从社会主义到共产主义既有困难也有辉煌，人们会不断在困难和挫折中逐步实现共产主义。（G1）

"基于知识的思考"主要表现为学生能够在后续生活中优化自身人生观（13次）以及优化自身价值观（10次）。学生表示他们珍惜现在能够公平竞争的生活，不断学习知识等充分发挥自己的潜能，为实现共产主义做出自己最大的贡献。代表性的相关内容如下。

我们这一生不应该单纯为了自己而活，而是要让自身尽可能的发光发热，去照亮社会温暖他人，我觉着这才是人生的价值。所以目前我自身也充满了学习和生活的激情，从今以后我也将马克思主义作为行动的重要参考，自觉辨析不良的行为和习惯，不断用知识和技能武装自己，为更快实现共产主义做更多自己的贡献。（G2）

学完这门课程之后，我认为资本主义本质就是剥削劳动者，让劳动人干最累的活却给他们最少的回报，相比下来，我们当今的社会就很好，劳有所得，公平竞争，每个人都可以发挥自己的潜能。（G16）

三　学生对于论证式教学的态度

为了回答第四个研究问题（学生对于教师指定论题和正反方的线上线下同步论证式教学有怎样的态度？），研究主要收集了受访者的半结构化访谈数据和小组的反思数据。首先，研究基于访谈提纲对随机选取的18名学生进行了半结构化访谈，参考混合学习环境下高校课堂论证式教学的前六个步骤，受访者一共被问到六类问题，它们分别为关于教师讲授的问题（2个）、关于论题创设的问题（1个）、关于论题和站方选择的问题（3个）、关于论证准备的问题（1个）、关于论证建构的问题（4个）以及关于展示反馈的问题（3个），共计14个问题。18名受访者半结构化访谈数据的分析结果如表4.16所示。

表4.16　研究一学生对于论证式教学的态度（半结构化访谈数据）

教学阶段	问题	内容	频次
教师讲授	教师的讲课对你整个论证过程有怎样的影响？	提高论证参与性	18
		知识应用到论证	15
	经过教师对论证相关内容的讲授，你对论证有怎样的认识？	全面理解事物	14
		产生真理	10
论题创设	你对自己提出论题有怎样的感受？	发挥自主性	17
		可辩性不高	10
论题和站方选择	你对教师定论题有怎样的感受？	科学可辩性高	13
		难以理解	8
	你对教师定正反方有怎样的感受？	被动	12
		节省时间	4
		无所谓	2
	你对正反方组队有怎样的感受？	集体归属感	14
		竞争性强	4
论证准备	你对队友线上协同准备论证有怎样的感受？	平等参与	7
		高效合作	6
		不想参与	5
论证建构	你对线上写下来论证有怎样的感受？	时间充足	16
		自由发表想法	16
		缺乏反驳	13
		非评价内容，不想参与	10
		速度低于口头	9
		帖子内容简短	9

续表

教学阶段	问题	内容	频次
论证建构	你对于面对面论证有怎样的感受？	接不了对方	15
		时间紧张	13
		冲突中产生新想法	10
		加深对知识理解	8
		偏离主题	8
	你对于以超越对方为目标有怎样的感受？	组内凝聚力高	16
		参与性高	13
		全面思考	10
		肆意竞争	5
	你对于实名论证有怎样的感受？	不好意思反驳	11
		无所谓	7
展示反馈	你对于基于留痕的准备内容进行论证有怎样的感受？	提供材料	18
		思路整理	15
	你对于教师的反馈有怎样的感受？	证据为主	16
		恰当反驳	11
	你作为面对面论证的评分者有怎样的感受？	主观性强	13
		缺乏经验	10
		忽略质	10

从表4.16中可以看出，受访者主要认为教师的讲解有助于其学习知识并提高论证的参与性（18次），前期准备的资料为其参与论证提供材料支撑（18次），论证者在自主提论题中发挥自主性（17次），线上写论证的方式给予他们充足的时间自由表达自己的想法（17次）等。

此外，18个小组的反思分析结果如表4.17所示，结果表明，面对面口头论证中接不上对方（11次）、缺乏给论证者评分的经验（11次）、自己提出的论题不好理解（10次）等是学生主要的反思内容。

表 4.17　　研究一中学生对于论证式教学的态度（反思数据）　（单位：次）

教学阶段	主题	内容	频次
论题创设	自己提论题	不好理解	10
		可论证性强	6
论题和站方选择	老师定论题	和课程内容关联	5
		脱离生活	3
论证准备	线上协同准备论证	高效整理资料	8
		组员均衡参与	6
		缺乏参与动机	6
		平台操作不灵活	4
论证建构	线上写下来论证	想看线下论证者论证	9
		线下论证者论证得全面	8
		时间比较紧张	5
	面对面口头论证	接不上对方	11
		偏离论证主题	8
		冲突激发想法	6
展示反馈	评分者	缺乏评分经验	11
		注重发言数量	5

以下分别对学生对于论证式教学中六个步骤的感受以及反思内容进行详细描述。为了便于展示学生在访谈中的原话，研究者将 18 名受访者依据被访时间进行编号（被访时间是受访者依据自身时间而定的），依次编号为 S1—S18。为了便于呈现小组的反思内容，研究者将 18 份反思按照组号排序，依次编号为 G1—G18。

1. 学生对于教师讲授的态度

在半结构化访谈中，为了探究学生对于教师讲授的态度，研究一共问了受访者两个问题，第一个问题为：教师的讲课对你整个论证过程有怎样的影响？第二个问题为：经过教师对论证相关内容的讲授，你对论证有怎样的认识？

对于第一个问题"教师的讲课对你整个论证过程有怎样的影响"，18 名受访者全都认为教师的讲解有助于他们学习专业知识，进而提高他们的论证参与性。15 名受访者认为他们能够将教师讲授的知识应用到论证中。代表性的相关内容如下。

> 吴老师的课是全校皆知的嘛，经历过之后才发现真的很有吸引力，每次课上笑声不断，老师幽默的语言风格，讲课中各种有趣的互动，让本该枯燥的课程变得非常有趣，总是以小故事或者笑话让大家学习知识，我感觉这门课我是在欢快中学到了很多知识。对认识论、世界观等学到了很多。这些知识也为我参与论证做了很好的铺垫吧，让我后续能够积极参与论证。（S1）

> 老师课堂上讲解的知识对论证来说还是很有帮助的，有时候可能看到论题是一头雾水，但是当联想到课程内容的时候，就觉着自己也有了思路，论证中将这所学知识应用到实践中去，知识讲授和应用相结合，挺好的感觉。（S12）

对于第二个问题"经过教师对论证相关内容的讲授，你对论证有怎样的认识"，14 名受访者认为教师的讲解加深了他们对于论证的理解，让他们明白论证是促使自己全面理解知识的有效方式。10 名受访者认为教师的讲解让他们明白了论证能够促使真理的产生。代表性的相关内容如下。

> 之前我对论证是比较害怕的，因为感觉是我不能够掌控的高深内容，经过老师第一节对论证介绍之后，我感觉论证其实没有想象的那么难，因为本质上也是让我们对一个东西理解的更为全面和透彻，从不同角度看问题，有理有据地说明自己的观点而已。（S17）

> 经过老师对于论证的讲解，我发现其实我个人还是蛮喜欢论证的形式的，真理越辩越明，只有在不断的自持和反驳中才能够让一个事情变得更为清晰明了，更加科学准确地看待事物。（S8）

2. 学生对于论题创设的态度

在半结构化访谈中，为了探究学生对于论题创设的态度，研究问了受访者一个问题，即你对自己提出论题有怎样的感受？17 名受访者表示他们能够通过提出争议性论题提升自主性。10 名受访者表示他们自己提出的论题可辩论性不高,很多时候提出的论题本身就具有倾向性,这给双方后续的论证带来困难。代表性的相关内容如下。

之前课程中也组织过论证,但是都是我们作为学生等着老师的论题,我们是不提出论题的,论题提出跟我们无关。但是这次论证老师鼓励我们自己提出论题,感觉还是充分发挥了我们学生的积极主动性。(S9)

我们提出的论题有时候觉得是有明显的倾向性的,一方肯定是要比另一方好辩,其实能够提出一个正方站方均衡的论题也是很难的,要对知识内容有深刻的理解才可以。(S15)

3. 学生对于论题和站方选择的态度

在半结构化访谈中,为了探究学生对于论题和站方选择的态度,研究一共问了受访者三个问题,第一个问题为:你对教师定论题有怎样的态度?第二个问题为:你对教师定正反方有怎样的态度?第三个问题为:你对正反方组队有怎样的态度?

对于第一个问题"你对教师定论题有怎样的态度",13 名受访者认为教师由于扎实的专业知识和丰富的教学经验等能够确保论题本身的科学性,让他们基于论题顺利开展论证。8 名受访者表示他们对论题本身的含义比较陌生,导致他们难以理解论题本身的意思。代表性的相关内容如下。

老师的专业知识和经验等都比较好,我觉着我还是挺信任老师的定的论题的,无论是在论题本身的科学性方面还是促使我们开展论证方面,我觉着还是可以的。(S9)

我们有时候对论题本身就不是很理解,比如说我们参加的是最后一次论证,他的题目是卡夫丁峡谷是否能够跨越的问题,那我们对于这个论题的理解就花费了好长时间,然后再准备论证,感觉整个过程中还是挺有挑战性的。(S3)

在小组的反思中,学生也发表了关于教师定论题的态度。10 个小组认为教师定的论题不好理解。6个小组认为论题的可论证性强。5个小组认为论题与课程所学内容相关。3个小组认为论题不具有生活性。鉴于教师本身具有较为丰富的专业知识和较高的批判性思维技能，他所定的论题能够让学生顺利地开展论证，同时也能够提高论题内容与课程内容的相关性。但是鉴于课程内容本身的性质等，有些论题运用比喻等方式展示，这会给学生理解论题带来难度。代表性的相关内容如下。

> 有些论题我觉着是太抽象了，比喻的太隐蔽了，比如卡夫丁峡谷是否可以跨越这个论题，我们对这个论题的理解就花费了好长时间，然后也不知道对于这个论题的初步理解是否正确就开始论证。（G18）

> 感觉老师定的这些论题还是能够很好地论证起来，反正我觉着我们方能够找到很多资料，能够感觉到对方也找了好多资料。然后在具体论证开始的时候双方都能够对自己站方进行很好的维护，对对方也能够很清晰明显的反驳，论题的正方方的界限还是比较明确的。（G9）

> 感觉每次论证中都能够恰当地用到老师在上节课中所讲授的内容，做到学以致用，老师所将讲授的内容也为论证做了好的开端，因为对于陌生没有知识基础的论证来说，其开展还是比较困难的我觉着，本身论这个形式就比较难。（G6）

> 论题感觉都好晦涩，很理论很抽象，因为我参与过学院的辩论赛，那个时候的论题觉着和生活是紧密相关的，从生活或者社会热点事情入手，然后从熟悉的现象深挖事件背后的道理，逐步深入，感觉这样的话对新手论证者比较好操作一些。（G10）

对于第二个问题"你对教师定正反方有怎样的态度"，12名受访者认为教师指定站方剥夺了他们自主选站方的权利，教师指定的站方有时候会和他们原本要站的站方相反，这就给他们后续论证带来消极影响。4名受访者认为教师指定站方给他们节省了选站方的时间，他们可以用这些时间更好地准备论证。2名受访者表示他们本身没有强烈的站方，所以对于站方的选择方式感到无所谓。代表性的相关内容如下。

老师指定站方虽然比较省事和方便，但我觉着很多时间上我都没有选到自己原本要站的方，而是被分到了相反的方，这样论证起来就没有意思了。(S17)

我能够通过老师指定的站方快速给自己定位，这样也节省了我在纠结中选站方的时间，给后续的论证省出来更多的时间。(S6)

没有太大的感受，因为原本也没有自己想站的站方。(S14)

对于第三个问题"你对正反方组队有怎样的态度"，14名受访者表示这样的组队方式增加了他们的团队归属感，统一的目标下促使他们更加积极地合作。4名受访者认为这样的方式只会增加彼此之间的恶意竞争，导致有些学生的发言仅仅是为了赢得论证而忽略了发言质量。代表性的相关内容如下。

我们因着同样的想法成为一个集体，有着一致的目标，大家都是要为了维护共同的站方、为集体出一份力，并不是自己一个人作战。(S11)

有些事物不是非黑即白的，这样的论证竞争性和目的性太强，容易让大家为了论证而论证，为了赢而赢，其实论证内容没有太多营养。(S16)

4. 学生对于论证准备的态度

在半结构化访谈中，为了探究学生对于站方准备的态度，研究问了受访者一个问题，具体为：你对队友线上协同准备论证有怎样的态度？7名受访者认为线上的方式能够让每个人都参与到论证准备中。6名受访者认为他们通过线上的方式能够随时对资料进行讨论，并以此提高论证准备效率。5名受访者表示他们本来就缺乏参与动机，不想参与到论证的准备过程中。代表性的相关内容如下。

线上的方式让我们每个人只要找到了资料就可以上传上去，大家也都是很积极地找资料等，然后我们还可以对彼此的资料提出意见，讨论怎样整理这些资料从而更好在论证中应用。(S4)

说实话，除了参与面对面那次论证我是积极参与论证的准备的，但是其他不参与线下论证的时候我更多的时候是划水的，因为每次看的时候他们已经准备得差不多了，自己也不想参与。(S7)

在小组的反思中，学生也发表了关于队友线上协同准备论证的态度。8个小组表示队友线上协同准备论证的方式能够提高他们整理资料的效率。6个小组表示组员能够均衡参与到论证准备中。6个小组表示他们缺乏参与的动机。4个小组表示支持协同准备论证的平台操作不灵活。通过在线协同平台准备论证的方式既能够给每个学生提供公平的参与机会，也能够通过平台提高学生资料准备的效率，实现更大范围以及更加灵活化的资源共享。但当学生不参与线下论证的时候，他们也存在缺乏参与动机等问题。此外，平台在支持学生在线协同准备过程中也存在一些问题，这给学生的使用带来不便，这也是平台后续需要完善和优化的地方。代表性的相关内容如下。

我们组中大家收集的资料都可以放在"浙大语雀"上，资料是一个单独的区域，上传的资料也不会像聊天工具那样被聊天信息所覆盖，便于大家对收集的资料进行评价、讨论和归类等。(G11)

我们每个人都可以任意登录"浙大语雀"和队友分享自己的查找的资料，鼓励大家都能够积极参与论证准备过程。(G17)

感觉平台最不方便的点是容易闪退，还不能及时自动保存，这些都导致我在上传资料的时候很恼火，有的时候可能传着传着就前功尽弃了。(G14)

个人认为资料准备更多的是线下论证者的事情，反正自己也不参与线下面对面论证，也不是论证的主角，也不用当场论证，也不作为评价，所有自己很少参与前期的论证准备，我相信他们会准备的很好的。(G4)

5. 学生对于建构论证的态度

在半结构化访谈中，为了探究学生对于建构论证的态度，研究一共问了受访者四个问题，第一个问题为：你对线上写下来论证有怎样的态度？第二个问题为：你对于面对面论证有怎样的态度？第三个问题为：你对于以超越对方为目标有怎样的态度？第四个问题为：你对于实名论证有怎样的态度？

对于第一个问题"你对线上写下来论证有怎样的态度"，16名受访者认为线上写下来论证的方式给予他们充足的思考时间。16名受访者认为他们能够通过线上写论证的方式自由发表自己的想法。13名受访者认为这样的方式不能让他们充分反驳。10名受访者表示，由于参与线上论证并非课程评价的内容，他们参与论证的积极性并不高。9名受访者认为由于线上写论证的速度低于口头论证的速度，他们很难快速发表自己的想法。9名受访者认为他们发表的帖子内容过于简短。代表性的相关内容如下。

> 相比于口头论证而言，我觉着我写下来占用的时间更长一些，而且写的过程中还可以对自己的想法进行再次加工和修改，让自己的想法在经过多次思考后显得更为完善。(S4)

> 我感觉还挺好的，给我一个说出我自己想法的机会，因为看到某些论证真的是很"气人"，一方说得不合理而另一方也不知道怎样反驳，然后我就可以把我的想法说出来。(S7)

> 大家其实也看到了，九次线上论证中是没有反驳的，大家都是各自说完自己的想法就放了那里，没有说谁对谁进行反驳等互动操作，这样就感觉论证没有论起来，是一个各自诉说想法的简单过程。(S17)

> 我感觉我个人线上发言不是很积极，因为也不是课程评价的内容，所以就没太在意。(S12)

> 很多时候我想说的都被线下论证的人说了，还没等到我打完字，他们就已经把这个意思表述完了，所以我得撤销，然后再想其他的想法。(S11)

> 我是参与了几次，虽然每次都是非常简短的发言，但是我觉着是经过我的思考后浓缩的精华，之前论证可能是观众，听着听着就分神了，这次是半个论证参与者，感觉还不错。(S3)

在小组的反思中,学生也发表了关于线上写论证的态度。9个小组表示他们仅仅想看线下论证者论证。8个小组认为线下论证者论证的非常全面,他们很难再次补充。5个小组认为线上写论证的时间比较紧张。线上论证者在观看线下论证者论证的过程中可能会忘记自己也是论证者,加之他们并没有课程评价作为约束,这会让线上论证者产生松懈感。此外,由于口头论证要比写出来论证的速度快,这导致线上论证者有时候想说的内容都被线下论证者先说了,线上论证者很难发言。最后,鉴于线上论证者需要和线下论证者同步论证,也需要在课堂时间内完成论证,这并没有给予线上论证者充足的思考时间。代表性的相关内容如下。

> 线下论证的比较激烈,氛围感也十足,看着他们论证有时候都忘记自己还要参与线上论证了,再说反正线上的发言也不是课程评价的内容,所有基本上忘记参与也就不参与了。(G13)
> 感觉线下论证者把我想说的都快说完了,而且他们说得比较快,有时候同样的想法,我不能直接说出来,还要通过打字发帖的形式表达出来,这样的话就被他们抢先说了,自己知识储备可能也不足,所以就没什么话说。(G2)
> 我感觉我们在线上的时间也是比较紧张的,感觉还没有很尽兴就结束了,整个时间就是既要看线下论证者的论证情况,又要在一节课内发帖线上参与,过程很匆忙的感觉。(G17)

对于第二个问题"你对于面对面论证有怎样的态度",15名受访者表示他们在面对面论证中很难接上对方的发言内容。13名受访者表示面对面论证的时间比较紧张。10名受访者表示他们能够在冲突中产生新的想法。8名受访者表示他们在面对面论证的多次反驳交锋中加深了对于知识的理解。8名受访者表示他们在面对面论证中容易偏离论证主题。代表性的相关内容如下。

> 我们更多时候只是关注到自己的论点和论据,但是对对方的掌握并不是很熟悉,导致辩论的时候接不上对方而产生尴尬,我最担心无法接对方的招,面对面辩论突发情况多,之前没有经历过。

(S8)

　　从辩论开始到结束整个过程，我总是怕时间不够用，怕自己想法没说完，怕超过了规定的时间，仓促的时间也给我参与论证的效果带来消极影响，不能享受辩论过程。(S15)

　　辩论过程中我们需要不断面对对方的反驳，而反驳很大程度上意味着推翻旧的建立新的，这样有利于我们在不断的反驳中产生新的思路和想法，从更加深刻的角度理解知识。(S6)

　　辩论过程中需要不断的支持和反驳，每次的支持和反驳都需要对知识进行加工和整理，这也是再次理解知识的过程，我觉着我学到的知识是在不断的支持和反驳应用中得到的深化。(S18)

　　辩论过程中辩着辩着大家都跑偏了，我们当时我记得是有一个人跑偏，而后续大家并没有及时阻止，后续就会越来越偏，导致最后的辩论跟一开始界定的概念边界完全不搭边。(S14)

在小组的反思中，学生也发表了关于面对面论证的态度。11个小组表示他们在面对面论证中接不上对方的内容。8个小组表示他们的论证内容容易偏离论证主题。6个小组表示面对面论证能够促使他们在冲突中产生新的想法。线下环境促使学生在激烈的观点冲突中不断产生各种想法以反驳对方，但鉴于线下论证的时间是有限的，论证者很难在短时间内消化对方所说的内容并给予回应，这可能会导致论证冷场或者引发学生为了发言而发言的问题。代表性的相关内容如下。

　　时间太紧凑了，往往都没有消化好对方所说的意思，就要对对方进行反驳，这个时候实在说不来啥东西，这样让整个论证冷场。或者为了不冷场，硬是说出来一些跟对方的意思不太相关的内容。(G15)

　　刚开始的时候大家还是比较紧密地围绕论题进行论证，但是后续会逐步地跑偏，比如我记得有一场论证主题是道德的本质是利己还是利他，感觉大家最后辩论的主题变成了利己和利他的表现，跟道德就没有关系了，把关键词去掉了。(G5)

　　我要维护我方的观点，在对方不断的攻击中、不断的反驳对方

中让我会产生更多比较新奇的想法，想各种想法来维护我方，可谓是绞尽脑汁吧。（G3）

对于第三个问题"你对于以超越对方为目标有怎样的态度"，16名受访者认为以超越对方为目标能够增加他们组内的团结性。13名受访者认为在战胜对方目标的引导下，他们能够积极参与论证。10名受访者认为这种方式能够促使他们从多个角度全面思考问题。5名受访者认为这样的方式会给他们带来恶性竞争，很多学生为了气势上能够打败对方而盲目发言，他们发言的内容质量并不高。代表性的相关内容如下。

我们组像是一个战队，为了维护我们的观点而和对方"搏斗"，感觉真正的是一个团体，每个人的努力都能够为小组的"获胜"添砖加瓦，大家都很拼！（S10）

我觉着我的参与会让我们方优于对方，所以一旦有发言驳斥对方的机会或者是补充我方的机会，我就会思考然后积极参与，以免对方得逞。（S7）

经过这几次论证，不管是正方还是反方都要从两个方的角度考虑问题，并思考对应的支持论据，可能在证据收集过程中又有了新的想法，又开始整理另一个角度的论据，这样下来虽然大的方面是正反两方，但是衍生出很多思考问题的角度。（S6）

我感觉我们辩论过程中出现了"硬"辩论的问题，明摆着大家都彼此没有接上对方的话，还各自说得很带劲，就是为从气势上压倒对方，让自己站方掌握主动权，或者让对方少说话，这样的辩论是不可取的。（S14）

对于第四个问题"你对于实名论证有怎样的态度"，11名受访者表示实名论证的方式让他们不好意思进行反驳。7名受访者表示对知己知彼的反驳感到无所谓。代表性的相关内容如下：

说实话我在参与的时候会觉着反驳比较尴尬的，可能有时候心理觉着不爽的，但是可能就是如果表现出来的话就太尴尬了，我不

想特别激进地反驳他人。也不想当成被"炮轰"的对象，好吧，这样说的我好像很不积极一样。(S9)

目前感觉没有啥，因为我们上去就是要开展论证和反驳的，那大家反驳的越厉害其实说明准备的更加充足。(S2)

6. 学生对于展示反馈的态度

在半结构化访谈中，为了探究学生对于展示反馈的态度，研究一共问了受访者三个问题，第一个问题为：你对于基于留痕的准备内容进行论证有怎样的态度？第二个问题为：你对于教师的反馈有怎样的态度？第三个问题为：你作为面对面论证的评分者有怎样的态度？

对于第一个问题"你对于基于留痕的准备内容进行论证有怎样的态度"，18名受访者表示这种方式能够为他们的论证提供材料支撑，促使他们高效开展论证。15名受访者表示这样的方式能够帮助他们整理思路。代表性的相关内容如下。

我们在面对面辩论展示过程中所用到的材料都是前期在平台上收集的，这些材料让我们在论证过程中有话可说，不至于冷场。(S15)

虽然说我们为辩论准备了很多材料，但这些材料在前期堆积的比较严重，仅仅实现了从无到有，通过辩论能够将这些留痕内容以逻辑化的形式组织和展示出来，什么时候该用哪一些材料都要经过脑袋的加工和思考。(S17)

对于第二个问题"你对于教师的反馈有怎样的态度"，16名受访者表示他们能够从教师的指导中明白证据在论证中的重要性，只有有证据支持的观点才能让人信服。11名受访者表示教师的指导让他们明白了辩论中要抓住关键点进行交锋，这为他们之后开展高质量的论证提供了参考。代表性的相关内容如下。

老师的每次点评中都会提到证据这个词，没有证据的观点就是自己主观的想法，这很难令人信服，以后生活中，我在说明我观点

的时候也会寻找更多的证据来支撑。（S5）

反驳是一门学问，反驳得好的话就会让对方无话可说，反驳的不恰当的话就是给自己挖坑，反驳的时候要抓住对对方漏洞的关键点奋力追击，这样的辩论才比较有意思。（S16）

对于第三个问题"你作为面对面论证的评分者有怎样的态度"，13名受访者表示这种评分方式的主观性比较强。10名受访者表示他们缺乏对论证评分的经验。10名受访者表示他们在评价中容易注重发言的量而忽略发言的质，这可能会影响论证评价的客观性。代表性的相关内容如下。

作为学生的观众评分的话感觉有点不太靠谱，因为学生可能本身对知识的了解不是很清新，仅仅凭借主观感受进行评价有失客观。（S7）

我之前没有评过分，所以这次让我参与到评分过程中我还是挺陌生的，不知道该怎样去评价。（S4）

我给他们评分的时候主要看各自发言的数量吧，对具体内容的话虽然也有考虑，但是主要还是看发言量，感觉发言多的一方准备的自然很充足，不然也没话说不是。（S13）

在小组的反思中，学生也发表了关于作为评分者的相关态度。11个小组表示他们缺乏评分的经验。5个小组表示他们在评分过程中容易注重发言数量。学生习惯了作为旁观者，他们对自己作为评分者的角色还难以适应，由于他们在论证过程中容易判断论证者的发言量，而对其发言的质量难以快速判断，所以他们担心自己不能够科学客观地评分。代表性的相关内容如下。

虽然老师也讲解了评分的依据，但是在实际评分的时候还是紧张的，之前没有经历过，之前都是看老师给大家评分，自己作为旁观者，这次突然间让我们学生来评分，总是怕自己评的不科学。（G17）

其实我评分主要看论证的场面，哪方发言次数多，哪方就占上

分,内容的话他们说那么多,打分的时候都忘记了。(G11)

第四节 研究讨论与结论

一 主要结果讨论

(一)教师指定论题和正反方的线上线下同步论证式教学能够提高学生的批判性思维技能水平

在九次论证中,整体而言,学生的平均批判性思维深度逐步提高,这说明学生的批判性思维技能水平逐步提升,即教师指定论题和正反方的线上线下同步论证式教学能够提升学生的批判性思维技能水平,该结果与 Giri 和 Paily[1]、Sönmez,Memiş 和 Yerlikaya[2] 的研究结果相似,在他们的研究中,学生能够在维护自我观点以及反驳他人观点中提升自身的批判性思维技能。在本研究中,学生基于论题被分为正方或反方,无论是正方还是反方,他们都要维护自己的站方以及反驳对方。学生能够通过一次线下论证以及若干次线上论证不断地锻炼自身的批判性思维技能,他们可以在线下通过激烈的观点冲突促使自己深层思考,也可以在线上的环境中深思熟虑、理性地开展论证。学生在访谈和反思中也表示,他们能够在反驳和战胜对方的争论性论证中不断地全面思考问题。也有部分受访者表示,线上环境为他们提供了较为充足的思考时间。

此外,本研究中所做的铺垫性工作也有助于提升学生的批判性思维技能。如教师在论证开始前给学生讲授专业知识和论证方法,这些知识和方法有助于提升学生的论证质量[3]。部分受访者也表示,教师的讲授能够帮助他们更好地准备论证内容。

---

[1] Vetti Giri, M. U. Paily, "Effect of Scientific Argumentation on the Development of Critical Thinking", *Science & Education*, Vol. 29, No. 3, 2020.

[2] Elif Sönmez, Esra Kabataş Memiş, Zekeriya Yerlikaya, "The Effect of Practices Based on Argumentation-based Inquiry Approach on Teacher Candidates' Critical Thinking", *Educational Studies*, Vol. 2, 2019.

[3] Claudia von Aufschnaiter, Sibel Erduran, Jonathan Osborne, Shirley Simon, "Arguing to Learn and Learning to Argue: Case Studies of How Students' Argumentation Relates to Their Scientific Knowledge", *Journal of Research in Science Teaching*, Vol. 45, No. 1, 2008.

(二) 学生的发言次数和其批判性思维技能显著负相关

学生的发言次数和批判性思维深度显著负相关，这说明学生的发言次数和批判性思维技能显著负相关，即在线上线下同步论证的教学活动中，学生发言次数多并不代表其批判性思维技能水平高，这和王国华、聂胜欣、袁梦霞和俞树煜[1]，Reyes-Foster 和 deNoyelles[2] 的研究结果是有差异的，在以上两个研究中，学生的参与度与其批判性思维技能水平显著正相关。究其原因，首先，教学环境具有差异性，在本研究中，学生在线下或线上参与活动，而在上述两个研究中，学生通过线上的方式参与活动。线上轻松灵活的学习环境给予学生充分思考的时间和空间，同时过程性的记录也可以被保留。而在本研究中，学生在线下面对面环境中论证的时间比较紧迫，他们要对对方的发言给予及时回应，论证者思考的时间比较短，进而导致他们没有做好回应论证的准备，学生对论证的准备程度能够影响其论证质量[3]。学生在访谈和反思中也表示，在面对面的口头论证中，他们很难在短时间内精准地理解并回应对方的发言。此外，线下面对面的环境也缺少"隐蔽性"，学生由于"面子""私人关系"等社会情感因素，对一些问题经常提不出或不愿意提出各种可能的反驳[4]，而面对面论证中每个论证者都必须发言公开反驳对方。部分受访者也表示，面对面的反驳会给他们带来尴尬感。相比之下，学生可以在网络环境下通过匿名的方式减少自身的社交焦虑[5]。

其次，以上两个研究关注的是讨论，而本研究关注的是争论性论证，相比之下，争论性论证对学生自身思维能力要求比较高，因为他们需要

---

[1] 王国华、聂胜欣、袁梦霞、俞树煜：《使用问题解决法促进批判性思维发展的研究——基于交互文本的分析》，《电化教育研究》2016 年第 5 期。

[2] Beatriz M Reyes-Foster, Aimee DeNoyelles, "Influence of Word Clouds on Critical Thinking in Online Discussions: A Content Analysi", *Journal of Teaching and Learning with Technology*. Vol. 5, No. 1, 2016.

[3] Howard W. Combs, S. Graham Bourne, "The Renaissance of the Educational Debate: The Results of a Ive-year Study on the Use of Debate in Business Education", *Journal of Excellence Teach*, Vol. 5, No. 1, 2004.

[4] 罗秀玲、黄甫全：《应用信息技术促进科学论证教学》，《电化教育研究》2014 年第 7 期。

[5] Paula San Millan Maurino, "Looking for Critical Thinking in Online Threaded Discussions", *Journal of Educational Technology Systems*, Vol. 35, No. 3, 2006.

运用推理等思考能力衡量多种不同主张的合理性、理由的充分性以及证据的有效性等①。因此，在争论性论证开展过程中，借助脚手架帮助学生顺利开展论证很有必要。虽然本研究也搭建了脚手架，但这些脚手架仍存在一些问题，如研究虽然鼓励学生自己提出论题，但是论题还是由教师来决定。教师指定的论题虽然能够确保论题内容与课程内容紧密相关，但却不能让学生充分发挥自主性，同时也忽略了学生自身的兴趣，这都会影响学生参与论证的积极性。有研究表明，如果学生对论证主题感兴趣的话，他们会更乐意参与到论证活动中②。部分受访者也表示，他们在论题确定方面还需要拥有更大的自主性。因此，充分发挥学生的自主性，不仅鼓励他们自主提出论题，同时也鼓励他们自主确定论题是后续研究值得思考的地方。

最后，本研究的结果也和 van Gelder 等人③的研究结果存在差异性，他们的研究结果表明，学生在论证中的参与性与其批判性思维技能正相关。该差异性主要是因为在 van Gelder 等人的研究中，学生通过线上绘制论证图的方式开展论证，论证图能够让学生更好地梳理各部分内容之间的逻辑关系，为学生阐明论点、丰富论述数据资料、厘清数据关系并加以有效论证提供了框架指导④。

（三）线上论证者发言次数较少，且没有互动行为

在本研究中，线上论证者发言次数较少，他们仅发表自己的想法，没有支持或反驳的互动行为，该结果和 Weeks⑤、Crowell 和 Kuhn⑥ 以及

---

① 杜爱慧：《论证式教学：一种有效的探究教学模式》，《教育导刊》2011 年第 9 期。
② Angela Petit, Edna Soto, "Already Experts: Showing Students How Much They Know About Writing and Reading Arguments", *Journal of Adolescent & Adult Literacy*, Vol. 45, No. 8, 2002.
③ Tim van Gelder, Melanie Bissett, Cumming Gill, "Enhancing Expertise in Informal Reasoning", *Canadian Journal of Experimental Psychology*, Vol. 58, 2004.
④ Weillie Lee, Chi-Hua Chiang, I-Chen Liao, Mei-Li Lee, Shiah-Lian Chen, Tienli Liang, "The Longitudinal Effect of Concept Map Teaching on Critical Thinking of Nursing Students", *Nurse Education Today*, Vol. 33, 2013.
⑤ Penny Pennington Weeks, "Examining Online Debate and Discussion", *Academic Exchange Quarterly*, Vol. 17, No. 1, 2013.
⑥ Amanda Crowell, Deanna Kuhn, "Developing Dialogic Argumentation Skills: A Three-year Intervention Study", *Journal of Cognition and Development*, Vol. 15, No. 2, 2014.

Zhang 等人[1]研究结果具有差异性,在他们的研究中,学生能够积极参与在线论证并开展支持和反驳的互动。导致研究结果差异的主要原因可以归纳为以下几点:第一,在本研究中,线上论证者更难发言。由于发帖写论证要比口头论证耗费更长时间,且线上论证者不能重复线下论证者的内容,导致线上论证者扮演了补充线下论证者的角色,而线下论证者对论证内容已经做了比较全面的阐述,这就增加了线上论证者发言的难度。

第二,线上论证者的发言时间不长。由于文本输入比语言表达耗时更长,这为学生系统思考和整理思维提供较为充足的时间[2],写论证内容也被认为是表达论证最好的方式之一[3]。在本研究中,虽然线上论证者通过发帖写论证内容的形式参与论证,但他们发帖的时间还是有限的,他们也需要在课堂时间内完成发帖,这并不能让线上环境充分发挥其支持学生异步随时参与论证的优势。学生在访谈和反思中也表示,他们仅仅能够在课上发言,这个时间还是有些仓促的。

第三,相比于线下论证者,线上论证者的存在感和主体感有待增强。在课堂的论证活动中,站在讲台上的线下论证者是大家关注的焦点,而线上论证者更多的是扮演辅助角色,他们可以自由选择是否参与到论证中,意识上的"松懈"会给其发言数量带来消极影响。学生在访谈和反思中也表示,自己并没有特别重视线上的发言。之后的研究中应该采取措施确保所有论证者在论证过程中拥有"平等地位"。

第四,线上论证者的发帖数量不作为课程评价的内容,这就会让线上论证者失去发言的动力,且教师也没有对学生发帖的数量做强制性的要求,在Zhang 等人[4]的研究中,教师要求参与者必须发三个反驳别人的

---

[1] Li Zhang, Richard Beach, Yue Sheng, "Understanding the Use of Online Role-play for Collaborative Argument Through Teacher Experiencing: A Case Study", *Asia-Pacific Journal of Teacher Education*, Vol. 44, No. 3, 2016.

[2] 毕景刚、韩颖、董玉琦:《技术促进学生批判性思维发展教学机理的实践探究》,《中国远程教育》2020 年第 7 期。

[3] Anat Zohar, Flora Nemet, "Fostering Students' Knowledge and Argumentation Skills Through Dilemmas in Human Genetics", *Journal of Research in Science Teaching*, Vol. 39, No. 1, 2002.

[4] Li Zhang, Richard Beach, Yue Sheng, "Understanding the Use of Online Role-play for Collaborative Argument Through Teacher Experiencing: A Case Study", *Asia-Pacific Journal of Teacher Education*, Vol. 44, No. 3, 2016.

帖子。也有部分受访者表示，自己发言与否完全依据自己的心情，整个过程比较随意。在之后的研究中，为了鼓励线上论证者积极发言，也可以考虑将其发言作为课程评价的一部分，因为有研究表明，教师与学生之间的互动能够提升学生的批判性思维技能和问题解决能力[1]。部分受访者也表示，由于线上发言不是课程的评价内容，导致他们在线上发言的积极性也比较低。

最后，在线环境本身存在的挑战也会导致学生不能够积极参与论证。信任感和安全感是实现高质量论证的关键因素，学生在充满信任感和安全感的环境中能够更自由地表达自己的想法。但学生在线上论证的时候彼此之间看不到对方，导致学生之间容易缺乏信任感和安全感，进而影响他们在论证中发言的积极性[2]。

（四）教师指定论题和正反方的线上线下同步论证式教学有助于提升学生的专业知识水平，学生的论证技能既有提升又有降低

教师指定论题和正反方的线上线下同步论证式教学有助于学生学习专业知识，该结果与 Zohar 和 Nemet[3] 的研究具有一致性，在他们的研究中，论证式教学有助于学生学习专业知识。在本研究中，教师的讲解会让学生对专业知识有所了解，部分受访者也表示，教师的讲解能够帮助他们学到很多专业知识。除了通过教师的讲授学习专业知识外，学生还可以通过提出论题、选择论题和站方、准备论证、建构论证以及展示论证应用所学的知识，从而进一步深化他们对知识的理解。

在教师指定论题和正反方的线上线下同步论证式教学中，学生的论证技能既然有提升又有降低，该结果与 Cho 和 Jonassen[4] 的研究结果具有差异性，在他们的研究中，学生通过论证能够提升自身的论证技能。究其原因，学生需要在长时间内通过不断地支持和反驳提升自身的论证技

---

[1] Sanford Gold, "A Constructivist Approach to Online Training for Online Teachers", *Journal of Asynchronous Learning Networks*, Vol. 5, No. 1, 2001.

[2] Kati Vapalahti, Miika Marttunen, "Collaborative Argumentation Through Role-play by Students on a Degree Programme in Social Services", *Social Work Education*, Vol. 39, No. 4, 2020.

[3] Anat Zohar, Flora Nemet, "Fostering Students' Knowledge and Argumentation Skills Through Dilemmas in Human Genetics", *Journal of Research in Science Teaching*, Vol. 39, No. 1, 2002.

[4] Kyoo-Lak Cho, David H. Jonassen, "The Effects of Argumentation Scaffolds on Argumentation and Problem Solving", *Educational Technology: Research & Development*, Vol. 50, No. 3, 2002.

能，而在本研究中，学生在线下论证中的支持或反驳行为比较多，但他们在线上论证中不仅发言次数少，且没有支持或者反驳的互动行为，学生只能通过一次线下论证开展较为充分的支持或反驳，因此，学生的论证技能没有完全地表现提升。此外，由于时间等限制，线下环境也不能充分地支持学生开展支持或反驳的互动行为。学生在访谈和反思中也表示，由于时间的限制，他们经常接不上对方的发言内容。

二 研究结论与启示

研究一探究了教师指定论题和正反方的线上线下同步论证式教学的步骤、内容及教学效果。研究发现，教师指定论题和正反方的线上线下同步论证式教学能够提升学生的批判性思维技能。学生的发言次数越多并不代表其批判性思维技能水平越高。线上论证者的发言次数较少，他们仅发表自己的想法，并没有与其他学生开展支持或反驳的互动行为。学生的专业知识水平得到提升，但学生的论证技能既有提升又有降低。

下一步的研究需要进一步优化混合学习环境下论证式教学各个步骤的内容，以更好地促进学生学习专业知识、提升其论证技能和批判性思维技能。尤其关注如何提升学生在确定论题和正反方选择方面的自主性，如何为学生建构论证提供充足的时间以及提高论证结构的清晰性，如何让他们基于留痕的论证进行客观展示等。

第五节　本章小结

本章首先详细介绍了教师指定论题和正反方的线上线下同步论证式教学的设计和研究设计；其次，说明了各项数据的收集与分析情况；接着，针对具体研究问题分别描述了相关的结果与发现；最后，对主要发现进行了讨论，并总结了最终的研究结论。

基于本研究的实践反思，混合学习环境下高校课堂论证式教学的具体实践可从以下几点加以调整优化：将教师指定论题和正反方变为学生通过线上的方式自选论题和正反方；将线上线下同步论证变为线上可视化论证；将实名论证变为匿名论证；将学生基于主观感受的评分变为教师基于留痕论证内容的反馈。综上所述，研究二和研究三利用技术支持让学生以小组或个人的方式自选论题和正反方,并在线上进行异步可视化论证,进一步探索学生在拥有更多自主性、主动性、隐私空间和清晰化论证结构的情况下,其批判性思维技能、论证技能以及专业知识水平是否能够较好地被提升。

第五章

小组自选论题和正反方的线上可视化论证式教学

在研究一中,虽然所有学生都能够通过线上的方式提出论题和参与论证,在提论题和参与论证中开展建构学习或交互学习,但学生仍面临对教师指定的论题和正反方缺乏兴趣、思考时间不足、实名论证中不好意思彼此反驳、论证的结构不清晰性等问题,这些都会影响学生建构学习或互动学习的质量,进而影响其论证和批判性思维等技能的提升。为了解决上述问题,基于"混合学习环境下高校课堂论证式教学框架",研究二通过线上的方式不仅让所有学生都能够提出论题,还让他们在小组商讨中选择论题和正反方,促使其充分开展交互学习,然后让学生通过异步可视化的方式开展论证,且论证过程中小组匿名,为提高学生互动学习的质量提供条件。最后对其教学效果进行检验。具体的研究问题如下。

(1)小组自选论题和正反方的线上可视化论证式教学设计包括哪些关键步骤和内容?

(2)小组自选论题和正反方的线上可视化论证式教学实施后,学生的批判性思维技能有何变化?学生的发言次数和批判性思维技能关系如何?

(3)小组自选论题和正反方的线上可视化论证式教学是否有助于学生论证技能和专业知识水平的提升?

(4)学生对于小组自选论题和正反方的线上可视化论证式教学有怎样的态度?

第一节　研究设计与实施

一　课程概述

本研究选取某研究型大学 Z 校大二学生的专业必修课《学习科学与技术》开展教学实践。《学习科学与技术》主要介绍当前国内外学习科学与学习技术领域理论和实践的新进展以及新成果。课程共 8 周 32 课时，具体内容包含以下六个模块：学习科学的理论基础、技术支持的学习、技术支持的教学、学习科学研究方法、学习评价以及未来学习。

本课程的开设旨在让学生达到以下学习目标：（1）了解国内外学习科学领域的研究动态，更新自身的学习观念，并学会运用科学的学习理论与学习技术指导自身的学习与发展；（2）促进学生学习观、教育观、课程观、教学观、评价观和教育研究方法的更新，使学生真正理解信息时代学习和教学所发生的深刻变革。

为了让学生达到上述学习目标，教师在课程中组织了小组自选论题和正反方的线上可视化论证式教学活动。基于该活动的设计，课程的教学评价主要包括以下四项内容：学生抛出论题（10分）、线上论证（50分）、论证展示（20分）以及课程反思（20分），总分合计100分。

二　课程的混合学习环境

（一）线下环境

课程在传统的多媒体教室进行，教师允许学生自带设备上课，故学生可通过个人电脑、手机、平板等多终端设备参与课程相关的在线学习任务。课程具体的授课场景如图 5.1 所示。

（二）线上环境

研究选取"钉钉"办公平台作为学生的交流平台，基于"钉钉"办公平台建立了班级群，班级群中又分为很多小组群，小组成员可以在小组群中通过群聊天异步商讨。此外，研究选取"学在浙大"平台作为课程的在线学习管理平台，学生可以通过该平台的讨论区提出论题。最后，研究还选取"浙大语雀"协作平台作为小组在线协同准备论证以及在线可视化论证的工具。

第五章　小组自选论题和正反方的线上可视化论证式教学　　189

图5.1　研究二的课程授课场景

1. "钉钉"办公平台

"钉钉"是一款智能移动办公平台。在本研究中,教师在"钉钉"平台上建立了班级群,每个小组也建立自己的小组群,入群的每个学生都可以通过"钉钉"群聊天进行沟通交流和讨论。小组可以通过群聊天共同讨论选择论题以及选择正反方。

2. "学在浙大"平台

"学在浙大"课程平台是Z校为师生及校外用户打造的线上课程学习平台。本课程中,研究主要在"学在浙大"平台上为学生搭建了讨论区模块。

本研究在"学在浙大"平台上为学生搭建了3—7周的讨论区模块,每个章节中都有"提出论题"的讨论区,其主要目的是在教师讲解完相关知识后,学生通过该讨论区以发帖的形式提出多个论题,然后给自己感兴趣或者认可的论题点赞,点赞数排名前三的论题是当周可选择的论题,每个小组从这三个论题中选择一个作为当周的论题。

对于每次论证而言,学生点击"proposed argumentation questions"即可将自己提出的问题以发帖形式展示出来,其他学生通过点赞的方式对大家提出的问题进行支持。

3. "浙大语雀"平台

"浙大语雀"平台是Z校所设计的一个支持在线共享和协作的基础平台。在本课程中,研究主要在"浙大语雀"平台上为学生搭建了以下两个模块:

A 协作准备论证模块

协作准备论证模块旨在帮助学生更好地准备论证,具体表现为小组成员都可以共享各类资源、协同地对资源整理和归纳、促进彼此间的异步协作交流和互动。对于每次论证而言,学生点击"资料准备区"即可进行资源协同共享,平台支持共享的资源类型包含图片、附件、表格以及思维导图等。

B 协作可视化论证模块

协作可视化论证模块旨在帮助学生以清晰的方式建构论证,让他们通过在线绘制论证图的方式开展异步可视化论证。

对于每次论证而言,学生点击"辩论区"即可绘制论证图。"辩论区"的界面主要包含三个部分,分别是菜单栏、工具栏和工作区。菜单栏包含返回上一级、查看最近浏览内容等。工具栏中提供绘制论证图的工具,如有些工具能够给论证图添加长方形,并涂上不同的背景色。工作区是学生绘制论证图的地方。

三 教学设计

为了回答第一个研究问题(小组自选论题和正反方的线上可视化论证式教学设计包括哪些关键步骤和内容?),研究二以"混合学习环境下高校课堂论证式教学框架"为指导,将小组自选论题和正反方的线上可视化论证式教学的关键步骤归纳为以下七个阶段:教师讲授、论题创设、论题和站方选择、论证准备、论证建构、展示反馈以及教学效果评价,并对每个阶段的具体内容进行设计(见图5.2)。

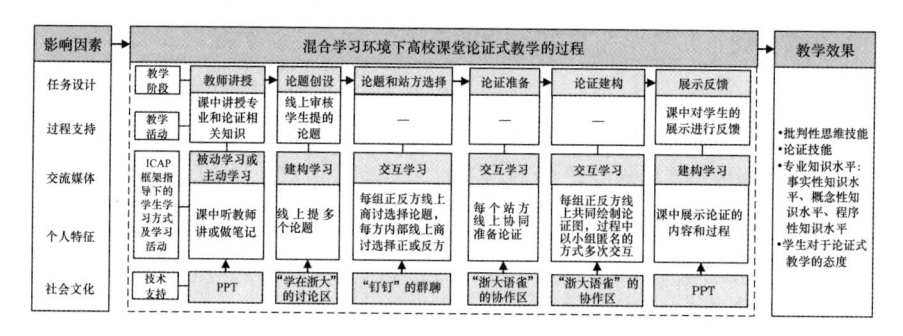

图 5.2　小组自选论题和正反方的线上可视化论证式教学设计

(一) 教师讲授

教师讲授阶段的核心内容如下：教师在课堂上给学生讲授论证中所用到的专业知识和论证相关知识。学生听教师的讲授，在听的过程中也可以通过做笔记等方式记录关键内容。

具体而言，每次论证活动开始前，教师都会在多媒体教室内，利用 PPT 等多媒体给学生讲授专业知识和论证相关知识。专业知识主要依据教材内容而定。论证相关知识依据教学阶段的不同也会有不同的侧重点。在论证活动开始前，教师侧重讲解论证本身的知识，帮助学生正确认识论证以及理解论证对于学习的重要性。在论证开始后，教师侧重论证方法的讲解，基于学生在上次论证中的不足为学生提供有针对性的改进建议，帮助学生在下次更好地开展论证。在教师讲授过程中，学生既可以听讲，也可以通过画线或做笔记等方式记录教师讲授的关键内容，这些关键内容为其后续更好地参与论证提供了内容保障。

上述设计也体现了三节点论证学习框架中论证对话的以下影响因素：为学生提供相关认知、帮助学生树立恰当的认识论信念、帮助学生理解地方和文化规范。基于教师的讲授，学生不仅能够学习论证中所用到的知识，也能够正确理解论证的本质以及掌握论证的方法，促使自身更高效地开展论证。

从 ICAP 框架的角度来看，在教师讲授过程中，学生既可以被动地接受教师所讲的内容，也可以积极主动地参与教学，在实际学习行为中操控学习材料，如对重要内容画线等，这些都体现出学生的被动学习或主动学习。从技术支持的角度而言，PPT 能够将教学内容以图片、动画等生动的方式呈现，帮助学生更好地开展被动学习或主动学习。

（二）论题创设

论题创设阶段的核心内容如下：学生在线上提多个论题，然后选出三个论题，教师线上对学生选出来的论题进行审核。具体而言，学生通过"学在浙大"平台的"提出论题"讨论区以发帖的形式提出论题，然后通过点赞的方式选择自己感兴趣或认可的论题。学生提出论题和点赞论题的时间是两天。两天后，教师会对点赞数排名前三的论题进行评价审核，评价审核的标准是论题的科学性以及可辩性。通过教师审核的三个论题作为当周论证的备选论题。

上述设计也体现了三节点论证学习框架中论证对话的以下影响因素：为学生提供争议性内容以及平等的参与机会。具体的表现如下：学生通过"学在浙大"平台的"提出论题"讨论区提出论题，这就扩大了论题的筛选范围，有助于增加论题的争议性。学生以点赞的方式选出自己认可的论题以及以小组确定论题都能够发挥学生的自主性，进而提高他们提论题的积极性。此外，"学在浙大"平台的"提出论题"讨论区为每个学生提出论题提供了平等的机会。

从 ICAP 框架的角度来看，学生在提出论题过程中能够建构知识，且"学在浙大"平台的"提出论题"讨论区为所有学生开展建构提供了条件，因此，学生在提出论题过程中实现了建构学习，此外，教师对论题的审核为学生的建构提供了质量保障。从技术支持的角度而言，在"学在浙大"平台"提出论题"讨论区的支持下，学生能够和他人共享自己提出的论题，促使其开展建构学习。

（三）论题和站方选择

论题和站方选择阶段的核心内容如下：学生线下自由成组，两两小组自由组合成正或反方，每两个结合的小组通过线上商讨选择一个论题，每个组的组员线上讨论自己组的站方，最终两组分别确定自己的站方。

具体而言，课程开始前，教师会在"钉钉"平台上建立一个班级群，班级内所有学生都会加入该群。全班学生以自由组合的方式分为若干论证小组，每个小组 4—5 人，每个小组也会建立小组钉钉群。当备选论题确定之后，两两小组自由结合，两个结合的小组通过"钉钉"群在线商讨并最终从三个备选论题中选出一个论题。论题确定之后，每两个自由结合的小组分别扮演正方或反方的角色，由于每个小组都建立有自己的钉钉群，组员通过钉钉群协商确定自己小组的站方。

上述设计也体现了三节点论证学习框架中论证对话的以下影响因素：让学生组队以及为学生提供平等的参与机会。学生组队主要表现为学生自由组成 4—5 人的小组，两两小组自由组合成正方或反方。平等的参与机会主要表现为所有学生都可以通过"钉钉"的群聊天参与到论题和站方的选择中。

从 ICAP 框架的角度来看，每两个自由结合的小组通过"钉钉"平台的群聊天协商确定论题，每个小组通过"钉钉"平台的群聊天组内协商选择正或反方，由此可见，学生在论题和站方选择过程中主要表现为交互学习。从技术支持的角度而言，在"钉钉"群聊功能的支持下，学生能够和他人共享自己关于论题和站方的想法以及自由地交流讨论，促使学生高效地开展交互学习。

（四）论证准备

论证准备阶段的核心内容如下：当学生的站方确定之后，每方都通过线上的方式协同准备论证。具体而言，两个小组在站方方面达成一致后，同一站方的学生通过"浙大语雀"的"资料准备区"协同准备论证，他们不仅可以在"资料准备区"中共享各种论证相关的资料，也可以针对资料发表自己的想法。

上述设计也体现了三节点论证学习框架中论证对话的以下影响因素：给学生提供平等参与论证准备的机会，其主要表现为每个组员都可以通过"浙大语雀"的"资料准备区"线上共享论证相关的数字资源。

从 ICAP 框架的角度来看，基于"浙大语雀"平台中"资料准备区"的支持，每方学生都可以线上协同准备论证，这为他们提供了充分交互的机会，所有学生都可以随时和队友共享自己所找到的资料，并在商讨中筛选和评价资料，由此可见，学生在论证准备过程中主要表现为交互学习。从技术支持的角度而言，"浙大语雀"平台中"资料准备区"有助于学生开展线上的协同工作，促使其开展交互学习。

（五）论证建构

论证建构阶段的核心内容如下：在课外，所有小组两两之间以正反方的形式进行可视化论证,他们通过线上绘制论证图的方式彼此间开展多次交互,学生在论证过程中知道自己方和对方有哪些学生,但是并不知道具体是谁在和自己论证。

具体而言,基于批判性讨论模型和 Toulmin 论证模型,每组正反方课外通过"浙大语雀"的"辩论区"共同绘制论证图,在同一个概念下,每方不仅要支持己方观点,为观点提供资料、依据、支援、限定等,同时也要反驳对方,双方都以"战胜"对方为目标。

所有学生都可以申请"浙大语雀"的账号,账号申请好之后,每两个组(正反方)在"辩论区"的同一个区域绘制论证图。论证图由若干长方形组成,学生可以在长方形中输入文本表达自己的想法。为了让学生更好地画出论证图,本研究为学生制定了论证图绘制规范,长方形中不同的颜色填充代表不同的论证表述类型,深色填充代表有证据的反驳,浅色填充代表有证据的支持,无颜色填充代表无证据的支持或反驳,具体情况和例子如表 5.1 所示。

表 5.1 "浙大语雀"平台"辩论区"中可视化论证发言规范

图形	■	▢	▢
填充颜色	深色	浅色	无颜色填充
代表意思	有证据的反驳	有证据的支持	无证据的支持/反驳

由于平台不对发言的个人进行标记,因此,在整个论证过程中,正反方都知道自己方和对方组员,但是并不知道具体是谁在跟自己论证,学生以小组匿名的方式开展论证。

为了保障论证式教学的质量,参考学生在批判性讨论过程中应遵循的十条规则(van Eemeren & Henkamans, 2017),本研究为学生制定了以下的发言规范:①不能诋毁对方,不能对对方发言者进行人身攻击;②发言人的表述应当清晰、准确、全面;③发言者的自我支持或者对对方的反驳应该清晰、相关、有力度;④发言者的表述应当有事实、数据、文献等支持;⑤发言者的发言应当具有逻辑性和组织性;⑥发言者应当在同一个概念下发言,不能偏离主题;⑦发言者应当专业性地呈现信息。

上述设计也体现了三节点论证学习框架中论证对话的以下影响因素：为学生提供信息资源、促使内容留痕、紧扣主题、提供平等的参与机会、减少论证者的拘束感、提供话语指导、提高学生的动机以及维护其社会关系和友谊。首先，论证者以线上协同绘制论证图的方式参与论证。论证图让学生以写下来的方式可视化地参与论证，写下来的方式能够让论证内容留痕，可视化有助于学生紧扣论证主题开展论证。线上的环境不仅为所有学生提供了平等的参与论证的机会以及充足的思考时间，组内组间实名论证的方式有助于学生减少在反驳过程中的拘束感，鼓励他们自由地反驳对方，这也维护了学生间的社会关系和友谊。

同时，本研究采用争论性论证的话语类型，在争论性论证过程中，小组有正反两个站方可以选择，每个站方都要不断地维护己方和反驳对方，进而达到"战胜"和说服对方的目的，该目的也能够提升学生参与论证的动机。

从 ICAP 框架的角度来看，在论证建构过程中，正反方间需要不断地开展支持或反驳，学生在支持或反驳中主要表现为交互学习，在"浙大语雀"的"辩论区"的支持下，正反方间通过文字可视化（论证图）、课外异步、小组匿名的方式开展多次交互，论证图将论证结构以可视化的方式清晰地展示、异步的方式给予双方充足的机会进行多次交互、小组匿名的方式促使双方间充分反驳，这些都有助于学生提高其交互学习的质量，为学生通过论证提升论证和批判性思维等技能提供了条件。从技术支持的角度而言，"浙大语雀"的"辩论区"支持正反方间以文字可视化、课外异步、小组匿名的方式开展多次交互，促使学生在论证中更有效地开展交互学习。

（六）展示反馈

展示反馈阶段的核心内容如下：课中学生展示论证的内容和过程，教师对学生的展示给予反馈。具体而言，每组依次在讲台上通过 PPT 展示自己方在"浙大语雀"平台"辩论区"中留痕的论证内容，并对论证的过程和思路进行解释。论证展示完后，教师基于留痕的论证内容对学生的展示给予反馈，这些反馈为学生下次开展论证提供了指导。

上述设计也体现了三节点论证学习框架中论证对话的以下影响因素：为学生提供留痕的内容和教师脚手架。学生能够基于"浙大语雀"平台

"辩论区"中的留痕内容进行展示,教师基于这些留痕的论证内容对学生进行评价和指导,这也为学生后续完善论证指明了方向。

从ICAP框架的角度来看,为了展示论证的内容和过程,学生需要重新组织思路,然后以逻辑化的方式将论证图的内容表达出来,学生在展示过程中主要表现为建构学习。此外,教师的反馈为学生后续更好地建构论证提供了指导。从技术支持的角度而言,PPT有助于学生形象且生动地呈现论证的内容和过程,促使其开展建构学习。

(七)教学效果评价

参考三节点论证学习框架中学习结果部分的内容,本研究分别从学生的批判性思维技能、论证技能以及专业知识水平三方面评价教学的效果。此外,研究还关注了学生对于小组自选论题和正反方的线上可视化论证式教学的态度。

1. 学生的批判性思维技能

在本研究中,学生的批判性思维技能主要通过他们的批判性思维深度和行为反映。对于学生的批判性思维深度而言,其测量主要依据纽曼的批判性思维深度分析框架对学生论证的内容进行编码分析。此外,基于学生批判性思维深度的分析结果,研究还探究了学生的发言次数和批判性思维技能之间的关系。

对于学生的批判性思维行为而言,其测量主要依据Murphy的批判性思维过程分析框架对学生论证的内容进行编码分析(Murphy,2004)。该编码体系将批判性思维分为五个过程,分别为辨识、理解、分析、评价以及创新。

2. 学生的论证技能

为了测量学生的论证技能,本研究主要分析了小组的论证内容和个人的反思内容。一方面,参考Toulmin论证技能等级框架,研究对小组第一次和最后一次的论证内容进行分析,从而对比得出学生论证技能的变化情况。另一方面,研究基于对个人反思数据的分析,归纳出学生论证技能的整体情况。

3. 学生的专业知识水平

为了测量学生的专业知识水平,本研究主要分析了小组的论证内容和个人的反思内容。一方面,研究对小组第一次和最后一次的论证内容进行分析，从而对比得出学生专业知识水平的变化情况。此外，研究分别从事实性知识、概念性知识以及程序知识三个方面对两次论证中的知识类别进行对比，从而进一步探究学生专业知识水平的详细变化情况。另一方面，研究基于个人反思数据的分析，归纳出学生专业知识水平的整体情况。

4. 学生对于论证式教学的态度

为了测量学生对于论证式教学的态度，本研究主要分析了受访者半结构化访谈的内容以及个人反思的内容。一方面，参考混合学习环境下高校课堂论证式教学的步骤和内容，本研究中半结构化访谈提纲主要包含以下六个部分：学生对于教师讲授（2个问题）、论题创设（1个问题）、论题和站方选择（3个问题）、论证准备（1个问题）、论证建构（4个问题）以及展示反馈（2个问题）的态度，共计13个问题（表5.2）。另一方面，研究基于个人反思数据的分析，归纳出学生对于论证式教学态度的整体情况。

表5.2　　　　　　　研究二中半结构化访谈提纲

教学阶段	具体问题
教师讲授	1 教师的讲课对你整个论证过程有怎样的影响？ 2 经过教师对论证相关内容的讲授，你对论证有怎样的认识？
论题创设	你对自己提论题有怎样的态度？
论题和站方选择	1 你对小组定论题有怎样的感受？ 2 你对小组选正反方有怎样的感受？ 3 你对正反方组队有怎样的感受？
论证准备	你对队友线上协同准备论证有怎样的感受？
论证建构	1 你对于线上写下来论证有怎样的感受？ 2 你对于使用论证图进行论证有怎样的感受？ 3 你对于以超越对方为目标有怎样的感受？ 4 你对于组内组间实名论证有怎样的感受？
展示反馈	1 你对于基于留痕的内容进行展示有怎样的感受？ 2 你对于教师基于留痕内容的评价有怎样的感受？

(八) 技术促进学生学习的内在机理

本节的前六个部分分别从教师讲授、论题创设、论题和站方选择、论证准备、论证建构以及展示反馈对小组自选论题和正反方的线上可视化论证式教学的实施步骤进行了说明，为了促使研究更具有理论价值和实践指导性，以下将结合 ICAP 框架，从技术发挥作用本质的视角，对技术促进学生学习的机理进行凝练和提升，该机理也是技术促进论证式教学发挥其效果的反映。具体而言，研究从以下四个方面进行分析：第一，研究中具体应用了哪些技术？第二，这些技术旨在解决哪些问题？第三，这些技术是怎样解决问题的？第四，技术解决问题的本质是什么？（见表 5.3）

表 5.3　　　　　研究二中技术促进学生学习的内在机理

阶段	技术类别	主要功能	针对的问题	解决方式	内在本质	ICAP 框架视角下的本质概括
教师讲授	多媒体	PPT：直观展示内容	内容呈现方式单调，难以吸引学生	教学内容通过 PPT 直观且形象地呈现	多角度观看内容	被动学习或主动学习
论题创设	"学在浙大"课程管理平台	讨论区：实名发帖	教师提，学生缺乏提论题的机会	所有学生通过讨论区提论题	锻炼思考能力	建构学习
论题和站方选择	"钉钉"办公平台	群聊天：异步交流	教师定论题和站方，学生缺乏在讨论中选的机会	每组正反方通过群聊天讨论选择论题	增加交流和讨论机会	交互学习
				每组内通过群聊天讨论选择正或反方		
论证准备	"浙大语雀"在线协同平台	协作区：文档协同、资源共享	无准备时间、准备中无互动或互动时间受限	所有学生在协作区中异步协同准备论证，共同编辑文档、随时共享资料		

续表

阶段	技术 技术类别	技术 主要功能	针对的问题	解决方式	内在本质	ICAP框架视角下的本质概括
论证建构	"浙大语雀"在线协同平台	协作区：论证图协同	写的论证内容结构不清晰、学生间不好意思反驳、论证时间受限	每组正反方通过协作区共同绘制可视化的论证图、小组匿名促使双方充分反驳、课外异步给予学生充足的时间进行多次交互	内容和思维可视化、保护小组隐私、打破时间限制	交互学习
展示反馈	多媒体	PPT：直观展示内容	论证内容展示方式单调缺乏趣味性	论证内容通过PPT直观且形象地呈现	多角度呈现内容	建构学习

注：小组匿名代表两方彼此知道组员，但在绘制论证图过程中不知道具体是谁在和自己论证。

从表5.3可以看出，在小组自选论题和正反方的线上可视化论证式教学中，不同阶段应用了不同技术帮助学生实现不同方式的学习。第一，教师讲授阶段主要应用了多媒体技术，PPT能够将教学内容直观且生动地呈现。在该阶段，由于教学内容呈现方式单一，学生经常会对教师的讲授缺乏兴趣感，在PPT的支持下，教学内容以文字、图片等有趣的方式呈现，这有助于学生多角度查看教学内容以及更积极地开展被动学习或主动学习，因此，ICAP框架视角下技术的作用本质可概括为促进学生的被动学习或主动学习。

第二，论题创设阶段主要应用了"学在浙大"课程管理平台，其讨论区支持学生实名发帖。在该阶段，学生主要面临无法提出论题的难题，基于"学在浙大"课程管理平台的讨论区，所有学生都有提出论题的机会，学生在提出论题中也锻炼了自身的思考能力，他们在思考中建构知识，因此，ICAP框架视角下技术的作用本质可概括为促进学生的建构学习。

第三，论题和站方选择阶段主要应用了"钉钉"办公平台，其群聊天支持学生异步交流。在该阶段，学生主要面临缺乏交流和讨论的难题，在"钉钉"办公平台群聊天的支持下，学生通过异步的方式有充足的时间和机会进行交流和讨论，小组在讨论中选择论题和正反方，因此，ICAP 框架视角下技术作用的本质可概括为促进学生的交互学习。

第四，论证准备阶段主要应用了"浙大语雀"在线协同平台，其协作区支持文档协同和资源共享。在该阶段，学生主要面临缺乏准备时间、在准备中无互动或互动时间受限的问题，在"浙大语雀"在线协同平台协作区的支持下，每个学生都可以通过线上协作准备论证内容，他们通过异步协同编辑文档的方式交流想法，同时也可以共享资料，学生拥有充足的时间进行交流和交互，由此可见，ICAP 框架视角下技术作用的本质可概括为促进学生的交互学习。

第五，论证建构阶段主要应用了"浙大语雀"在线协同平台，平台的协作区支持论证图的协同绘制。该阶段存在的主要问题如下：学生所写的论证内容结构不清晰、学生在论证中不好意思反驳对方以及论证的时间受限，在"浙大语雀"的协作区中，学生不仅能够以可视化的方式写论证内容，提高论证结构的清晰度，小组还能以匿名的方式开展论证，促使正反方间充分反驳，且异步论证的方式也为学生提供了充足的思考时间，促使他们在多次交互中深化对论证内容的理解以及提升论证等技能。因此，ICAP 框架视角下技术的作用本质可概括为促进学生的交互学习，正反方通过小组匿名、课外异步、文字可视化的方式开展多次交互。

第六，展示反馈阶段主要应用了多媒体技术，PPT 能够将论证内容直观且生动地呈现。在该阶段，学生主要面临单调地展示论证内容的问题，在 PPT 的支持下，学生能够将论证内容以文字、图片等有趣的方式呈现，这有助于学生多角度呈现论证内容以及更积极地开展建构学习。因此，ICAP 框架视角下技术的作用本质可概括为促进学生的建构学习。

四 研究对象

本研究以 Z 校 42 名大二本科生为研究对象，其中男生 4 人，女生 38 人。40 名学生来自教育学院，两名学生来自光电科学与工程学院。42 名学生以自由组合的方式分为 10 个论证小组，8 个小组有 4 人，2 个小组有 5 人。

五　研究的实施过程

研究二从 2021 年 3 月开始，共持续 8 周。8 周中每个时间段的具体安排如表 5.4 所示。以下分别对这八周的安排进行详细阐述。

表 5.4　　　　　研究二中 1—8 周教学流程安排

周次	时间	课堂活动流程
1	周二	(a) 破冰 (b) 课程介绍 (c) 论证相关内容讲解（Toulmin 论证模型、提论题方法等） (d) "浙大语雀"、"学在浙大"平台操作讲解 (e) 班级分组
	周四	教师讲解第一模块内容
2	周二 & 周四	教师讲解第二模块内容，即下次论证的相关内容
	课后	(a) 基于第一次课上老师讲解的内容，学生在"学在浙大"的讨论区中提出论题 (b) 学生对论题点赞，点赞数排名前三的论题成为本次论证的论题 (c) 教师审核论题 (d) 小组两两自由组合成正或反方，通过"钉钉"群聊选择一个论题和站方 (e) 每组正反方在"浙大语雀"中开展异步可视化论证活动
3—7	周二	教师讲授下次论证相关知识（3—5 模块内容）
	课后	(a) 基于周二课上老师的内容讲解，学生在"学在浙大"讨论区中提出论题 (b) 学生对论题点赞，点赞数排名前三的论题成为本次论证的论题 (c) 每组正反方通过"钉钉"群聊选一个论题和站方 (d) 每组正反方在"浙大语雀"中开展异步可视化论证活动
	周四	(a) 所有小组依次展示论证 (b) 教师点评和反馈小组的展示
8	周二	教师讲解第六个模块内容
	周四	学生展示反思（自愿原则）
	课后	对学生进行半结构化访谈以及让学生提交反思

（1）准备阶段（第1—2周）：每周两次课，每次两课时，教师均采取讲授式教学，未安排小组自选论题和正反方的线上可视化论证式教学活动。在该阶段中，教师利用PPT主要讲解先导性知识（什么是学科科学、学习科学发展历史等）、论证的相关知识（Toulmin论证模型等）、"学在浙大"和"浙大语雀"两个平台的操作介绍、论题提出方法的相关知识、课程评价介绍以及学生分组等。

（2）教学干预阶段（第3—7周）：该阶段融入了小组自选论题和正反方的线上可视化论证式教学活动。每周两次课，每次课两个课时，第一次课是周二上午，第二次课是周四上午。对于每次论证活动而言，周二的课上老师讲解本次论证相关知识，学生课后通过"学在浙大"平台"提出论题"的讨论区提论题。

学生提完论题后，他们以点赞的方式选出自己喜欢的论题，点赞数排名前三的论题在经过老师审核后都被列为论证的备选论题，搭档的两个小组通过"钉钉"群聊商讨并最终选出一个论题作为当周的论题，五次论证的论题如表5.5所示。

表5.5　　　　　　　　　研究二中3—7周的论题

周次	内容主题	论题
3	技术支持的学习	技术扩大/缩小了地区间的教育差距
4	技术支持的教学	1 教育产业化利大于弊/弊大于利 2 教育学是否应该作为本科专业
5	学习科学的方法论	1 应该更多的培养学生的非连续文本/长篇连续性文本的技能 2 幼儿园是否应该被纳入义务教育
6	学习科学的方法论	1 小学更需要全科/专科教师 2 小学教育阶段艺术教育应该以正式课程/非正式课程为主
7	学习评估	初中阶段，不同学习层次的学生应该分班/不分班教学

当论题确定之后，搭档的两个小组各自通过"钉钉"群聊商讨各自站方的选择，两个小组最终分好正反方。站方确定之后，同一个站方的学生在"浙大语雀"平台的"资料准备区"协同准备论证以及开展线上异步可视化论证活动。在异步可视化论证中，学生主要依据批判性讨论

第五章 小组自选论题和正反方的线上可视化论证式教学

模型和 Toulmin 论证模型，正反双方基于同一个概念不断地支持己方以及反驳对方。具体而言，一方在支持自己主张时要尽量提供资料、依据、支援、限定以及反驳，从比较全面的角度论证自己的主张，对方可以对资料、依据等进行反驳，而该方则要维护己方的观点和立场，同时也要反驳对方提出的反对意见。最后，双方也会针对论证中达成的一致点以及存在的不同点等进行总结。

周四课上，基于平台上留痕的论证内容，所有小组以 PPT 的形式展示上次论证的内容和过程。下次周二课上，教师利用 PPT 讲解下次论证相关的知识，然后是学生提出论题、小组选择论题和正反方、准备和开展线上异步可视化论证。到周四的课堂上，所有小组都要展示他们在"浙大语雀"平台"辩论区"中的可视化论证的成果（见图 5.3）。论证展示结束后，教师不仅基于留痕的论证内容对学生论证内容进行点评和指导，也对学生的展示和论证技巧进行点评和指导。

图 5.3 研究二中学生在课堂上展示论证示例

（3）总结与反思阶段（第 8 周）：第 8 周课后学生会将反思以 Word

形式发送到老师指定的邮箱。半结构化访谈也是在这周的课后时间进行，主要以面对面的形式开展。

第二节　数据收集与分析

为了探究学生的批判性思维技能、批判性思维技能与参与次数的关系、论证技能、专业知识水平以及学生对论证式教学的态度，研究主要收集以下几个方面的数据：学生线上论证内容和发言次数数据、反思的内容数据以及受访者对课程体验的半结构化访谈数据。

一　学生线上论证内容和发言次数数据的收集与分析

学生线上论证内容和发言次数的数据主要通过"浙大语雀"平台的"辩论区"收集。每次论证结束后，研究者都会将"辩论区"论证图中的内容复制到一个专门的 Word 文档中，并对学生的论证内容进行校对。五次论证中，25 张论证图（每次 5 张）共包含 320469 个字。论证图中每一个长方形中的内容就代表一次发言。通过梳理统计，在五次论证中，学生的发言次数分别为 212 次、329 次、293 次、361 次和 321 次。

对于学生线上论证内容数据的分析而言，研究主要采用内容分析法，分别从批判性思维技能、论证技能以及专业知识水平三个角度进行分析。首先，对于批判性思维技能而言，研究依据纽曼的批判性思维深度分析框架和批判性思维过程分析框架对分析单元进行编码。对于前者而言，论证图中的一个长方形中的内容就是一个分析单元。对于后者而言，论证图中的每一句话就是一个分析单元。

对于学生的批判性思维深度而言，两名教育技术学专业的博士生依据纽曼的批判性思维深度框架对学生线上的论证内容进行编码，然后依据计算公式计算出学生批判性思维深度的具体数值。在编码开始前，两名博士生会对框架的内容进行深入探讨，以确保两者都能够充分理解框架的内容。两位博士生最终的编码信度为 0.79，这说明编码结果是可信的。

以下以"技术缩小还是扩大了地区间的教育差距"论题的某个论证片段为例，具体说明编码的过程（见表 5.6）。正方的观点是"技术缩小了地区间的教育差距",反方的观点是"技术扩大了地区间的教育差距"。学生 A、学生 C 和学生 D 来自正方,学生 B 和学生 E 来自反方。

表 5.6　　研究二中学生批判性思维深度具体编码示例表

	第一次论题:技术缩小还是扩大了教育差距
A	缩小了,以云南禄劝第一中学为代表的 248 所贫困地区中学通过视频直播教学,和重点中学成都七中同步上课,适当共享教育资源,拉升了贫困地区中学的升学率也相应降低了本地生源的流失。2019 年云南禄劝第一中学网络直播班一本上线率达到百分之百
编码	学生 A 用证据清楚地表达了技术能够缩小教育差距这一重要观点（I^+、R^+、A^+）,并用"云南禄劝第一中学"这个证据支持自己的观点,这个证据属于事实性的（L^+、J^+）。但学生仅仅停留在列举事实的层面,没有从宏观的角度理解技术能够缩小教育差距这一观点（W^-）
B	这是点对点的帮扶,而优质资源是有限的,不能满足所有劣势学校的需要
编码	学生 B 毫无证据地反驳了学生 A（R^+、C^-、L^-、J^-、A^+）,且学生 B 从点对点帮扶的宏观层面反驳了对方（I^+、W^+）
C	这一状况也是可以通过对技术的灵活应用来解决的
编码	学生 C 用证据清晰地反驳了学生 B（R^+、C^+、A^+）,并从宏观的角度描述技术对促进优质资源共享的优势（I^+、W^+）
D	这个课堂也可以是异步的,类似 MOOC 这样的形式,优质资源就可以实现一对多
编码	学生 D 用证据清晰地支持了学生 C（R^+、A^+）,学生 D 通过列举异步课堂 MOOC 的例子来支持自己的观点（O^+、J^+）。学生 D 不仅停留在列举例子的层面,且将 MOOC 作为实现优质资源实现一对多的方式,从宏观角度表述了自己的观点（I^+、W^+）
E	有研究对 MOOC 课程学习结果分析发现,弱势家庭的子女课程参与度与完成率显著更低
编码	学生 E 用证据清晰地反驳了学生 D（R^+、C^+、A^+）,这个证据属于之前文献的研究内容和观点（O^+、L^+、J^+、I^+）,但学生仅仅停留在列举文献研究内容层面,没有从宏观的角度解释技术不能支持资源共享的原因（W^-）

为了探究学生的批判性思维过程，鉴于各个小组在论证中的表现大致相同，本研究以第一和第二论证小组（正和反方）为代表进行说明。依据 Murphy 的批判性思维过程框架，两名教育技术学博士生对两个小组五次论证的内容进行独立编码。编码开始前，两位编码者先商讨框架内容，以确保都能够理解框架的内容。两位博士生最终的编码信度为 0.76，这说明编码的结果是可信的。

表 5.7 展示了学生产生的行为序列的具体编码情况，以下以辨识→理解（R→U）行为序列为例具体说明编码过程。某学生在论题"技术缩小/扩大了地区间的教育差距"中的原话如下：虽然农村教育信息化水平不断提升，但是教育差距并没有被缩小。OECD 2015 年发布的报告显示伴随全球信息化的迅猛发展，大多数国家社会底层家庭子女已有更多机会接触互联网，但是学生之间的教育差距并未缩小，新数字鸿沟反而呈逐渐扩大的态势。对于这句话而言，其第一句"虽然农村教育信息化水平不断提升，但是教育差距并没有被缩小"，表明了学生识别到了农村中的教育差距并没有随着教育信息化水平的提升而缩小，因此该句编码为识别（R）。对于下一句"OECD 2015 年发布的报告显示伴随全球信息化的迅猛发展，大多数国家社会底层家庭子女已有更多机会接触互联网，但是学生之间的教育差距并未缩小，新数字鸿沟反而呈逐渐扩大的态势"而言，学生能够利用证据（OECD2015 年发布的报告）支持自己的观点，说明学生探究了相关的论据，因此该句编码为理解（U）。

表 5.7　　研究二中学生批判性思维行为过程具体编码示例表

行为序列	例子
辨识→理解 （R→U）	虽然农村教育信息化水平不断提升，但是教育差距并没有被缩小（R）。OECD2015 年发布的报告显示伴随全球信息化的迅猛发展，大多数国家社会底层家庭子女已有更多机会接触互联网，但是学生之间的教育差距并未缩小，"新数字鸿沟"反而呈逐渐扩大的态势（U）
理解→理解 （U→U）	党的十八大以来，我国加快推进以"三通两平台"为核心的教育信息化建设，顺利完成"教学点数字教育资源全覆盖"项目（U）。全国中小学互联网接入率从 25% 上升到 96%；多媒体教室比例从不到 40% 增加到 92%（U）

续表

行为序列	例子
辨识→辨识 (R→R)	这类硬件问题,只是极端个例(R)。但是除了设备问题,还存在信息化素养的差异(R)
理解→分析 (U→A)	虽然这几年我国人均GDP迅猛增长,但总体而言还处于一个较低水平,况且中国农村人口众多,尤其是一些老少边穷地区和贫困家庭中的学生即使自身学习非常好,但面对"教育产业化"高额的学费他们也往往望而却步,这样造成的严重后果是一些家庭贫困但自身学习成绩非常好的学生不得不放弃上高等院校的机会(U)。事实上,高等教育的门槛还是很高的,不是学习一般的学生都能进去的,但由于高额收费迫使学习好但家庭困难的学生放弃了进入高校的机会,使得学习能力一般但家庭富裕可以承担高额收费的学生就可能获得进入大学进一步深造的机会,从这个层面上说无形中就降低了大学生源的质量,为以后大学教育质量带来了损失,也后患无穷(A)
理解→辨识 (U→R)	在英国人看来,全科教师的职责正是凭借"全科背景"捕捉孩子的潜能。这种潜能,往往不由学科界限来粗疏划定,一名细心的全科老师会发现孩子的特殊兴趣,不论是绘画、音乐、体育、科学还是艺术(U)。每个国家的具体教育情况是不同的(R)
理解→评价 (U→E)	不分层次的班级内部也存在着成绩上的差距,学习能力较弱的学生也会受到打击。相反,按层次进行分班教学后,班内学生处于同一层次,这有利于形成良好的学习竞争氛围,从而促进学业进步(U)。对方只看到了优秀生与学困生的对立,而未看到他们之间的融通,在不分班的班级里,有优秀生也有学困生,在多元包容的环境中,能够提供优秀生与学困生合作交流、结对帮扶的可能,这有利于帮助优秀生不仅能在学业上取得优秀成绩,也能够提升其共情、爱心等道德方面的素养,还能帮助学困生提升成绩,在交流学习中收获友情,有助于使得班级更加和谐(E)

首先,本研究利用滞后序列分析法对学生在论证过程中的行为序列进行分析。滞后序列分析法通过分析一种行为在另一种行为之后出现概率的显著性来探索人们的行为模式。GSEQ软件是行为序列分析常用的软件之一,它将一系列行为按照时间出现的先后顺序输入,再选择相应的操作项即可得到行为或状态转换的显著性情况。在本研究中,当学生的

批判性思维过程被编码完之后，研究将所有编码序列导入 GSEQ 5.1 软件中，在计算行为频次矩阵基础上形成调整后的残差表，根据调整后的残差值（Z-score）得到存在显著意义的编码序列（Z > 1.96 表示有显著性差异）。

其次，对于论证技能而言，研究基于 Toulmin 的论证技能等级框架对学生第一次和最后一次的论证内容依据分析单元进行编码，论证图中的一个长方形中的内容就是一个分析单元。两名教育技术专业的博士生对学生的论证内容进行独立编码，编码的方法见 4.2.1 中关于论证技能的编码描述。在编码开始之前，两名博士生对编码框架进行了认真的探讨，以确保两人都能够全面且深刻地理解框架中的内容。当编码完成之后，研究对编码结果的信度进行了检验。两名博士生的最终编码信度为 0.77，这表明编码结果是可信的。

最后，对于专业知识水平而言，研究基于专业知识的定义和特征对学生第一次和最后一次的论证内容依据分析单元进行编码，并将知识分为事实性知识、概念性知识以及程序知识三类，论证图中的一个长方形中的内容就是一个分析单元。两名教育技术专业的博士生对学生的论证内容进行独立编码。在编码开始之前，两名博士生对编码框架进行了认真的探讨，以确保两人都能够全面且深刻地理解框架中的内容。当编码完成之后，研究对编码结果的信度进行了检验。两名博士生的最终编码信度为 0.79，这表明编码结果是可信的。

以下以第一次论证"技术的应用缩小/扩大了教育鸿沟"和第五次论证"初中阶段，不同学习层次的学生应该分班/不分班教学"的某个论证片段为例，具体说明论证技能和专业知识水平的编码过程（见表 5.8）。对于第一次论证而言，正方的观点是"技术的应用缩小了教育鸿沟"，反方的观点是"技术的应用扩大了教育鸿沟"。学生 A、学生 C 和学生 D 来自正方，学生 B 和学生 E 来自反方。对于第五次论证而言，正方的观点是"初中阶段，不同学习层次的学生应该分班教学"，反方的观点是"初中阶段，不同学习层次的学生应该不分班教学"。学生 a、学生 e 和学生 f 来自正方，学生 b、学生 c 和学生 d 来自反方。

表 5.8　研究二中学生的论证技能和专业知识水平编码示例表

第 1 次论证的论题：技术的应用缩小/扩大了教育鸿沟	
A	缩小了，以云南禄劝第一中学为代表的 248 所贫困地区中学通过视频直播教学，和重点中学成都七中同步上课，适当共享教育资源，拉升了贫困地区中学的升学率也相应降低了本地生源的流失。2019 年云南禄劝第一中学网络直播班一本上线率达到百分之百
论证技能编码	2
解释	学生 A 表达了"技术的应用缩小了教育鸿沟"这一观点，并以"云南禄劝第一中学和成都七中同步上课"以及"该中学的网络直播班一本上线率达到百分之百"为证据证明了该观点
专业知识编码	ⅠF
解释	为了说明"技术的应用缩小了教育鸿沟"这一观点，学生 A 列举了云南禄劝第一中学和成都七中同步上课以及其所带来的高一本上线率的事实
B	这是点对点的帮扶，而优质资源是有限的，不能满足所有劣势学校的需要
论证技能编码	1
解释	学生 B 仅仅表述了自己的观点，即"点对点的帮扶的受益者有限"
专业知识编码	0
C	这一状况也是可以通过对技术的灵活应用来解决的
论证技能编码	2
解释	学生 C 认为"点对点的帮扶的受益者有限"这一问题可以解决，且列举了技术作为解决方式
专业知识编码	ⅠC
解释	为了说明"点对点的帮扶的受益者有限"的问题可以解决，学生 C 用到了"技术"这一抽象知识
D	这个课堂也可以是异步的，类似 MOOC 这样的形式，优质资源就可以实现一对多
论证技能编码	2
解释	学生 D 认为"点对点帮扶的受益者有限"的问题可以解决，然后以异步的 MOOC 为代表进行了解释说明
专业知识编码	ⅠC
解释	为了说明"点对点帮扶的受益者有限"的问题可以解决，学生 D 用到了异步的 MOOC 这一抽象知识

续表

E	有研究对 MOOC 课程学习结果分析发现，弱势家庭的子女课程参与度与完成率显著更低
论证技能编码	2
解释	学生 E 通过列举相关研究的结果证明了弱势家庭的子女对 MOOC 的完成度比较低
专业知识编码	ⅠC
	在说明弱势家庭的子女对 MOOC 的完成度比较低中，弱势家庭代表了一类家庭，具有一定的概括性
第 5 次论证的论题：初中阶段，不同学习层次的学生应该分班/不分班教学	
a	班际分层能使教师更好地组织教学，因班施教，使不同基础不同理解能力的学生接受适合自己的教学，快班可以满足尖子生"吃不饱"的问题，老师可以把知识拓展得更广更深入，从而激发学生的学习积极性，在慢班老师注重夯实基础，使学习理解能力不强或者说基础不扎实的同学更好地掌握基础知识，增进对课程的理解，基础分抓牢了，学生的成绩自然也不会差
论证技能编码	2
解释	学生 a 表述了自己的观点，即班际分层能使教师更好地组织教学，然后通过解释如何因班施教证明了自己的观点
专业知识编码	0
b	对方辩友将分层教育、因班施教的做法描述得过于理想化了，事实上这种做法对教育公平十分不利。研究者发现，虽然分到高能力组的学生有一点进步，但是分到低能力组的学生却有所退步。（Argys, Rees & Brewer, 1995; Oakes & Wells, 1998; Pallas, Entwistle, Alexander & Stluka, 1994）Kulik & Kulik (1982) 提出一项项针对 52 所实施能力分班的中学的分析报告，他发现能力分班对一般程度和低程度学生的学业成就影响不大，甚至没有任何影响。然而程度佳学生的确裨益于能力分班，因为他们可以获得更丰富的授课内容，同辈间也提供了很大的激励。Slavin (1993) 指出许多研究结果都发现能力分班对学生整体的学业成就影响几乎等于零
论证技能编码	2
解释	学生 b 认为因班施教对教育公平十分不利，然后通过列举相关研究文献作为证据证明了自己的观点
专业知识编码	ⅠC

续表

解释	为了说明"因班施教对教育公平十分不利"这一观点，学生 b 列举了一些文献研究中的结果，即相比而言，程度佳的学生从分班中受益较大，而程度佳代表了一类学生，具有概括性
c	Felmlee 和 Eder（1983）进行了一个关于能力分组对学生注意力影响的研究，他们发现班级程度对学生学习的专注力有很大的影响。被分配到低程度班级的学生较被分配到高程度班级的学生在上课时更不容易集中注意力
论证技能编码	2
解释	学生 c 也认为"因班施教对教育公平十分不利"，并通过 Felmlee 和 Eder（1983）的研究证明了自己的观点
专业知识编码	ⅠC
解释	为了说明"因班施教对教育公平十分不利"这一观点，学生 c 列举了 Felmlee 和 Eder（1983）的研究，该研究认为被分配到高程度班级的学生上课时更能集中注意力，高程度班级的学生代表了一类学生，具有概括性
d	班际分层把优等生和差生进行人为上的同质化群体区分，一方面尖子生都聚集在快班中，确实可以相互促进学业的进步；但是另一方面，差生也聚集在一起，坏习惯相互传染。因此班际分层实际上会导致严重的两极分化，对方辩友的观点过于理想化，缺乏现实性
论证技能编码	3
解释	学生 d 认为班际分层是把学生进行同质划分，既列举了其好处，又想到其不足，既有支持性的内容，又有"限制性"的内容，思考得较为全面
专业知识编码	0
e	差班的管理难度确实可能会相对大一些，但是管理上的问题不能只归咎于是否分班。不分班，这些学习不好或者不太想学习的学生依然会影响到学习氛围。所以，不分班并不是根本的解决之道。重要的是对这部分学生的教育和思想引导，而思想道德教育与是否分班教学并没有必然的联系
论证技能编码	3
解释	学生 e 认为差班的管理难度确实大一些，但也从"限制"的角度进行了考虑，即不分班的情况下一些学习不太理想的学生也会影响班级的管理，思考得较为全面

续表

专业知识编码	I P
解释	学生 e 为解决班级管理问题提供了方法，即从思想上引导学习不好或者不太想学习的学生，从根本上解决问题
f	确实，每个班级中多少都会存在一些学习成绩不理想、心理问题突出、行为习惯不文明的学生，但是平行分班把这些学生相对分散了，而分层教学相当于把这些学生集中在几个班级里，每个班里不止一个这样的学生，群体的作用是巨大的，因此不良风气成倍增加。这些问题学生聚集在一起，极有可能拉帮结派，相互学习和模仿，学生间的不良习惯、态度等会相互影响、相互传染，班级风气会日渐恶化
论证技能编码	2
解释	学生 f 认为分层教学将"破坏"班级风气的学生聚集在一起，进而加大了班级管理难度，并详细阐述了学生之间的互相影响
专业知识编码	0

注：1 代表第 1 等级的论证技能，2 代表第 2 等级的论证技能，3 代表第 3 等级的论证技能，4 代表第 4 等级的论证技能。I 代表分析单元体现了专业知识，F 代表事实性知识，C 代表概念性知识，P 代表程序性知识，0 代表没有体现专业知识。

二 学生反思数据的收集与分析

42 名学生的课程反思以 Word 形式提交到教师指定的邮箱。42 名学生的课程反思共有 251928 个字。基于学生的反思数据，研究采用归纳建构方式进行主题分析。具体而言，两名教育技术专业的博士生首先熟悉学生的反思内容，然后各自形成初始编码，接着依据研究主题对编码进行合并或拆分，并形成最终的编码。两名博士生最终的编码信度为 0.79，这说明编码结果是可信的。

三 学生半结构化访谈数据的收集与分析

半结构化访谈主要是以面对面的形式开展，从每个小组中随机挑选 2 名学生作为代表进行深度访谈，10 个小组共计 20 名学生，研究主要通过录音笔收集相关数据。20 名学生半结构化访谈内容共计包含 65508 个字。

研究采用主题分析的方式分析受访者的半结构化访谈内容，且主题分析采取的是归纳建构方式，即基于受访者表述的内容数据归纳他们对论证式教学的整体感受。

在本研究中，两名教育技术的博士生首先熟悉学生半结构化访谈的内容，然后各自形成初始编码，接着依据研究主题对编码进行合并或拆分，并形成最终的编码。两名博士生最终的编码信度为0.75，这说明编码结果是可信的。

第三节　研究结果与发现

一　学生的批判性思维技能变化

为了回答第二个研究问题（小组自选论题和正反方的线上可视化论证式教学实施后，学生的批判性思维技能有何变化？学生的发言次数和批判性思维技能关系如何？），参考王国华、聂胜欣、袁梦霞和俞树煜[1]和Crowell和Kuhn[2]研究中的评价方法，即在单组实验的研究中，基于特定的指标分析框架对学生的多次论证或讨论内容进行分析，通过比较相关指标在多次论证中的变化情况得出研究结论，本研究主要利用纽曼的批判性思维深度分析框架和Murphy的批判性思维过程框架对学生五次论证的内容进行分析。

首先，研究利用纽曼的批判性思维深度分析框架对学生的论证内容进行了分析，结果表明，学生在五次线上可视化论证中的平均批判性思维深度分别为0.81、0.85、0.86、0.89和0.90，他们的平均批判性思维深度依次递增，呈上升的趋势，即学生的批判性思维技能逐步提升，说明小组自选论题和正反方的线上可视化论证式教学有助于学生批判性思维技能的提升。小组每次论证的平均批判性思维深度和总发言次数如表5.9所示。

---

[1] 王国华、聂胜欣、袁梦霞、俞树煜：《使用问题解决法促进批判性思维发展的研究——基于交互文本的分析》，《电化教育研究》2016年第5期。

[2] Amanda Crowell, Deanna Kuhn, "Developing Dialogic Argumentation Skills: A Three-year Intervention Study", *Journal of Cognition and Development*, Vol. 15, No. 2, 2014.

表5.9　　研究二中小组平均批判性思维深度和总发言次数表

组别	第一次 D	第一次 S	第二次 D	第二次 S	第三次 D	第三次 S	第四次 D	第四次 S	第五次 D	第五次 S
1和2	0.75	44	0.84	64	0.88	45	0.89	108	0.91	76
3和5	0.80	42	0.83	76	0.88	66	0.93	41	0.91	46
4和8	0.83	49	0.87	88	0.87	89	0.87	72	0.90	45
6和10	0.82	31	0.88	59	0.82	60	0.87	81	0.88	81
7和9	0.83	46	0.78	42	0.82	33	0.87	59	0.88	73

注：D 代表小组的平均批判性思维深度；S 代表组员的总发言次数。

其次，研究利用 Murphy 的批判性思维过程框架对第一和第二小组的论证内容进行了分析。结果表明，两个小组在五次可视化论证中共产生 552 个有效单序列，表 5.10 呈现了两个小组每次论证产生的有效单序列数量以及数量排名前三的有效单序列。从表 5.10 可以看出，两个小组在第三次论证中产生的有效单序列数量最少（82 个），在第二次论证中产生的有效单序列数量最多（141 个）。此外，五次论证中，排名第一的有效单序列逐步从辨识（R）→理解（U）过渡到理解（U）→理解（U）。后三次论证中理解（U）→理解（U）的数量逐步增加。辨识（R）→辨识（R）只在第一次出现，后续四次均没有该单序列。以上数据表明，随着论证次数的增加，学生的批判性思维技能水平逐步提高，这也说明小组自选论题和正反方的线上可视化论证式教学有助于学生批判性思维技能的提升。

表5.10　　1 和 2 论证小组五次论证产生的有效单序列数量表

论证次数	有效单序列数量	排名前三的有效单序列及其数量
1	92	R→U（18），U→U（18），R→R（13）
2	141	R→U（23），U→U（22），U→A（14）
3	82	U→U（26），R→U（14），U→E（8）
4	100	U→U（31），R→U（14），U→E（11）
5	137	U→U（33），R→U（24），U→E（23）

再次，研究探究了学生在批判性思维技能水平提升过程中的主要行为。在 552 个有效单序列中，数量最多的是理解（U）→理解（U），其数值为 128 个（见表 5.11）。这说明在论证过程中，学生通常基于论据提出论据，他们能够利用案例、事实等支持自己的观点或反驳别人的观点，但他们在深入分析问题或观点方面还有待提升。

表 5.11　1 和 2 论证小组五次论证中批判性思维过程行为转换频率表

	R	U	A	E	C	总
R	36	93	24	5	0	158
U	45	128	42	50	0	265
A	16	28	11	13	0	68
E	12	31	10	8	0	61
C	0	0	0	0	0	0
总	109	280	87	76	0	552

经过 GSEQ 计算得到的调整残差值如表 5.12 所示。其中，调整残差值大于 1.96 的显著序列有 0 个，说明各项单序列都不显著，即有些单序列的数量比较多或比较少，但是他们和其他序列之间并没有显著性差异。

表 5.12　1 和 2 论证小组五次论证批判性思维过程调整残差值

	R	U	A	E	C
R	0.26	0.02	0.82	<0.01	−1.00
U	0.12	0.27	0.96	<0.01	−1.00
A	0.40	0.09	0.92	0.17	−1.00
E	0.99	0.99	0.89	0.88	−1.00
C	−1.00	−1.00	−1.00	−1.00	−1.00

最后，研究对学生的批判性思维深度与发言次数进行了相关性分析，具体结果如表 5.13 所示。从表 5.13 可以看出，学生的批判性思维深度与其发言次数不具有显著相关性（$p>0.05$），即学生的发言次数和批判性思维技能之间没有显著相关性。

表 5.13　研究二中学生的批判性思维深度与发言次数的相关性分析

		数 量	深 度
深度	Pearson 相关性	1	0.839
	显著性（双侧）		0.076
	N	1516	1516
次数	Pearson 相关性	0.839	1
	显著性（双侧）	0.076	
	N	1516	1516

二　学生的论证技能和专业知识水平变化

（一）学生的论证技能变化

为了回答第三个研究问题（小组自选论题和正反方的线上可视化论证式教学是否有助于学生论证技能的提升？），参考 Sampson、Grooms 和 Walker[1] 以及 Zohar 和 Nemet[2] 研究中的评价方法，即在单组实验或准实验的研究中，基于特定的指标分析框架，如论证技能等级框架，对学生（准实验中指实验班的学生）第一次和最后一次论证的内容进行分析，通过比较相关指标在两次论证中的变化情况得出研究结论，本研究主要对学生第一次和第五次论证的论证内容依据分析单元进行编码，论证图中一个长方形中的内容是一个分析单元。

第一次论证共产生 212 个分析单元，第五次论证共产生 321 个分析单元，内容分析的结果表明，对于第 1 等级的论证技能而言，第一次论证中有 32 个分析单元，占比为 15.1%；第五次论证中共有 19 个分析单元，占比为 5.9%。对于第 2 等级的论证技能而言，第一次论证中共有 158 个分析单元，占比为 74.5%；第五次论证中共有 253 个分析单元，占比为

---

[1] Victor Sampson, Jonathon Grooms, Joi Phelps Walker, "Argument-Driven Inquiry as a Way to Help Students Learn How to Participate in Scientific Argumentation and Craft Written Arguments: An Exploratory Study", *Science Education*, Vol. 95, 2011.

[2] Anat Zohar, Flora Nemet, "Fostering Students' Knowledge and Argumentation Skills through Dilemmas in Human Genetics", *Journal of Research in Science Teaching*, Vol. 39, No. 1, 2002.

78.8%。对于第 3 等级的论证技能而言,第一次论证中共有 22 个分析单元,占比为 10.4%;第五次论证中共有 49 个分析单元,占比为 15.3%。此外,两次论证中均没有出现能够体现第 4 等级论证技能的分析单元(见图 5.4)。

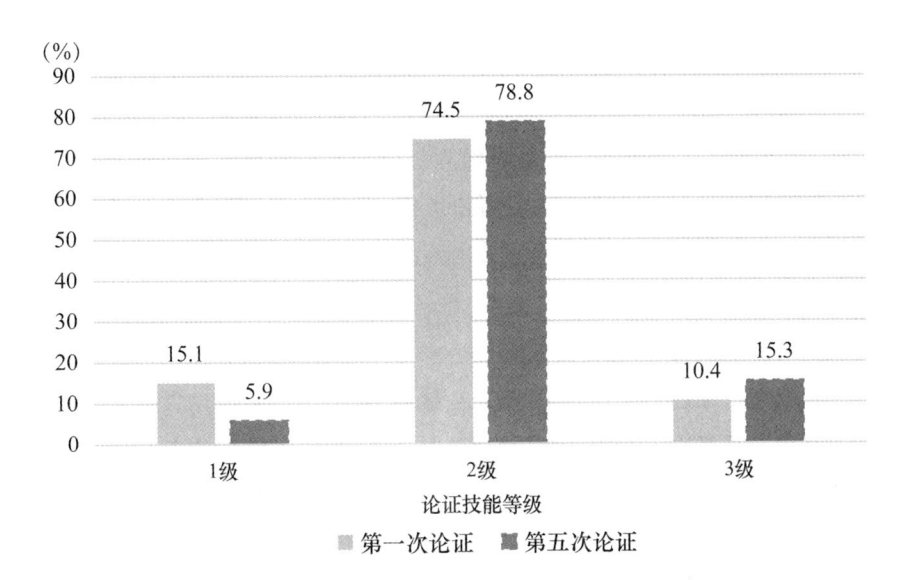

图 5.4　研究二中学生论证技能不同等级论证技能的占比

从图 5.4 可以看出,相比于第一次论证,学生在第五次论证中第 1 等级论证技能的占比减少,而第 2 和第 3 等级的论证技能占比增加,两次论证可以看作学生第 1 等级论证技能转化成第 2 和第 3 等级论证技能的过程,学生的论证技能得到提升,说明小组自选论题和正反方的线上可视化论证式教学有助于学生论证技能的提升。

此外,研究还对个人反思的数据进行了分析,在 42 个学生的反思中,36 个学生在其反思中提到了他们关于论证技能的收获,表 5.14 展示了具体的分析结果。学生的论证技能主要体现在他们意识到了论证中论据的价值以及论证中反驳需要具有逻辑性和理性。以下对学生的论证技能以及学生的反思内容进行介绍,为了便于呈现学生的反思内容,研究者将 42 份反思依据学生提交的时间依次编号为 X1—X42。

表 5.14　　　　　　　研究二中学生关于论证的技能

主题	内容	数量	总数
论证技能	论据	价值	30	46
	反驳	逻辑性和理性	16	

从表 5.14 中可以看出，在学生的反思中，有关"论证技能"的内容共被提及 46 次。其中，"论据"次数最多（30 次），其次是"反驳"（16 次）。具体而言，"论据"主要表现为学生在支持自己观点的时候意识到了论据的重要性，认为只有基于论据的支撑才可以说服他人，否则只是个人发表主观感想。代表性的相关内容如下。

> 还有就是老师总提的 evidence-based，作为一个逻辑思维能力不强的人来说，很难说服别人，这让我常常感到无奈，但其实和逻辑一样，事实也能说服人，于是我每次想要表达观点的时候为了寻求认同一般会带上事实证据，这让我的观点得到了更多人的认可。(X5)

> 我学会了我们需要通过证据支持自己的观点（后面的辩论中同样如此：只有观点而没有证据支持，只能称之为某个人的一己之见，不能上升到论点的高度）。(X1)

> 我开始注重用数据和事实来支撑自己的论点。没有数据和事实的支持，一切论点都只是自己的个人想法和感受，自己提出的论点是站不住脚的，对于对方辩友的反驳也是苍白无力的。有了数据和事实，论点才能是有据可依、有迹可循的，而不是凭空产生的一家之言。并且，要有最新的论据支撑，因为研究也会随着时代的发展不断深入发生变化，或是由权威的经得住时间考验的证据进行论证，因为的确有些证据展现出的真理是普遍适用的，不因时代较久远而丧失了价值。(X23)

"反驳"主要表现为学生意识到自己不仅要能够查找到论据，还要能够对论据进行有逻辑性的组织处理，在适当的时候应用论据高效地反驳对方。代表性的相关内容如下。

　　以往我在反驳时，搜集资料阶段如同一只无头苍蝇般，输入关键词盲目搜索；在准备这几次辩论的过程中，我从队友的身上学会了，在思考问题时，可以先确立大致的框架，确定我们可以从哪几个维度进行切入（当然这几个维度的确立也应该实现查阅资料），确立好框架后再进行资料搜集。这也是在与队友讨论辩论的时候，在她们身上学到的。（X6）

　　我以前反驳对方的时候，都只会想着有哪些论点论据，现在我的思路变得更加具有逻辑性了，我会把我的观点分成不同的层次和方面，当然这些层面的划分也是有依据的，依据观点的属性等。（X9）

　　我们的资料整理也从最初文档里杂乱无章的堆砌，找到有用的就放进来，随意地对论点论据进行匹配。但后来论证中我逐步整理了而形成具有逻辑性的框架，这样在反驳对方的时候就比较有层次性，该用哪类的证据就使用哪类的。（X30）

（二）学生的专业知识水平变化

为了回答第三个研究问题（小组自选论题和正反方的线上可视化论证式教学是否有助于学生专业知识水平的提升？），参考Sampson, Grooms和Walker（2011）以及Zohar和Nemet[①]研究中的评价方法，即在单组实验或准实验的研究中，基于特定的指标分析框架对学生（准实验中指实验班的学生）第一次和最后一次论证的内容进行分析，通过比较相关指标在两次论证中的变化情况得出研究结论，本研究主要对学生第一次和第五次论证的论证内容依据分析单元进行编码，论证图中一个长方形中的内容是一个分析单元。

第一次论证共产生212个分析单元，第五次论证共产生321个分析单元，内容分析的结果表明，第一次论证中体现专业知识的分析单元共170

---

① Anat Zohar, Flora Nemet, "Fostering Students' Knowledge and Argumentation Skills through Dilemmas in Human Genetics", *Journal of Research in Science Teaching*, Vol. 39, No. 1, 2002.

个，占比为 80.2%；第五次论证中体现专业知识的分析单元共 293 条，占比为 91.3%。由此可见，相比于第一次论证，学生在第五次论证中更经常性地应用专业知识，说明小组自选论题和正反方的线上可视化论证式教学有助于学生专业知识水平的提升（见图 5.5）。

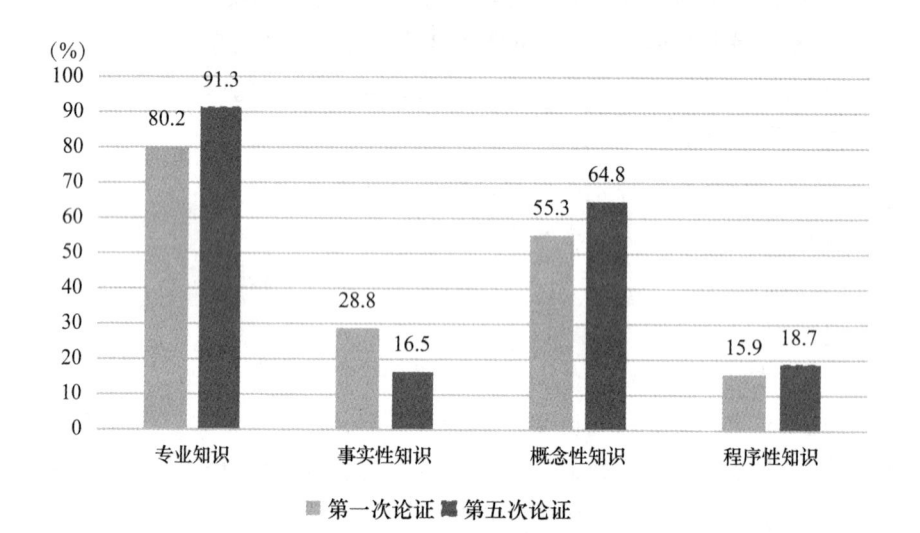

图 5.5 研究二中学生专业知识及其三种类型的占比

此外，研究还探究了学生三种不同类型专业知识的变化情况，第一次论证中共有 170 个分析单元体现出专业知识。第五次论证中共有 293 个分析单元体现出专业知识，对于事实性知识而言，第一次论证中有 49 个分析单元，占比为 28.8%；第五次论证中有 53 个分析单元，占比为 16.5%。对于概念性知识而言，第一次论证中有 94 个分析单元，占比为 55.3%；第五次论证中有 208 个分析单元，占比为 64.8%。对于程序性知识而言，第一次论证中有 27 个分析单元，占比为 15.9%；第五次论证中有 60 个分析单元，占比为 18.7%（见图 5.5）。由此可见，相比于第一次论证，学生在第五次论证中事实性知识的占比减少，而概念性知识和程序性知识的占比增加，两次论证可以看作学生的事实性知识转化成概念性知识和程序性知识的过程，学生的专业知识水平得到提升，这也说明小组自选论题和正反方的线上可视化论证式教学有助于学生专业知识水平的提升。

最后，研究还对 42 名学生的反思进行了内容分析，结果表明，所有学生均提到了他们在专业知识方面的收获（见表 5.15）。学生的收获不仅表现为他们对知识本身有了深刻理解，同时他们能够对知识进行应用，并针对后期如何更好地学习知识提出了自己的看法。以下分别对学生的专业知识以及学生的反思内容进行介绍，为了便于呈现学生的反思内容，研究者将 42 名学生的反思依据他们提交的时间依次编号为 X1—X42。

表 5.15　　　　　　研究二学生反思中提及的专业知识收获

主题		内容	频次		总数
专业知识	知识本身	学习科学与技术理解	30	117	135
		研究方法	25		
		教学方式	16		
		论题知识	15		
		双语教学	13		
		技术支持的教学	12		
		学习空间/环境	6		
	知识应用		6	6	
	建议	文献阅读	6	12	
		增加课堂测验	3		
		回顾知识	2		
		实地体验	1		

从表 5.15 可以看出，在学生的反思中，有关"专业知识"内容共被提及 135 次，具体而言，"知识本身"被提及的次数最多（117 次），其次是"建议"（12 次），最后是"知识应用"（6 次）。

其中，"知识本身"主要表现为学生学到了关于学习科学与技术（30 次）、研究方法（25 次）、教学方式（16 次）、论题知识（15 次）、双语教学（13 次）、技术支持的教学（12 次）以及学习空间/环境（6 次）相关知识。

具体而言，学生"学习科学与技术"方面的收获主要体现在他们对学习和学习科学与技术的本质有了深层理解,明白了学习科学与技术要更多地关注学习过程中状态的转变。代表性的相关内容如下。

> 学习科学与技术,在我看来,是"学习科学"和"技术"的融合,这门学问志在不断地探索中交叉融合二者使其产生1+1大于2的效果。在概念界定上,通常认为学习科学是在反思认知科学等学科、关于学习方法的研究方法和观点的基础上新近兴起的一门科学,主要研究如何支持和促进人在整个生命历程中的学习活动,通过教学的、技术的和社会政策方面的创新来促进教育的改善,由此可见技术之于学习科学的研究显得无比重要。(X20)

学生"研究方法"方面的收获主要体现在他们学习了民族志研究方法、基于设计的研究以及观察法等。学生"教学方式"方面的收获主要体现在他们学习了基于问题的学习、项目式学习、5Es学习环教学模式等。代表性的相关内容如下。

> 对于民族志研究方法,我想到了之前看过的一本书——安妮特·拉鲁的《不平等的童年》。这本书就是运用民族志方法进行研究的,其调研过程有助于我更好地理解民族志的内涵和环节。安妮特·拉鲁和她的团队实地调研了88个家庭,涵盖中产阶级、工人阶级与贫困家庭。她们对于各个家庭尽量不进行干预,只是观察家庭成员在自然常规状态下的一举一动:"除非有流血事件或是严重的危险已经迫在眉睫,否则我们就只是和他们一起待着而不进行任何干涉。"正如老师上课所说的那样,运用民族志方法的调查者不能影响或干预被研究对象的行为,要自然地展开观察行动,而不能有意识地设计干预。此外,她们还访察非常多的内容。在被研究家庭履行每日例行的琐事时,在他们参加学校活动时,在他们参与教会仪式及活动、有组织的游戏和竞赛时,在他们的亲戚来访时,安妮特·拉鲁及其团队都会进行追踪观察。这也体现了老师所说的,民族志工作者要尽可能在不同场合与被研究者接触,从而了解他们。(X15)

项目式学习有利于让学习者把所学知识运用到情境中,从做中学。学习者可以相互讨论、彼此质疑、积极建构知识。但我认为,在我国中小学实施过程中产生了一些问题。项目式学习作为有深度、拓展性的学习方式,需要耗费大量时间和老师同学的精力。而一些学校的学习项目在实施过程中演变成学生被动参与教师已经设计好的各个项目流程,并没有给予学生自主学习探究的机会。虽然项目结果看起来很好,但项目式学习的目的并没有实现,学生的自主学习、跨学科能力也并没有得到提升。我认为这并不算是真正的项目式学习,其实是在浪费时间。因此,若是要让项目式学习真正发挥出其作用,中小学教师需要抓住其初衷和本质,有组织实施项目式学习的能力。在教学中放弃传统的学科教授方法,全部以项目式学习来代替在我国目前是不现实的,但可以在传统教学中拿出一部分内容和时间来做相对用时较短的项目式学习。教师需要意识到提供给学生他们自己设计过的学习项目并非真正的项目式学习。教师应该成为项目管理者、教练、观察者、促进者等,但不应该成为主导者。(X5)

学生"论题知识"方面的收获主要体现在他们学习了技术对教育差距的影响、分层分班教学的适用性、技术应用于教学的深层反思等。学生"双语教学"方面的收获主要体现在他们提升了英文阅读水平、熟悉了更多专业词汇,但也有同学持消极态度,认为双语教学加重了他们的学习的负担、容易造成课堂上学生学习的分神等问题。代表性的相关内容如下。

我们的话题是关于"技术的发展缩小/扩大了地区间的教育差距",作为支持"缩小"的一方,我们认为科技手段是解决"好教师下乡难"的重要抓手。通过最新的无线宽带、光纤宽带、大数据、云计算技术,将城市的优质教育资源与农村学校全面共享,有利于解决农村教师资源匮乏,好教师下乡难的问题,促进教育均衡和教育公平。一是可以实现名师下乡,二是可以实现图书进村,三是可以实现知识入门。但是,由于是第一次展开辩论,我们并没有和对

方达成最终的一个共识,所给出的论点和论据也不够详细而全面。(X8)

  我对双语教学和老师希望我们掌握相关学术词汇的英语表达的想法表示支持,但是这门课作为我们第一次接触学习科学与技术这个领域,用双语教学是否有一点点不太合适?拿我自己举例子,可能我的英语水平和班上另外一些同学比还是较为薄弱了,当我上课看PPT,碰到某个不太明确含义的单词时,就需要停顿下来搜索,在这一过程中,很容易分神,以及跟不上老师所讲。如果采用中文PPT,我即使一时分神,也可以迅速浏览屏幕上展示的内容从而跟上节奏。我同时也注意到,在后面几个模块中,PPT内容使用中文的比例增加了。或许这代表着老师也在体察到了我们的心情?为了达到中英文双语教学的效果,是否可以采用中文为主的PPT和课后布置英文文献阅读作业相结合的方式?既使英语水平较弱的同学上课更容易接受,又在课后进行了对知识的巩固和拓展,提升了对英语学术词汇的感知力。(X3)

学生"技术支持的教学"方面的收获主要体现在他们了解了更多基于技术的平台、体会到了技术给教学带来的变革性作用以及对智能技术融入教学应用的反思等方面。代表性的相关内容如下。

  第一个是关于老师提到的"机改作文"的概念。其实机改作文在实际中已经有很多的运用,我的大英三的课程读书报告就是通过"冰果英语"智能批改的。机器会根据字数、语法、标点、词汇以及高级句式的运用等多方面综合评估给出一个分数,然后会指出文章中存在的问题以及改进的建议,我会根据它的建议进行多次修改,最终获得一个比较满意的分数。但是我觉得如果将它运用于初高中语文作文的批改还需要非常慎重的考虑。我认为语文作文不同于英语作文,英语作文往往强调一个实用文体的运用,而语文作文的命题不会像英语作文一样有一个明确的范围限制,出题人会给学生自由发挥的空间,让作文成为学生观点的输出口。如果采用了机器批改,由于程序设定的机械化,一些学生的精彩观点可能会因为没有程序预设而被埋没,而教师人工批改可以运用人的思维理性更好地对学生的作品打出一个较为合理的分数。但是这并不是说智能批改一无是处,我觉得可以将两者结合起来,比如运用机器专门查找学生的错字、语病、标点错误等问题,在合适的范围内制定标准进行扣分处理,老师专门负责浏览学生作文的大致思想,从文章内涵的角度进行更专业的评价。这样既可以让学生重视语言的运用,也让他们的思想表达不会被语言所牵连,老师在改卷时也不必顾虑其他问题,可以轻松地专注于思想评价。(X29)

学生"学习空间/环境"方面的收获主要体现他们能够在将智慧学习环境的理念和学校内的配置结合,具体说明学习空间/环境改造给学习带来的便捷等。代表性的相关内容如下。

关于"智慧学习环境",老师提出了很多的建议:增加实现覆盖度、舒适度、环境识别度、中心凝聚力。学校的东教麦斯威餐吧其实就是一个可以作为智慧学习环境的地方,作为一个阶梯形的区域,有相应的充电设备,但是目前阶梯并没有发挥自己的作用,很少有同学在那里进行学习,阶梯中也可以增加彩色的棉垫,在增加环境辨识度的同时,促进学生学习的舒适度,同时,上课提出的贡献型教室、课题组研讨式学习(白板)、头脑风暴型教室、学术探究教室,确实感觉非常有意义。教育来自生活,其实在学校中就有很多的学习空间没有很好地被设计,比如在西教连廊处可以设计一些站立的讨论区,在每个教学楼内设立讨论教室,提供白板等供学生头脑风暴。值得高兴的是,近期去图书馆中发现一楼的休息区有一块白板,也有之前小组讨论的人留下的笔记,同时,西教中也有一些可移动桌椅的教室,教室的多样性也在不断增加,在宿舍楼下的讨论区也有在很好被应用。我自己也有在校长邮箱中建议,更多的增设讨论型教室,增设非正式场合的讨论的物资建设,也希望浙大的教室建设更加完善。(X14)

"建议"主要表现为学生希望增加自身文献阅读的量(5次)、增加课堂测验（3次）、课前能够在教师的带领下对知识进行回顾（2次）以及将知识应用于实践（1次）。具体而言，学生认为通过阅读文献他们能够更好地应用课程中所学的知识。课堂测试不仅能够让他们对自己所学的知识进行客观评价，还能够促使他们不断地学习新知识。课前对知识的回顾有助于为他们复习旧知识以及学习新知识。将知识应用到实践可以加深他们对于知识的理解。代表性的相关内容如下。

> 可以布置一些文献的阅读任务，在课外相关文献的查找和阅读中，一定也能更好地落实课程中所学的知识，否则很容易让课程的内容"左耳朵进，右耳朵出"。老师现在也有提供很多的相关文献，但是完全是同学们自愿自主阅读的方式。或许可以采取像组会汇报一样的方式，每节课由一两位同学通过五分钟汇报分享自己所读的一篇文献，也可以让其他同学通过这样的分享学习到更多课外的相关内容。(X11)

> 我觉得我们缺少一定的课程内容落实。并不是所有的同学都会自觉去复盘课程内容，我自己有时任务太多也会把这门课程的PPT放一放、阅读材料放一放，因为我知道没有小测、没有练习，这种没有压力并不完全是减轻了我的负担，反而是有时助长了我的倦怠，导致课程内容不能完全落实。因此，建议老师可以在每节课前抽几分钟进行对上堂课知识的巩固和检测，这样是推动同学们去落实课程内容的一种较好的方式。(X1)

> 可以在每节课开始前对上节课的内容进行回顾，加强大家回顾课件的意识，也能够帮助大家学习新知识。(X35)

> 个人很喜欢看结合科技的相关案例，包括各种高科技的学习空间，听老师讲故事也非常有意思。希望未来有机会实地考察一下该类场地，并深入了解这些技术之于教学的影响。(X22)

"知识应用"主要表现为学生能够利用思维导图等可视化方式对学习内容以可视化的方式展示。代表性的相关内容如图5.6所示。

第五章 小组自选论题和正反方的线上可视化论证式教学　　227

图 5.6　学生在其反思中所绘制的五次论证内容的关键词（X9）

三　学生对于论证式教学的态度

为了回答第四个研究问题（学生对于小组自选论题和正反方的线上可视化论证式教学有怎样的态度？），研究主要收集了受访者半结构化访谈的数据和个人反思的数据。首先，研究基于访谈提纲对随机选取的20名学生进行了半结构化访谈，参考混合学习环境下高校课堂论证式教学的前六个步骤，受访者一共被问到六类问题，它们分别为关于教师讲授的问题（2个），关于论题创设的问题（1个）、关于论题和站方选择的问题（3个），关于论证准备的问题（1个），关于论证建构的问题（4个）以及关于展示反馈的问题（2个），共计13个问题。20名受访者半结构化访谈数据的分析结果如表5.16所示。

表 5.16　研究二中学生对于论证式教学的态度（半结构化访谈数据）

教学阶段	问题	内容	频次
教师讲授	教师的讲课对你整个论证过程有怎样的影响？	提高论证的准确性	19
		知识不能应用到论证	14
	经过教师对论证相关内容的讲授，你对论证有怎样的认识？	论证加深理解知识	11

续表

教学阶段	问题	内容	频次
论题创设	你对自己提论题有怎样的态度？	发挥自主性	15
		感兴趣的论题	10
		论题不熟悉	10
论题和站方选择	你对小组定论题有怎样的态度？	以学生为中心	13
	你对小组选正反方有怎样的态度？	讨论中理性选择	14
		被迫选择	6
	你对正反方组队有怎样的态度？	集体归属感	17
		无所谓	3
论证准备	你对队友线上协同准备论证有怎样的态度？	平等参与	18
		提高效率	17
论证建构	你对于线上写下来论证有怎样的态度？	时间充足	16
		随时参与	13
		一个论题占时长	10
		不能及时支持或反驳	9
	你对于使用论证图进行论证有怎样的态度？	清晰理解论证结构	20
		论题相关的支持和反驳	16
		证据相关的支持和反驳	15
		想法组织逻辑化	13
	你对于以超越对方为目标有怎样的态度？	组内凝聚力高	19
		参与性高	15
		全面思考	10
	你对于组内组间实名论证有怎样的态度？	反驳不尴尬	10
		小组情面阻碍	6
		无所谓	4
展示反馈	你对于基于留痕的内容进行展示有怎样的态度？	提高逻辑组织能力	16
		复习知识	10
	你对于教师基于留痕内容的评价有怎样的态度？	证据为主	16
		成果被认可	12
		学习论证技能	9
		学习专业知识	9
		同一概念下论证	6

从表 5.16 可以看出，受访者主要认为论证图能帮助他们清晰地理解论证结构（20 次），教师的讲解有助于其提高在论证中发言的准确性（19 次），以超越对方为目标有怎样的感受能够提高组内凝聚力（19 次），线上协同准备论证的方式给每个人提供公平的参与论证准备的机会（18 次）等。

此外，42 个学生的反思结果如表 5.17 所示，结果表明，线上提供充足时间和空间（30 次），写论证内容的方式便于记录论证过程（28 次），自己提出的论题与课程内容联系不紧密（25 次），正反方辩驳中友好交锋（25 次）等是学生主要的反思内容。

表 5.17　研究二中学生对于论证式教学的态度（反思数据）

教学阶段	主题	内容	频次
论题创设	学生提论题	与课程内容联系不紧密	25
		科学性有待提升	18
		拓展知识面	16
论题和站方选择	学生正反方组队	友好交锋	25
		强行加戏	5
论证准备	组员线上协同准备论证	相互学习	23
		均衡分工	17
论证建构	学生线上写下来论证	充足时间和空间	30
		过程记录	28
		都发表想法	15
		缺乏临场应变	8
展示反馈	学生展示留痕内容	锻炼表达能力	17
		组间相互学习	14
		与观众互动不强	10
		梳理思路	8
	教师基于留痕内容的评价	非量化	1
		客观	1

以下分别对学生对于论证式教学六个步骤的感受以及反思内容进行详细描述。为了便于展示学生在访谈中的原话，研究者将 20 名受访者依

据被访时间进行编号（被访时间是受访者依据自身时间而定的），依次编号为 S1—S20。为了便于呈现学生的反思内容，研究者将 42 份反思依据学生提交的时间依次编号为 X1—X42。

1. 学生对于教师讲授的态度

在半结构化访谈中，为了探究学生对于教师讲授的态度，研究一共问了受访者两个问题，第一个问题为：教师的讲课对你整个论证过程有怎样的影响？第二个问题为：经过教师对论证相关内容的讲授，你对论证有怎样的认识？

对于第一个问题"教师的讲课对你整个论证过程有怎样的影响"，19 名受访者表示他们能够通过教师的讲解学习专业知识，进而提高在论证中发言的准确性。14 名受访者表示他们不能很好地在论证中应用教师所讲的知识，这主要是因为他们自己提出的论题和教师所讲授的内容联系性不高导致的。代表性的相关内容如下。

> 老师讲的内容还是挺好的，让我学到了之前不知道或者不清晰的知识，也让我对学习科学与技术有了更加深刻的理解，比如学习了研究方法、学习科学等领域的知识，跟我之前对学习科学与技术的理解有些差异，纠正了之前错误的想法，在正确想法的引导下，自己在论证中的发言也更准确。（S1）
>
> 老师的讲解虽然能够让我学到很多知识，但是论题的内容和老师讲的不太相关，要是硬是相互关联的话也能关联上，比如技术是缩小了还是拉大了教育鸿沟这个论题就用到了老师所讲的知识。（S12）

对于第二个问题"经过教师对论证相关内容的讲授，你对论证有怎样的认识"，11 名受访者表示他们通过教师的讲解加深了对于论证的理解，认为论证是促使他们深刻理解知识的重要途径。代表性的相关内容如下。

> 我之前是大致知道论证能够帮助我们理解知识，但是没有具体了解过，这次课上通过老师和助教姐姐对论证本身的讲解，比如论

证中经常用到的 Toulmin 模型等，让我认识到我之前对知识的学习更多的时候是停留在表面，论证能够让我深挖知识相关的内容。(S15)

2. 学生对于论题创设的态度

在半结构化访谈中，为了探究学生对于论题创设的态度，研究问了受访者一个问题：你对自己提论题有怎样的态度？15 名受访者表示他们能够通过提出和确定争议性论题的方式充分发挥个人自主性。10 名受访者表示自己提论题以及小组定论题的方式提高了他们对论题的兴趣感。10 名受访者表示他们提出和确定的论题和课程内容关联性不大，这就导致他们需要花费较长的时间了解自己不熟悉的内容。代表性的相关内容如下。

> 通过提出和确定论题，我们能够对自己想论证的内容开展论证，这样有助于我们后续论证更好地开展。(S6)
> 我们小组五次的论题都是我们小组成员感兴趣的内容，对自己感兴趣的论题进行论证我觉着是一种幸福，因为可以对自己感兴趣的内容进行系统的深层探究。(S20)
> 我觉着我们的论题和课堂的讲授内容关联性并不是很大，也就是说，我们在准备论证内容的时候不太会用到老师讲过的知识点，这就导致我们对论题本身没有了解，需要花费比较长的时间了解自己不熟悉的内容。(S15)

在学生的反思中，他们也发表了关于自己提论题的态度。25 个学生表示鉴于自身知识储备等原因，他们提出的论题与课程内容的联系不紧密。18 个学生表示他们提出的论题缺乏科学性，这会给他们的论证带来困难。16 个学生表示他们能够通过提出论题的方式拓展自己的知识面。代表性的相关内容如下。

> 抛辩题并不是一件随意、简单的事情，看似普通、寻常的"提问"其实有诸多讲究。如最后一节课堂上分享反思的几位同学所说，抛出一个辩题的同时，提问者也需要思考：这个辩题是否具有讨论

的价值？辩论双方的地位与优势是否相对平等？辩题的拟定是否严谨？其中是否存在着提出者尚未考虑到的漏洞？辩题所述是否符合当下的教育现实？辩题所涵盖的范围是否过于广泛以至于辩论过程难以聚焦、详细展开？……将"抛辩题"这项任务交给学生，的确能够锻炼同学们发现问题、提出问题的能力，但也使得提出的大部分辩题质量不高、存在水分。（X23）

抛辩题的时候我会仔细找找时事新闻或者是固有的一些教育问题，这些问题可能是平时不会深入关注但又感兴趣的，通过辩论的形式让自己或者让大家进行辩论，不管怎样，我都能收获不少知识。（X37）

其实这门课虽然同样使用了"辩论"这个形式，但和我之前上过的课的辩论都不太一样。这也正是我最喜欢这门课的地方之一。在之前的课上，我们所有的辩题都是由老师指定的。例如，在《高等教育学》上，我们辩论了两次，一次是关于高等教育国际化/本土化，一次是通识教育/专业教育哪个更重要。这些辩题都是老师直接制定的。而在这里，我们自己给自己的辩论制定问题，这就有了一系列的好处。这样的辩题以学生为主体，反映了学生在现阶段所关心、思考、困惑的问题。（X6）

辩题与课堂理论联系不密切，大家往往提出的问题都是最近看到的教育类新闻或者是比较关心的教育问题。针对这几个问题，我认为可以换一种形式，比如由老师提出几组辩题，或者每一小组提出一个辩题，由大家投票表决。（X8）

3. 学生对于论题和站方选择的态度

在半结构化访谈中，为了探究学生对于论题和站方选择的态度，研究问了受访者三个问题，第一个问题为：你对小组定论题有怎样的态度？第二个问题为：你对小组选正反方有怎样的态度？第三个问题为：你对正反方组队有怎样的态度？

对于第一个问题"你对小组定论题有怎样的态度"，13名受访者表示这种方式能够增加他们彼此的交流性，他们也能够积极参与论题的选择，在选择中体现了自身主体性。代表性的相关内容如下。

和以往的论证不同，我们可以自己选择论题，由于论题是我们小组后续来论证，论题的选择就直接关系到我们的论证质量，我们小组成员讨论的也比较积极，每个人都有主人翁的感觉，我觉着这样的方式才真正体现了以学生自身的需求为中心（S3）

对于第二个问题"你对小组选正反方有怎样的态度"，14位受访者表示这样的方式增加了他们在站方选择中的理性，因为这是他们小组经过协商讨论和深思熟虑后的结果。6位受访者表示这样的方式让他们被迫地选择站方，站方选择并不是源于其对观点的强烈支持或反驳。代表性的相关内容如下。

一般情况下我们小组都会经过激烈的讨论选出站方，每次大家的意见其实都挺不一致的，但是经过协商后我们会选择一个大家都比较认同的方案，这个过程中也增加了我们对论证内容的了解。（S13）

五次论证中我感觉我大部分都是随着小组的大流走的，因为前期自己提出的站方最后也是被否决，所以之后也不提了。（S3）

对于第三个问题"你对正反方组队有怎样的态度"，17位受访者表示这样的方式能够增加他们的集体归属感，因为同一个站方的学生有共同的目标。3位受访者感到无所谓，他们认为论证的本质是针对事物进行探讨，而人际关系等不重要。代表性的相关内容如下。

正反方的方式让我们找到了属于自己的团队空间，同一个站队的我们有共同的目标，即战胜对方，这在无形中让我们更加团结，有集体完成一件事的感觉。无论我是正方还是反方，我都将维护本站方的观点作为使命，组员的目标也都是齐心协力战胜对方，所以大家的集体团结性自然也会很高。（S5）

我个人来说没有太大的感觉，因为大家都是针对事物而讨论的，并不需要考虑人情关系上的因素。（S9）

在学生的反思中，他们也发表了关于正反方组队的态度。25名学生表示这样的组队方式能够让他们双方友好地开展论证，针对论题深入探究，在探究的过程中不断锻炼自身的思维能力。5名学生认为这样的组队方式导致双方的论证方式不友好，有些学生为了取得论证的胜利而强行添加和论证不相关的内容。代表性的相关内容如下。

> 虽然辩论的客观目的是"赢"，但经过这几次辩论，我认为辩论的魅力不在于说服对手认可我的观点，而在于双方在深入思考了这个问题并汲取对方想法之后得到一个更批判辩证更全面的对问题的看法，并在此过程中锻炼自己的逆向思维和分析总结能力。这里面其实也有个蕴含的原因，就是也是因为双方都比较熟悉嘛，所以不想搞得太难看。（X1）

> 不管对方是否建构好观点体系，甚至为了先写而互相挤线，再加上网络评论式的环境，我们的辩论就走向了"网络互怼"乃至"键盘侠对喷"。很多反驳没有抓住前文逻辑，用语也很激烈；很多支持和前文也不在一条线上，有的支持只是堆砌资料。（X4）

> 我们一直在有意识地将辩论线拉长。在辩题的选取方面，我们会更乐于选取易于寻找事实类、数据类论据的辩题，而不太乐于选取思辨性辩题。在辩论的过程中，我们为了显得很长，有时会将一些逻辑并不融洽的论点论据放在一条线上，导致辩论的逻辑性和整体性出现了问题。（X19）

4. 学生对于论证准备的态度

在半结构化访谈中，为了探究学生对于论证准备的态度，研究问了受访者一个问题，该问题为：你对队友协同准备论证有怎样的态度？对于该问题，18名受访者认为线上协同准备论证给予他们平等的参与论证的机会。17名受访者认为这样的方式能够汇聚大家的意见并提高论证准备效率。代表性的相关内容如下。

> 大家都能够参与准备论证，都可以通过登陆平台上传自己找到

的资料，这样就体现了论证准备中的公平性。（S11）

每个人都有自己独特的想法，我们借助平台能够对这些想法进行及时有效的整合和碰撞，让论证准备的更为高效。（S6）

在学生的反思中，他们也发表了关于队友线上协同准备论证的态度。23 名学生表示他们能够通过线上协同准备论证彼此学习、共同成长，督促自我不断地改进。17 名学生表示他们有均衡的分工，这不仅提高了他们的论证效率，促使论证顺利开展，还能够促使组员主动求知。代表性的相关内容如下。

我们小组的四个人其实在辩论前互不相识，但通过辩论活动准备活动大家建立了友谊，我对于每个人的特质也有了基本的了解。我认为也是一次共同成长的经历。总而言之，从我的小组成员身上我学习到了挺身而出、砥砺前行的品质，期待下一次合作！（X20）

组员分组开展论文资料查询工作，分工明确，任务完成质量好，更令人欣喜的是完成模块性任务后，所有资料都交由总结同学进行汇总，总结后形成模块性报告，为展示报告的撰写节约了时间和精力。这培养了我们小组各成员的努力求知的主动精神，积极探索的精神，实事求是的科学精神与严谨的科学态度。（X25）

5. 学生对于论证建构的态度

在半结构化访谈中，为了探究学生对于建构论证的态度，研究一共问了受访者四个问题，第一个问题为：你对于线上写下来论证有怎样的态度？第二个问题为：你对于使用论证图进行论证有怎样的态度？第三个问题为：你对于以超越对方为目标有怎样的态度？第四个问题为：你对于组内组间实名论证有怎样的态度？

对于第一个问题"你对于线上写下来论证有怎样的态度"，16 名受访者表示这样的方式能够给予他们充足的时间去思考。13 名受访者表示他们能够通过线上写论证的方式随时参与论证。10 名受访者表示在线上写论证的过程中，一个论题占用时间过长。9 名受访者表示他们不能够及时地开展支持或反驳。代表性的相关内容如下。

> 线上的环境中,我可以有充足的时间去查找资料和思考,不用赶时间,我的每次发言都是经过长时间的思考总结出来的。(S5)
>
> 我什么时候突然来了灵感,突然想起来对某个论证内容的看法,我就可以随时填充到论证图中,这种方式非常方便和灵活。(S20)
>
> 我感觉我每天每时每刻都要论证同一个内容,这占用了我做其他事情的时间,同一个内容我觉着没必要论证这么长时间。(S7)
>
> 我感觉论证这件事情很大程度上是一种氛围感,刚听到对方想法时候就是有反驳的冲动,但是线上写下来并不能及时提醒大家对方什么时候发了言,很多情况下我反驳了对方亟待对方的回复,但是等了好长时间对方也没有反映。(S13)

在学生的反思中,他们也发表了关于线上写论证的态度。30个学生表示线上的环境为他们提供充足的时间和空间去思考,并给予他们均等的发言机会。28个学生表示线上的方式能够让他们的论证过程内容留痕,便于他们后续对论证进行审查和反思等。15个学生表示他们都能够通过线上的方式参与论证。8个学生表示线上论证的方式不能够锻炼他们临场应变的能力。代表性的相关内容如下。

> 首先,线上辩论的形式更便捷。在大学,凑齐八九个人在相同的时段进行线下讨论往往非常困难,而线上辩论使辩论可以在每一个成员的空闲时刻进行,突破了时间上的局限。其次,线上辩论的形式延长了辩论的时间。辩论不必在固定的10—20分钟完成,在几天时间内大家都可以围绕辩题随时展开讨论,这使传统辩论中的技巧性色彩减少,对于论点的讨论程度得以加深,对于辩题的理解程度得以加深。(X2)
>
> 提升成员的参与程度。传统辩论可能会将每一位成员的发言机会置于不等的位置;而云辩论让每个成员在这方面保持平等,每个成员都可以随时随地添加他们的视图。同时,每个成员的编辑数量和质量是公开的,在某种程度上起到了督促每个成员积极地、高质量地参与辩论过程。(X8)

但线上辩论—是缺失了线下辩论的紧张感,导致对辩论者思维灵敏度和即时反应能力的考察有所缺失。(X7)

打字辩论并非单纯的对话式的你来我往,其最大的意义是构建了一张完整的思维导图,从而记录下辩论过程中所有细节,为我提供了重新研究与反思的机会。(X1)

对于第二个问题"你对于使用论证图进行论证有怎样的态度",20名受访者认为论证图能够清晰地展示整个论证结构。16名受访者认为论证图促使他们提供与论题相关的支持和反驳。15名受访者认为论证图促使他们提供与证据相关的支持和反驳。13名受访者认为论证图能够让他们以逻辑化的方式组织他们的想法。代表性的相关内容如下。

感觉要比在论坛上争论好多了,这个论证就很清晰爽朗,不同的颜色代表不同的意思,一看就知道哪个方在哪个点上说了哪些内容,后面的人是怎样对这个点进行支持和反驳的,整个的逻辑架构和细节都被清晰地呈现。(S19)

在论证图中,每添加一个框框都要思考这个框框里面的内容是否和论证主题以及它所接的框框有必然关系,因为如果没有关系的话大家一眼就能够看出来。(S16)

我们使用的论证图中不同颜色代表不同的意思,我们都想绘制出来有证据支持的框框,让自己方的图看着更为充实。(S10)

在论证图中,所有连接的框框间都有严谨的逻辑性,这就促使我将散乱的资料和想法以逻辑化的形式呈现到论证图中,也是对思维的一次锻炼。(S4)

对于第三个问题"你对于以超越对方为目标有怎样的态度",19名受访者表示认为这样的方式能够提高组内凝聚力。15名受访者表示在以超越对方为目标的驱动下,他们能够积极地参与论证。10名受访者表示他们能够通过这种方式全面思考问题。代表性的相关内容如下。

要想超越对方,就需要我们小组成员共同努力,凭借个人力量

是很难超越对方的，当我们意识到这时候，我觉着大家都挺一心的，组内协作的效率也高了。（S18）

每次论证的时候，我总觉着有一股力量在驱使我要尽自己最大的努力，积极参与为小组多做事，争取打败对方。（S8）

超越对方不仅意味着对对方进行反驳，还要尽量让自己方本身的发言内容无懈可击，这就要求我们无论是反驳对方还是支持自己站方，都要对自己观点有多角度理解。（S9）

对于第四个问题"你对于组内组间实名论证有怎样的态度"，10名受访者表示这样的方式能够让他们自由反驳不尴尬。6名受访者表示组内组间实名论证让他们碍于小组情面不好意思反驳。4名受访者表示他们对组内组间实名论证没有特别的感觉。代表性的相关内容如下。

我也不知道我反驳的是谁，所以就尽可能地反驳，也不用考虑大家的面子问题，无拘无束，不用多想。（S8）

我和反方的小伙伴们都比较熟，私下都是好朋友，不想因为反驳的事情闹得不愉快，大家和平辩论就好。（S9）

我想反驳的时候就反驳，有证据支持的时候就反驳，至于对方是谁，反驳的人是谁，我觉着没有必要关注，因为又不是针对的个人。（S14）

6. 学生对于展示反馈的态度

在半结构化访谈中，为了探究学生对于展示反馈的态度，研究一共问了受访者两个问题，第一个问题为：你对于基于留痕的内容进行展示有怎样的态度？第二个问题为：你对于教师基于留痕内容的评价有怎样的态度？

对于第一个问题"你对于基于留痕的内容进行展示有怎样的态度"，16名受访者表示他们通过展示留痕的论证内容梳理了自己的逻辑思路。10名受访者表示他们在展示过程中复习了相关知识。代表性的相关内容如下。

第五章 小组自选论题和正反方的线上可视化论证式教学 239

其实展示过程我觉着要求还是蛮高的，因为要将大量的论证的内容用比较少的语句说出来，并且能够和对方搭上边，这需要强大的提炼和逻辑组织能力，当然这一切也需要建立在自己对论证内容非常了解的情况下。(S1)

在展示之前肯定要对整个论证的内容非常熟悉，做一个总结和复盘，复盘的时候可以很好地回顾内容，在复盘回顾过程中或许也会有新发现。同时还有老师在展示的整个过程中可能会提出一些问题，回答问题也要运用到专业知识。(S15)

在学生的反思中，他们也发表了关于展示留痕论证内容的态度。17名学生表示他们通过展示锻炼了自身的表达能力。14名学生表示他们通过展示能够更好地进行组间相互学习。10名学生表示他们在展示结束后，台下听众较少提出疑问等，展示者和台下听众的互动性不强。8名学生表示他们通过展示留痕的论证内容再次清晰地梳理了论证思路等。代表性的相关内容如下。

准备展示本身给了我们一个复盘的机会，对厘清辩论的思路是有帮助的。(X6)

在查看其他小组的语雀辩论思维导图时，我发现有一个小组的思维导图模式很值得借鉴。他们在用文字将论点和论据标注起来，使得整个思维框架很清晰。例如，在某个论点前写上"论点1"并加粗，在论点这个框框后面再添加论据的框框，标上"论据1""论据2"并加粗。个人觉得，如果老师后续要再看这门课的话，可以让同学们采用这种思维导图画法，让论点论据更为清晰。(X9)

通过辩论的形式进行知识的学习，很好地锻炼我的思维能力和语言组织能力；后续课堂上展示思维导图的环节，有效提高了我的总结归纳能力与口头表达能力，真正加深了我对这些问题的理解。(X10)

不过我希望能提一个小意见，每周一次的辩论可能稍微有些繁重，或许可以每隔一周辩论一次，因为太频繁的辩论辩到最后其实大家都有一些疲倦了，当大家为了应付的时候辩论就失去它本真的

意义了。(X17)

但是在展示阶段,少数同学将自己置身于辩论教学之外,不仅不关注台上同学的展示,甚至做出一些与辩论式教学毫不相干的事情。我觉得任何一个学生都不能将自己当作辩论式教学的"局外人"。(X36)

对于第二个问题"你对于教师基于留痕内容的评价有怎样的态度",16 名受访者表示他们从教师的评价中明白了论证中证据的重要性。12 名受访者表示教师评价中也包含了对他们论证成果的认可。9 名受访者表示教师的评价有助于他们学习专业知识。9 名受访者表示他们的论证技能有所提升。6 名受访者表示教师的评价让他们明白了在同一个概念下论证的重要性。代表性的相关内容如下。

老师在点评中经常说的一句话就是 Evidence-based,这个单词也深深地刻在我的脑海中,在其他课上讨论的时候,我也经常用证据支持我的观点。(S20)

老师在指导中强调论证要动起来,要交互起来,通过分析对方发言中的缺陷反驳对方,或者通过寻找证据等方式支持己方。(S13)

老师在指导中经常会提到前面学过的或者后面即将讲授的知识,这样不仅让我们回顾了学过的知识,同时也为学习新知识做了铺垫,激发了我们的好奇心。(S16)

老师经常会说我们的论证都是各自论证各自的,不在同一个频道,这是因为我们对概念的最初界定是有差异的,导致两方后续不能在同一条线上论证,以后论证的时候两方首先要界定概念,界定论证的范畴。(S9)

老师在指导和评价的时候总是会花很长时间表扬我们的优点,充分挖掘到我们组的闪光点,并针对如何将该闪光点发扬光大提出建议,我觉着这点对于我来说很具有鼓励性,我们组也在老师的期望下做得越来越好。(S1)

在学生的反思中,他们也发表了关于教师评价的相关态度。1 名学生认为量化的评价标准容易让他们盲目追求发言量而忽略发言内容,即盲目添加长方形扩大论证图的面积而没有考虑长方形中的内容,从而导致整个论证质量下降。1 名学生表示要提高评价的客观性。代表性的相关内容如下。

就是辩论难以量化,为了追求分数,大家一味地想要横着,很容易忽视辩论的逻辑性。因此我认为辩论的评价机制应该做出适当的调整。当然如何评价辩论也应该征求大家的意见决定。(X25)

在通过论证图进行评价的时候,往往会只是注重论证图的外在形状,也就是越大越好,分支越多越好,这其实很容易带来盲目攀比的问题。(X18)

第四节 研究讨论与结论

一 主要结果讨论

(一) 小组自选论题和正反方的线上可视化论证式教学有助于学生批判性思维技能的提升

五次论证中,学生的平均批判性思维深度逐步提升,这说明学生的批判性思维技能水平逐步提升,即小组自选论题和正反方的线上可视化论证式教学能够提升学生的批判性思维技能水平,该结果和 Eftekhari 等人[1]的研究结果具有一致性,在他们的研究中,在线论证图能够提升学生的批判性思维技能水平。在线论证图能够提升学生批判性思维技能水平的主要原因有以下几点。

首先,论证图通过双重形式(视觉空间/图表和口头/命题)表示论点信息,这和双码理论所强调原则具有一致性,即通过同时用视觉和语

---

[1] Maryam Eftekhari, Elaheh Sotoudehna, S. Susan Marandi, "Computer-aided Argument Mapping in an EFL Setting: Does Technology Precede Traditional Paper and Pencil Approach in Developing Critical Thinking?", *Educational Technology Research and Development*, Vol. 64, No. 2, 2016.

言的形式呈现信息能够增强人们对信息的回忆与识别[1]。在视觉和语言充分整合的前提下,以视觉—语言双模态(如图表和文本)形式呈现信息能够提高学生学习的效率并减少其认知负荷[2]。通常情况下,论证图中大量采用了曲线、分支和箭头等可视化元素,这些元素不仅清晰明了地反映观点与论据之间的逻辑关系,还为学生阐明论点、丰富论述的数据资料、厘清数据之间的关系并加以有效论证提供了指导[3],且其强烈的图感也有利于吸引参与者的注意力,促使他们共享知识以及引发他们积极联想和思考[4]。

其次,论证图以层次化的方式呈现信息,信息在分层的组织方式中具有明确的结构,这些明确的结构不仅有助于人们在工作记忆和长期记忆中组织信息,还能够促使人们产生质疑以及寻找更多的证据证实自己的质疑[5],并最终提升人们的批判性思维技能水平。总之,对于一些可视化的工具而言,如思维导图等,其本质可概括为"系统反思清理"和"思维结构化"。所有受访者都认为,论证图提高了他们论证结构的清晰性,让他们的论证过程紧扣论证主题。

最后,异步的方式为学生提供了充足的时间思考对方的发言内容,然后对对方的提问进行深思熟虑的回答,由此可见,异步论证的方式有效地解决了传统环境中学生论证时间不足的难题[6],为学生提升其批判性思维技能水平提供了支撑条件。

---

[1] Allan Paivio, *Imagery and Verbal Processes*. Hillsdale: Erlbaum, 1971.

[2] John Sweller, *Cognitive Load Theory: Recent Theoretical Advances*. In J. L. Plass, R. Moreno & R. Brünken (eds.), *Cognitive Load Theory*, New York: Cambridge University Press, 2010, pp. 29 - 47.

[3] Weillie Lee, Chi-Hua Chiang, I-Chen Liao, Shiah-Lian Chen, Mei-Li Lee, "The Longitudinal Effect of Concept Map Teaching on Critical Thinking of Nursing Students", *Nurse Education Today*, Vol. 33, 2013.

[4] 况姗芸、蔡佳、肖卫红、陈文红、卢昀:《知识建构的有效途径:基于知识可视化的辩论》,《中国电化教育》2014年第10期。

[5] Christopher P. Dwyer, Michael J. Hogan, Ian Stewart, "An Evaluation of Argument Mapping as a Method of Enhancing Critical Thinking Performance in E-learning Environments", *Metacognition and Learning*, Vol. 7, No. 3, 2012.

[6] Jennifer C. Richardson, Philip Ice, "Investigating Students' Level of Critical Thinking across Instructional Strategies in Online Discussions", *Internet and Higher Education*, Vol. 12, No. 2, 2010.

但该结果与 Charrois 和 Appleton[1]的研究结果存在差异性，在他们的研究中，学生虽然能够在论证中提出理性的论点，但纵观整个论证过程，学生的论证水平有所下降，而学生的论证水平和批判性思维技能水平具有相关性[2]。该研究也指出，论题的性质是导致学生论证水平下降的一个重要原因，具体表现为论题不具有实际适用性。相比之下，本研究中的论题全部是由学生自己提出的，学生提出的论题是基于他们熟悉的场景或感兴趣的领域，因此他们会更积极地参与论证并开展高质量的论证，并通过高质量的论证锻炼自身的批判性思维技能水平。

（二）五次论证中，学生经常基于论据提出论据

在五次论证中，学生产生的数量排名第一的有效单序列为理解→理解，这说明学生在论证过程中经常基于论据提出论据，通过列举案例或者事实数据的方式支持己方观点或反驳对方观点，较少有深入分析对方发言内容的行为。上述现象的产生和本研究中使用的论题性质相关。首先，在本研究中，大部分论题都是与社会紧密相关的争论性议题，如技术缩小还是扩大了地区间的教育差距，学生能够很容易从网络上找到相关事件报道等作为自己的论据，这也从侧面反映出社会性议题虽然贴近学生的实际生活，能够吸引学生积极参与论证，但也很容易让学生对论题的理解仅停留在列举数据或例子的层面，导致其对论题本质的思考不够深入，缺乏对观点本身的分析。

虽然本研究中学生对于自己提出的论题具有较高的兴趣感，但学生提出的论题也存在一些问题，如论题内容和教师课上所讲的内容脱离，这不仅不能让学生应用教师在课堂上所讲的知识，还需要耗费他们大量的时间和精力去寻找与论题相关内容和资源，导致他们很难深入理解论证内容，只能通过案例等支持或反驳观点。也有研究表明，学生的论证质量很大程度上取决于他们对于论题背景的理解度和熟悉度，最好让学生在论证活动中运用先前所学知识，先前知识不仅为他们的论证提供知

---

[1] Theresa L. Charrois, Michelle Appleton, "Online is to Enhance Critical Thinking in Pharmacotherapy", *American Journal of Pharmaceutical Education*, Vol. 77, No. 8, 2013.

[2] 武宏志：《论批判性思维的核心元素：论证技能》，《延安大学学报》（社会科学版）2016 年第 1 期。

识基础,学生也可以在论证中应用和巩固这些知识,进而加深对知识的理解,形成知识—论证—知识相互促进的良性循环①。学生在访谈和反思中也表示,自己提出的论题虽然很有趣,但是和教师课上所讲授内容不太相关。

此外,在本研究中,学生很少对对方的观点进行深入分析,也很少将自己方的论点和对方进行比较,这和 Breivik② 的研究结果类似,在他的研究中,学生们仅仅在网上发表自己的观点,他们不能将自己的观点和其他讨论者的观点进行清晰、明确的关联,Breivik 的研究中虽然也是在线环境,但是没有用到论证图,这就从侧面说明论证图仅仅是信息表征的外在方式,该方式虽然能够帮助学生整理思路,清晰地展示论证内容之间的逻辑关系,但要想促使学生深入分析某个事物或观点,还需要提供除了论证图等表征方式之外的支持,即从学生的知识或论证技能方面进行完善和优化。

(三) 学生的发言次数和批判性思维技能无显著相关性

在本研究中,学生的发言次数和批判性思维深度无显著相关性,这说明学生的发言次数和批判性思维技能无显著相关性,该结果和 Dwyeret, Hogan 和 Stewart③ 的研究结果是不同的,在他们的研究中,学生完成的在线论证图越多的话,他们的批判性思维技能水平就越高。此外,该结果和冷静、郭日发、侯嫣茹和顾小清④的研究结果也具有差异性,在他们的研究中,学生参与在线协作讨论的发言次数和其批判性思维深度显著相关,因为学生的积极发言就代表他们自己有很多想法和观点,这些想法和观点来自他们对发言内容的思考,学生在思考过程中既能够加深对知

---

① Claudia von Aufschnaiter, Sibel Erduran, Jonathan Osborne, Shirley Simon, "Arguing to Learn and Learning to Argue: Case Studies of How Students' Argumentation Relates to Their Scientific Knowledge", *Journal of Research in Science Teaching*, Vol. 45, No. 1, 2008.

② Jens Breivik, "Argumentative Patterns in Students' Online Discussions in an Introductory Philosophy Course", *Nordic Journal of Digital Literacy*, Vol. 15, No. 1, 2020.

③ Christopher P. Dwyer, Michael J. Hogan, Ian Stewart, "An Evaluation of Argument Mapping as a Method of Enhancing Critical Thinking Performance in E-learning Environments", *Metacognition and Learning*, Vol. 7, No. 3, 2012.

④ 冷静、郭日发、侯嫣茹、顾小清:《促进大学生批判性思维的在线活动设计研究及可视化分析》,《电化教育研究》2018 年第 10 期。

识的理解，也能够锻炼其批判性思维技能。本研究的结果之所以和上述研究的结果存在差异性，主要是由以下几个原因造成的。

首先，论证图的评价方式存在不足。在本研究中，评价论证图的一个参考标准就是其形状越长越好，为了满足该标准，学生会通过盲目增加内容的方式增加论证图的长度，但却忽略了其内容的质量。因此，后续的研究中应该对论证图的评价标准进行完善。

其次，学生参与论证的积极性有待提升。在本研究中，学生论证的论题和站方都是由其所在的论证小组决定的，虽然小组的选择在某种程度上代表了大部分人的意见，但也存在小组的决定和个人本来所选的论题和站方不符的情况，这就会影响这些人在论证中的发言质量。部分受访者也表示，由于小组选择的站方和自己初始的站方相反，导致自己不能够很好地参与论证。从这个角度来看，如何采取措施让每个组员都能够为自己原本所选的论题和站方发言是后续研究中值得思考的问题。

最后，组内组间实名的方式虽然在一定程度上增加了学生"隐私性"，但他们还是能够明确知道对方的组员，鉴于某些组员之间有较好的友谊关系，他们彼此之间很难开展驳斥。也有部分受访者表示，组内组间实名的方式不能让他们充分地反驳对方。

（四）小组自选论题和正反方的线上可视化论证式教学有助于学生论证技能和专业知识水平的提升

小组自选论题和正反方的线上可视化论证式教学有助于学生论证技能的提升，该结果和 Tsai 等人[1]的研究结果具有一致性，在他们的研究中，论证式教学有助于所有学生提升论证技能。究其原因，在本研究中，线上论证的环境给予学生充足的思考时间，他们能够基于充足的时间更好地开展支持和反驳，且可视化的方式能够让学生更好地组织论证的逻辑结构，这些都有助于学生提升自身的论证技能。学生在访谈和反思中也表示，线上的环境给予他们充足的时间，论证图提高了他们论证结构的清晰性，进而帮助他们整理逻辑思路。虽然小组自选论题和正反方的

---

[1] Chun-Yen Tsai, Brady Michael Jack, Jin-Tan Yang, Tai-Chu Huang, "Using the Cognitive Apprenticeship Web-based Argumentation System to Improve Argumentation Instruction", *Journal of Science Education and Technology*, Vol. 21, No. 4, 2012.

线上可视化论证式教学有助于学生论证技能的提升,但也有少部分学生认为以下几个方面会给他们论证技能的提升带来消极影响,他们认为虽然外界给其提供充足的时间去思考,但由于自身对小组所选的论题和正反方缺乏强烈的认同感等,导致他们参与论证的积极性受到影响,他们很难通过充分参与支持或反驳提升自己的论证技能。部分受访者也表示,小组所选的站方违背了他们本来的意愿,他们的论证质量也不高。

此外,小组自选论题和正反方的线上可视化论证式教学有助于学生专业知识水平的提升,该结果和 Mercer、Dawes、Wegerif 和 Sam[1] 的研究结果相似,在他们的研究中,论证式教学有助于学生学习专业知识。在本研究中,学生可以从以下三个方面学习专业知识,第一,教师的讲解有助于学生学习专业知识。部分受访者也表示,他们通过老师的讲解学到很多课程内容相关的知识。第二,学生在提出论题、小组确定论题、准备论证、建构论证以及展示论证中都会对所学的知识再次应用,这也加深了学生对于知识的理解。第三,学生能够从教师的评价反馈中学习专业知识。部分受访者也表示,他们通过教师的评价反馈学到了很多课程知识。

二 研究结论与启示

研究二探究了小组自选论题和正反方的线上可视化论证式教学的步骤、内容及教学效果。研究发现,小组自选论题和正反方的线上可视化论证式教学有助于学生批判性思维技能的提升,在论证过程中,学生经常基于论据提出论据,即学生经常引用案例、数据等对他人开展支持或反驳的互动。学生参与论证的次数和其批判性思维技能之间没有相关性。学生的论证技能和专业知识水平也得到提升。

下一步的研究需要进一步优化混合学习环境下论证式教学各个步骤的内容,以更好地发挥其教学效果。尤其关注如何提升学生在论题选择方面的自主性以及提升论题和课程内容的相关性,如何提高学生在正反

---

[1] Neil Mercer, Lyn Dawes, Rupert Wegerif, Claire Sams, "Reasoning as a Scientist: Ways of Helping Children to Use Language to Learn Science", *British Educational Research Journal*, Vol. 30, No. 3, 2004.

方选择方面的自主性,如何让学生充分利用论证图提高论证结构的清晰性,如何促使学生深入分析对方的观点等。

第五节　本章小结

本章首先详细介绍了小组自选论题和正反方的线上可视化论证式教学的设计和研究设计;其次,说明了各项数据的收集与分析情况;再次,针对各个研究问题分别描述了相关的结果与发现;最后,对主要发现进行了讨论,并总结了最终的研究结论。

基于本研究的实践反思,混合学习环境下高校课堂论证式教学的具体实践可从以下几点加以调整优化:增加论题的数量;提高个人在论题和正反方选择方面的自主性;提升个人在论证中的匿名性;鼓励学生基于留痕的论证内容对他人的论证给予反馈等。

第六章

个人自选论题和正反方的线上可视化论证式教学

在研究一中，虽然所有学生都能够通过线上的方式提出论题和参与论证，在提论题和参与论证中开展建构学习或交互学习，但学生仍面临对教师指定的论题和正反方缺乏兴趣、思考时间不足、实名论证中不好意思彼此反驳、论证的结构不清晰性等问题，这些都会影响学生建构学习或互动学习的质量，进而影响其论证和批判性思维等技能的提升。为了解决上述问题，基于"混合学习环境下高校课堂论证式教学框架"，研究三通过线上的方式不仅让所有学生都能够提出论题，还让他们自选论题和正反方，促使其充分开展建构学习，然后让学生通过异步可视化的方式开展论证，且论证过程中彼此匿名，为提高学生互动学习的质量提供条件，最后对其教学效果进行检验。具体的研究问题如下。

（1）个人自选论题和正反方的线上可视化论证式教学设计包括哪些关键步骤和内容？

（2）个人自选论题和正反方的线上可视化论证式教学实施后，学生的批判性思维技能有何变化？学生的发言次数和批判性思维技能关系如何？

（3）个人自选论题和正反方的线上可视化论证式教学是否有助于学生论证技能和专业知识水平的提升？

（4）学生对于个人自选论题和正反方的线上可视化论证式教学有怎样的态度？

第一节　研究设计与实施

一　课程概述

本研究选取某研究型大学 Z 校大二学生的专业必修课《学习科学与技术》开展教学实践。《学习科学与技术》主要介绍当前国内外学习科学与学习技术领域理论和实践的新进展。课程共 8 周 32 课时，具体内容包含以下六个部分：学习科学的理论基础、技术支持的学习、技术支持的教学、学习科学研究方法、学习评价以及未来学习。

本课程的开设旨在让学生达到以下学习目标：（1）促进学生学习观、教育观、课程观、教学观、评价观以及教育研究方法不断更新，真正理解信息时代学习和教学所发生的深刻变革；（2）了解国内外学习科学领域的研究动态，更新自身的学习观念，并学会运用科学的学习理论与学习技术指导自身的学习与发展。

为了让学生达到上述学习目标，教师在课程中组织了个人自选论题和正反方的线上可视化论证式教学活动。基于该活动的设计，课程的教学评价主要包括以下四项内容：学生线上论证（50 分）、论证展示（20 分）、学生对展示的提问（10 分）以及课程反思（20 分），共计 100 分。

二　课程的混合学习环境

（一）线下环境

课程在传统的多媒体教室进行，教师允许学生自带设备上课，故学生可通过个人电脑、手机、平板等多终端设备参与课程相关的在线学习任务。课程具体的授课场景如图 6.1 所示。

（二）线上环境

首先，研究选取"学在浙大"平台作为课程的在线学习管理平台，教师通过该平台给学生提供多篇文章（论题的范畴）。其次，研究选取"钉钉"办公平台作为学生的交流平台，基于"钉钉"办公平台建立了班级群，班级群中又分为很多小组群，小组成员可以在小组群中通过群聊天异步商讨文章的选择。最后，研究还选取"浙大语雀"协作平台

图 6.1　研究三的课程授课场景

作为小组在线讨论论题和站方的选择、论证内容甄别以及可视化论证的工具。

1. "学在浙大"平台

"学在浙大"课程平台是 Z 校为师生及校外用户打造的线上课程学习平台。在本课程中,研究主要在"学在浙大"平台上为学生搭建了资源浏览模块。

本研究主要在"学在浙大"平台上为学生搭建了 2—7 周的资源浏览模块,每个章节都有"Reading materials"的资源浏览模块,其作用是存放论证所需的文章。每次论证开始前,教师都会把相关文章放在"Reading materials"模块中供大家选择,学生只需要点击模块名称就可以查看论文的具体内容。

2. "浙大语雀"平台

"浙大语雀"平台是 Z 校所设计的一个支持在线共享和协作的基础平台。在本课程中,研究主要在"浙大语雀"平台上为学生搭建了资料准备区模块和协作可视化论证模块。资料准备区模块旨在让组内组员共同提出论题、自主选择论题和正反方以及同论题同站方的队友共同准备论证。协作可视化论证模块旨在帮助论学生以清晰的方式建构论证，学生通过在线绘制论证图的方式开展异步可视化论证。

对于每次论证而言，学生点击"论证区"中的"论题站方确定以及资料准备区"即可提出多个论题，然后自主选择多个论题和正反方，并围绕自己选择的论题和站方准备论证内容，由此可见，同论题和同站方的学生可以在该区中协同准备论证内容。

此外，学生点击"论证区"中的"辩论区"即可绘制论证图。

三　教学设计

为了回答第一个研究问题（个人自选论题和正反方的线上可视化论证式教学设计包括哪些关键步骤和内容？），研究三以"混合学习环境下高校课堂论证式教学框架"为指导，将个人自选论题和正反方的线上可视化论证式教学的关键步骤归纳为以下七个阶段：教师讲授、论题创设、论题和站方选择、论证准备、论证建构、展示反馈以及教学效果评价，并对每个阶段的具体内容进行设计（见图6.2）。

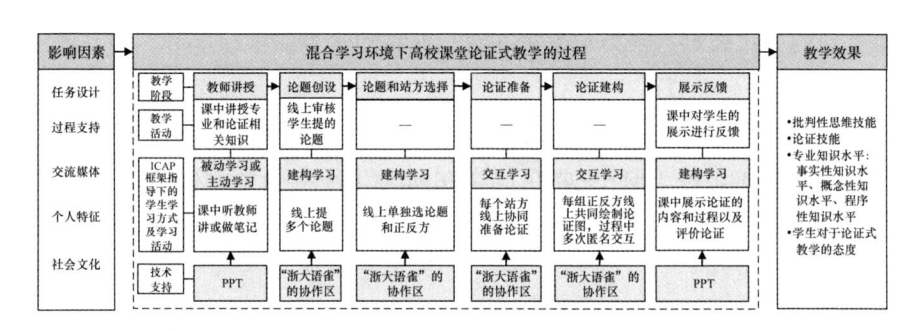

图 6.2　个人自选论题和正反方的线上可视化论证式教学设计

（一）教师讲授

教师讲授阶段的核心内容如下：教师在课堂上给学生讲授论证中所用到的专业知识和论证相关知识。学生听教师的讲授，在听的过程中也可以通过做笔记等方式记录关键内容。

具体而言，每次论证活动开始前，教师都会在多媒体教室内，利用PPT等多媒体给学生讲授专业知识和论证相关知识。专业知识主要依据教材内容而定。论证相关知识依据教学阶段的不同也会有不同的侧重点。在论证活动开始前，教师侧重讲解论证本身的内涵等知识，让学生明白论证能够有效地提高他们的学习效率。在论证开始后，教师侧重讲解论证的方法等，基于学生在上次论证中的不足，教师为学生提供改进建议，帮助其在下次更好地参与论证。在教师讲授过程中，学生既可以听讲，也可以通过做笔记等方式记录教师讲授的重点内容，这些内容为其后续参与论证提供了内容上的保障。

上述设计也体现了三节点论证学习框架中论证对话的以下影响因素：为学生提供相关认知、帮助学生树立恰当的认识论信念、帮助学生理解地方和文化规范。教师讲授的专业知识为学生开展论证提供了材料支撑，其讲授的论证相关知识则有助于学生理解论证的本质以及利用论证开展高质量的学习。

从ICAP框架的角度来看，在教师讲授过程中，学生既可以被动地接受教师所讲的内容，也可以积极主动地参与教学，在实际学习行为中操控学习材料，如对重要内容画线等，这些都体现出学生的被动学习或主动学习。从技术支持的角度而言，PPT能够将教学内容以图片、动画等形象生动的方式展示，帮助学生更好地开展被动学习或主动学习。

（二）论题创设

论题创设阶段的核心内容如下：教师线上给学生提供若干篇文章，每篇文章都可以产生多个论题，每个小组选择一篇文章，围绕所选的文章，每组组员分别在线上提出多个论题，教师线上对学生所提出的论题进行审核。具体而言，课程开始前，老师在"浙大语雀"平台为每组建立"论题站方确定以及资料准备区"模块，全班学生以自由组合的方式分为若干小组，每个小组4—5人，每组学生可以在该模块提和选择论题以及准备论证的内容。每次课前，老师都会在"学在浙大"资源浏览模块上传当次论证用到的文章。教师讲解完相关知识后，学生以小组形式在"学在浙大"资源浏览模块选择一篇文章。小组选择文章的时间是一天。一天后，围绕所选的文章，每个小组的组员在"浙大语雀"平台的"论题站方确定以及资料准备区"各自提出多个论题，教师也会对学生所提的论题进行评价审核，评价审核的标准是论题的科学性以及可辩性。

上述设计也体现了三节点论证学习框架中论证对话的以下影响因素：为学生提供争议性内容以及平等的参与机会。具体的表现如下：学生可以通过"浙大语雀"平台的"论题站方确定以及资料准备区"提出论题，这就扩大了论题的筛选范围，有助于增加论题的争议性。此外，"浙大语雀"平台的"论题站方确定以及资料准备区"为每个学生提出论题提供了平等的机会。

从 ICAP 框架的角度来看，学生在提出论题过程中能够建构知识，且"浙大语雀"平台的"论题站方确定以及资料准备区"为所有学生参与建构提供了条件，因此，学生在提出论题过程中实现了建构学习，此外，教师对论题的审核为学生的建构提供了质量保障。从技术支持的角度而言，在"浙大语雀"平台的"论题站方确定以及资料准备区"的支持下，学生能够和他人共享自己提出的论题，促使其开展建构学习。

（三）论题和站方选择

论题和站方选择阶段的核心内容如下：每组组员线上单独选择多个论题并自选正或反方。具体而言，每组组员在"浙大语雀"平台的"论题站方确定以及资料准备区"中自选多个论题，然后针对论题自选正或反方。

上述设计也体现了三节点论证学习框架中论证对话的以下影响因素：让学生组队以及为学生提供平等的参与机会。学生组队主要表现为他们能够从多个论题中自选论题和正反方，同一个论题的同一方学生组成一队。平等的参与机会主要表现为所有学生都可以通过"浙大语雀"平台的"论题站方确定以及资料准备区"自选论题和站方。

从 ICAP 框架的角度来看，每组组员都可以自选多个论题并基于论题自选站方，学生在自选中需要产生自己的想法，因此，他们在论题和站方选择过程中主要表现为建构学习。从技术支持的角度而言，在"浙大语雀"平台的"论题站方确定以及资料准备区"的支持下，学生能够自由地选择论题和站方，促使其高效地开展建构学习。

（四）论证准备

论证准备阶段的核心内容如下：每个小组的学生都通过线上的方式准备论证，虽然他们可能从很多论题中选择了不同的论题和站方，但同一个论题的同站方队友可以线上协同准备论证。具体而言，在"浙大语雀"平台"论题站方确定以及资料准备区"的支持下，每个组中选择了同一论题和站方的学生共同准备论证内容。

上述设计也体现了三节点论证学习框架中论证对话的以下影响因素：给学生提供平等参与论证准备的机会，其主要表现为所有学生都可以在"浙大语雀"的"论题站方确定以及资料准备区"中准备、共享和交流论证相关的内容。

从ICAP框架的角度来看，线上协同准备论证给予学生充分互动的机会，所有学生都可以随时和队友共享自己所找到的资料，并在商讨中筛选和评价资料，学生在论证准备中主要表现为交互学习。从技术支持的角度而言，"浙大语雀"平台中"论题站方确定以及资料准备区"为学生的协同准备论证提供了条件，促使其开展交互学习。

（五）论证建构

论证建构阶段的核心内容如下：在课外，所有小组内以正反方的形式进行可视化论证，他们通过线上绘制论证图的方式彼此之间开展多次交互，学生在论证过程中不知道己方和对方的成员。

具体而言，基于批判性讨论模型和Toulmin论证模型，每组正反方课外通过"浙大语雀"的"论证区"以绘制论证图的方式开展可视化论证，每方不仅要支持己方观点，为观点提供资料、依据、支援、限定等，同时也要反驳对方，双方都以"战胜"对方为目标。

所有学生都可以申请"浙大语雀"的账号，账号申请好之后，每个组（正反方）在"论证区"的同一个区域绘制论证图。论证图由若干长方形组成，学生可以在长方形中输入文本表达自己的想法。

由于平台不对发言的个人进行标记，因此，在整个论证过程中，正反方都不知道自己和对方组员，整个论证过程是匿名的。为了保障论证式教学的质量，本研究为学生制定了发言规则。

以下以一次论证片段为例，具体说明学生可视化论证的过程。论证文章的题目为"青少年早期的学生参与科学：享受对学生学习科学的持续兴趣的贡献（Student engagement with science in early adolescence: The contribution of enjoyment to students' continuing interest in learning about science）"。学生 A、B、C、D 的部分论证对话如下。

　　A：除了前文提到的 traditional/secular-rational，self-express/survive 之外，可以用其他方式来选取研究的样例国家。

　　B：我认为中国是一个很好的研究对象。中国学生的科学成绩十分突出，然而对科学的兴趣以及科学素养一直保守怀疑。作为一个具有相当的典型性的国家理应成为研究对象。

　　C：比如可以按照不同的文化圈来选取样例国家。拉丁文化圈、汉字文化圈、阿拉伯文化圈等。

　　D：但中国于 2006 年没有正式参与 PISA。且你所提出的对中国学生的印象比较主观，在没有数据支撑的情况下显得有点武断。

　　从上述论证对话中可以看出，A 虽然表述了观点，但是缺乏支持观点的证据。B 和 C 中利用证据支持了 A。D 利用证据反驳了 B。

　　上述设计也体现了三节点论证学习框架中论证对话的以下影响因素：为学生提供信息资源、促使内容留痕、紧扣主题、提供平等的参与机会、减少论证者的拘束感、提供话语指导、提高学生的动机以及维护其社会关系和友谊。首先，论证者以线上协同绘制论证图的方式参与论证。论证图不仅能够让学生以写论证内容的方式参与论证，便于论证内容的留痕，同时还能够清晰地展示论证结构，促使学生紧扣论证主题开展论证。线上的环境不仅为所有学生提供了平等参与论证的机会以及充足的思考时间，匿名的方式还能够减少学生在反驳过程中的拘束感，促使他们积极地反驳对方，这也维护了学生间的社会关系和友谊。

　　其次，本研究采用争论性论证的话语类型，在争论性论证过程中，学生有正反两个站方可以选择，无论在哪个站方，其核心都是要维护己方以及反驳对方，进而达到说服对方的目的，学生在说服对方理念的指导下也能够提高自身参与论证的动机。

　　从 ICAP 框架的角度来看，在论证建构过程中，正反方间需要不断地开展支持或反驳，学生在支持或反驳中主要表现为交互学习，在"浙大语雀"的"论证区"的支持下，正反方间通过文字可视化（论证图）、课外异步、匿名的方式开展多次交互，论证图将论证结构以可视化的方式清晰地展示、异步的方式给予双方充足的机会进行多次交互、匿名的方式促使双方间充分反驳，这些都有助于学生提高其交互学习的质量，为学生通过论证提升论证和批判性思维等技能提供条件。从技术支持的角度而言，"浙大语雀"的"论证区"支持正反方间以文字可视化、课外异步、匿名的方式开展多次交互，促使学生在论证中更有效地进行交互学习。

（六）展示反馈

展示反馈阶段的核心内容如下：在课中，学生基于留痕的内容通过PPT展示论证的内容和过程，师生对展示给予反馈。具体而言，每组依次通过PPT展示自己方在"浙大语雀"平台"论证区"留痕的论证内容。论证展示完后，教师会对学生留痕的论证内容以及展示给予反馈，学生也会对其他学生的展示表达自己的意见，这些反馈为学生后续更好地开展论证提供了指导。

上述设计也体现了三节点论证学习框架中论证对话的以下影响因素：为学生提供留痕的内容和教师脚手架，学生基于"浙大语雀"平台"论证区"中的留痕内容展示论证，师生基于这些留痕的论证内容对其展示进行反馈，这些反馈能够帮助学生后续更好地优化论证。

从ICAP框架的角度来看，为了展示论证的内容和过程，学生需要重新组织思路，然后以逻辑化的方式将论证图的内容表达出来，学生在展示过程中主要表现为建构学习，此外，学生在评价论证中也需要建构自己的知识和想法。最后，教师的反馈为学生后续更好地建构论证提供了指导。从技术支持的角度而言，PPT有助于学生形象且生动地呈现论证的内容和过程，促使其开展建构学习。

（七）教学效果评价

参考三节点论证学习框架中学习结果部分的内容，本研究分别从学生的批判性思维技能、论证技能以及专业知识水平三个方面评价教学效果。此外，研究还关注了学生对于个人自选论题和正反方的线上可视化论证式教学的态度。

1. 学生的批判性思维技能

在本研究中，学生的批判性思维技能主要是通过他们的批判性思维深度和行为反映。对于学生的批判性思维深度而言，其测量主要依据纽曼的批判性思维深度分析框架对学生论证的内容进行编码分析。对于学生的批判性思维行为而言，其测量主要依据 Murphy 的批判性思维过程框架对学生论证的内容进行编码分析。此外，基于学生批判性思维深度的分析结果，研究还探究了学生的发言次数和批判性思维技能之间的关系

2. 学生的论证技能

为了测量学生的论证技能，本研究主要分析了小组的论证内容和个人的反思内容。一方面，参考 Toulmin 论证技能等级框架，研究对小组第一次和最后一次的论证内容进行分析，从而对比得出学生论证技能的变化情况。另一方面，研究基于对个人反思数据的分析，归纳出学生论证技能的整体情况。

3. 学生的专业知识水平

为了测量学生的专业知识水平，本研究主要分析了小组的论证内容和个人的反思内容。一方面，研究对小组第一次和最后一次的论证内容进行分析，从而对比得出学生专业知识水平的变化情况。此外，研究分别从事实性知识、概念性知识以及程序知识三个方面对两次论证中的知识类别进行对比，从而进一步探究学生专业知识水平的详细变化情况，另一方面，研究基于个人反思数据的分析，归纳出学生专业知识水平的整体情况。

4. 学生对于论证式教学的态度

为了测量学生对于论证式教学的态度，本研究主要分析了受访者的半结构化访谈内容和个人的反思内容。一方面，参考混合学习环境下高校课堂论证式教学的步骤和内容，本研究中半结构化访谈提纲主要包含以下六个部分：学生对于教师讲授（2 个问题）、论题创设（1 个问题）、论题和站方选择（2 个问题）、论证准备（1 个问题）、论证建构（4 个问题）以及展示反馈（3 个问题）的态度，共计 13 个问题（见表 6.1）。另一方面，研究基于小组反思数据的分析，归纳出学生对于论证式教学态度的整体情况。

表6.1　　　　　　　　研究三中半结构化访谈提纲

教学阶段	具体问题
教师讲授	1 教师的讲课对你整个论证过程有怎样的影响？ 2 经过教师对论证相关内容的讲授，你对论证有怎样的认识？
论题创设	你对基于文章提论题有怎样的态度？
论题和站方选择	1 你对自选论题和站方有怎样的态度？ 2 你对正反方组队有怎样的态度？
论证准备	你对小组线上协同准备论证有怎样的态度？
论证建构	1 你对于线上写下来论证有怎样的态度？ 2 你对于使用论证图论证有怎样的态度？ 3 你对于以超越对方为目标有怎样的态度？ 4 你对于匿名论证有怎样的态度？
展示反馈	1 你对于基于留痕的内容进行展示有怎样的态度？ 2 你对于自己要给别人反馈有怎样的态度？ 3 你对于教师的反馈有怎样的感受？

（八）技术促进学生学习的内在机理

本节的前六个部分分别从教师讲授、论题创设、论题和站方选择、论证准备、论证建构以及展示反馈对个人自选论题和正反方的线上可视化论证式教学的实施步骤进行了说明，为了促使研究更具有理论价值和实践指导性，以下将结合 ICAP 框架，从技术发挥作用本质的视角，对技术促进学生学习的机理进行凝练和提升，该机理也是技术促进论证式教学发挥其效果的反映。具体而言，研究从以下四个方面进行分析：第一，研究中具体应用了哪些技术？第二，这些技术旨在解决哪些问题？第三，这些技术是怎样解决问题的？第四，技术解决问题的本质是什么？（见表6.2）

表6.2　　　　　　研究三中技术促进学生学习的内在机理

阶段	技术类别	主要功能	针对的问题	解决方式	内在本质	ICAP框架视角下的本质概括
教师讲授	多媒体	PPT：直观展示内容	内容呈现方式单调，难以吸引学生	教学内容通过PPT直观且形象地呈现	多角度观看内容	被动学习或主动学习
论题创设	"学在浙大"课程管理平台	资源浏览区：呈现数字资源	教师提，学生缺乏提论题的机会	教师在资源浏览区提供多篇文章（论题范畴），每组组员基于所选文章在协作区中提多个论题	锻炼思考能力	建构学习
论题和站方选择			教师指定，学生缺乏自己选的机会	每组组员在协作区自选多个论题，并自选正反方	锻炼判断能力	
论证准备	"浙大语雀"在线协同平台	协作区：文档协同、资源共享	无准备时间、准备中无互动或互动时间受限	同论题中同站方的学生在协作区中异步协同准备论证，共同编辑文档、随时共享资料	增加交流和讨论的机会	交互学习
论证建构		协作区：论证图协同	写的论证内容结构不清晰、学生间不好意思反驳、论证时间受限	每组正反方通过协作区共同绘制可视化的论证图、匿名促使双方充分反驳、课外异步给予学生充足的时间进行多次交互	内容和思维可视化、保护个人隐私、打破时间限制	交互学习
展示反馈	多媒体	PPT：直观展示内容	论证内容展示方式单调，缺乏趣味性	论证内容通过PPT直观且形象地呈现	多角度呈现内容	建构学习

从表6.2可以看出，在个人自选论题和正反方的线上可视化论证式教学中，不同阶段应用了不同技术帮助学生实现不同方式的学习。第一，教师讲授阶段主要应用了多媒体技术，PPT能够将教学内容直观且生动地呈现。在该阶段，由于教学内容呈现方式单一，学生经常会对教师的讲授缺乏兴趣感，在PPT的支持下，教学内容以文字、图片等有趣的方式呈现，这有助于学生多角度查看教学内容以及更积极地开展被动学习或主动学习。因此，ICAP框架视角下技术的作用本质可概括为促进学生的被动学习或主动学习。

第二，论题创设阶段主要应用了"浙大语雀"在线协同平台，该平台的协作区支持文档协同和资源共享。虽然该阶段也用到了"学在浙大"课程管理平台，但该平台仅发挥提供文章（论题范畴）的作用，对于学生的学习过程并没有产生实质性的影响，因此，该平台不作为本阶段分析的对象。在该阶段，学生主要面临无法自己提出论题的问题，基于"浙大语雀"在线协同平台协作区的支持，所有组员都可以围绕文章内容自己提出多个论题并和他人共享，他们提出论题的过程也是思考产生新内容的过程，因此，ICAP框架视角下技术作用的本质可概括为促进学生的建构学习。

第三，论题和站方选择阶段主要应用了"浙大语雀"在线协同平台，其协作区支持文档协同和资源共享。在该阶段，学生主要是面临自己无法选择论题和站方的难题，在"浙大语雀"在线协同平台协作区的支持下，学生可以自主选择论题和正反方，他们在选择过程中也需要有自己的判断和想法，因此，ICAP框架视角下技术的作用本质可概括为促进学生的建构学习。

第四，论证准备阶段主要应用了"浙大语雀"在线协同平台，其协作区支持文档协同和资源共享。在该阶段，学生主要面临缺乏准备时间、在准备中无互动或互动时间受限的问题，在"浙大语雀"在线协同平台协作区的支持下，每个学生都可以通过线上协作准备论证内容，他们通过异步协同编辑文档的方式交流想法，同时也可以共享资料，学生拥有充足的时间进行交流和互动，由此可见，ICAP框架视角下技术的作用本质可概括为促进学生的交互学习。

第五，论证建构阶段主要应用了"浙大语雀"在线协同平台，平台的协作区支持论证图的协同绘制。该阶段主要存在的问题如下：学生所写的论证内容结构不清晰、学生在论证中不好意思反驳对方以及论证的时间受限，在"浙大语雀"协作区的支持下，论证图不仅让论证内容以可视化的方式展示出来，提高论证结构的清晰度，还支持个人以匿名的方式参与论证，促使学生间充分开展反驳，且异步论证的方式也为学生提供了充足的思考时间，促使他们在多次交互中深化对论证内容的理解以及提升论证等技能。因此，ICAP 框架视角下技术的作用本质可概括为促进学生的交互学习，正反双方通过匿名、课外异步、文字可视化的方式开展多次交互。

第六，展示反馈阶段主要应用了多媒体技术，PPT 能够将论证内容直观且生动地呈现。在该阶段，学生主要面临单调地展示论证内容的问题，在 PPT 的支持下，学生能够将论证内容以图片等有趣的方式呈现，这有助于学生多角度呈现论证内容以及更积极地开展建构学习。因此，ICAP 框架视角下技术的作用本质可概括为促进学生的建构学习。

四　研究对象

本研究以 Z 校 17 位大二本科生为研究对象，其中男生 2 人，女生 15 人。17 名学生均来自教育学院。17 名学生以自由组合的方式分为 4 个论证小组，3 个小组有 4 人，1 个小组有 5 人。

五　研究的实施过程

研究三从 2021 年 3 月开始，共持续 8 周。8 周中每个时间段的具体安排如表 6.3 所示。以下分别对这八周的安排进行详细阐述。

表 6.3　　　　　研究三中 1—8 周教学流程安排表

周次	课次	课堂活动流程
1	周二	（a）破冰 （b）课程介绍 （c）论证相关内容讲解（Toulmin 论证模型、批判性讨论模型等） （d）"浙大语雀""学在浙大"平台操作讲解 （e）班级分组

续表

周次	课次	课堂活动流程
1	周四	教师讲解第一模块内容
	课后	(a) 基于周二课上老师讲解的内容，小组在"学在浙大"的资源浏览模块中选择文章作为本次论证的内容 (b) 每组正反方单独在"浙大语雀"平台上提和选择论题，同站方共同准备论证 (c) 每组正反方在"浙大语雀"平台上开展可视化论证活动
2—7	周二	教师讲解第2—5模块内容，即下次论证的相关内容
	课后	(a) 基于周二课上老师讲解的内容，小组在"学在浙大"的资源浏览模块中选择文章作为本次论证的内容 (b) 每组正反方单独在"浙大语雀"平台上提和选择论题，同站方共同准备论证 (c) 每组正反方在"浙大语雀"平台上开展可视化论证活动
	周四	(a) 小组展示论证 (b) 教师点评 (c) 学生提问
8	周二	第六个模块内容讲解
	周四	学生展示反思（自愿原则）
	课后	对学生进行半结构化访谈以及让学生提交反思

（1）准备阶段（第1周）：每周两次课，每次两课时，教师均采取讲授式教学，未安排个人自选论题和正反方的线上可视化论证式教学活动。在该阶段，教师主要通过PPT讲解先导性知识（什么是学科科学、学习科学发展历史等）、论证的相关知识（批判性讨论模型、Toulmin论证模型等）、"学在浙大"（附件3）和"浙大语雀"（附件8）两个平台的操作介绍、课程评价介绍以及学生分组等。

（2）教学干预阶段（第2—7周）：该阶段融入了个人自选论题和正反方的线上可视化论证式教学活动。每周两次课，每次课两个课时，第一次课是周二上午，第二次课是周四上午。对于每次论证活动而言，周二的课前教师在"学在浙大"平台上上传相关文章，课中教师利用PPT讲解本次论证相关知识，课后小组选择文章作为论题来源。六次论证中被选择的文章题目如表6.4所示。

表6.4　　　　　研究三中2—7周论证的文章题目

论证次数和内容主题	文章名称
1 学习科学的基础	Empowering students through digital game authorship: Enhancing concentration, critical thinking, and academic achievement.
2 计算机支持的协作学习	1 Process and learning outcomes from remotely-operated, simulated, and hands-on student laboratorie. 2 Full length article Supports for deeper learning of inquiry-based ecosystem science in virtual environments-Comparing virtual and physical concept mapping.
3 技术支持的学习——认知工具	Assessing Novelty and Systems Thinking in Conceptual Models of Technological Systems.
4 技术支持的学习——元认知	1 Promoting students' emotions and achievement Instructional design and evaluation of the ECOLE-approach. 2 Student engagement with science in early adolescence: The contribution of enjoyment to students' continuing interest in learning about science.
5 方法论	1 Tagging thinking types in asynchronous discussion groups: effect on critical thinking. 2 Supporting interactive argumentation: Influence of representational tools on discussing a wicked problem.
6 学习评价	The relationship between inquiry-based teaching and student academic achievement: a longitudinal empirical study of PISA performance in the UK.

小组选好文章之后，每组在"浙大语雀"平台"论证区"的"论题站方确定以及资料准备区"中提出多个论题，组员可以自选多个论题，然后自选正方或反方，选择同一个论题和相同站方的队友在"论题站方确定以及资料准备区"中协同准备论证。

论证准备好之后,每组在"浙大语雀"平台"论证区"的"辩论区"开展线上异步可视化论证活动。在异步可视化论证中,学生主要参考批判性讨论模型和 Toulmin 论证模型,正反双方基于同一个概念不断地支持己方以及反驳对方。具体而言,一方在支持自己主张时要尽量提供资料、依据、支援、限定以及反驳,从比较全面的角度论证自己的主张,对方可以对资料、依据等进行反驳,而该方则要维护己方的观点和立场,同时也要反驳对方提出的反对意见。双方在最后也会针对论证中达成的一致点以及存在的不同点等进行总结。周四的课上,所有小组利用 PPT 展示上次的论证成果。下次周二课上,教师利用 PPT 讲解下次论证相关的知识,接着是小组选择文章作为论题来源、提出论题、选择论题和站方、准备论证以及开展线上异步可视化论证。

到周四课上,所有小组分别利用 PPT 展示本次可视化论证的成果(见图 6.3)。论证展示结束后,教师分别从论证技巧和论证内容两个方面对论证进行点评。学生也会对论证展示者所展示的内容进行提问。

图 6.3 研究三学生展示可视化论证的示例

(3) 总结与反思阶段(第 8 周):第 8 周课后学生会将反思以 Word

形式发送到教师指定的邮箱。半结构化访谈是在这周的课后时间进行，主要以面对面的形式开展。

第二节 数据收集与分析

为了探究学生的批判性思维技能、批判性思维技能与参与次数的关系、论证技能、专业知识水平以及学生对论证式教学的态度，研究主要收集以下几个方面的数据：学生线上论证内容和发言次数数据、反思的内容数据以及受访者对课程体验的半结构化访谈数据。

一 学生线上论证内容和发言次数数据的收集与分析

学生线上论证内容和发言次数的数据主要通过"浙大语雀"平台的"论证区"收集。每次论证结束后，研究者都将"论证区"中论证图的内容复制到一个专门的 Word 文档中，并对学生的论证内容进行校对。六次论证中，24 张论证图（每次 4 张）共包含 35675 个字。论证图中每一个长方形的内容就代表一次发言。通过梳理统计，六次论证中学生的发言次数分别为 125 次、134 次、95 次、103 次、98 次和 97 次。

对于学生线上论证内容数据分析而言，研究主要采用内容分析法，分别从批判性思维技能、论证技能以及专业知识水平三个角度进行分析。首先，对于批判性思维技能而言，研究依据纽曼的批判性思维深度分析框架（Newman, Webb & Cochrane, 1995）和批判性思维过程分析框架（Murphy, 2004）对分析单元进行编码。对于前者而言，论证图中一个长方形中的内容就是一个分析单元。对于后者而言，论证图中的每一句话就是一个分析单元。

对于学生的批判性思维深度而言，两名教育技术学专业的博士生依据纽曼的批判性思维深度框架对学生线上的论证内容进行编码，然后依据计算公式计算出学生批判性思维深度的具体数值。在编码开始前，两名编码者会对框架的内容进行深入探讨，以确保两者都能够充分理解框架的内容。两名博士生编码的最终信度为 0.83，这说明编码结果是可信的。

以下以文章"青少年早期的学生参与科学：享受对学生学习科学的持续兴趣的影响（Student engagement with science in early adolescence: The contribution of enjoyment to students' continuing interest in learning about science)"的某个论证片段为例，具体说明编码的过程（见表 6.5）。A、B 和 C 代表了参与论证的学生及其发言内容。

表 6.5　　研究三中学生批判性思维深度具体编码表

	青少年早期的学生参与科学：享受对学生学习科学的持续兴趣的贡献
A	除了前文提到的 traditional/secular-rational，self-express/survive 之外，可以用其他方式来选取研究的样例国家
编码	学生 A 毫无证据地反驳了文章中的内容（R^+、C^-、L^-、J^-、A^+），且学生 A 从样例国家选择的宏观层面反驳了对方（I^+、W^+）
B	我认为中国是一个很好的研究对象。中国学生的科学成绩十分突出，学生对于科研职业的期望水平较低（信息来源网址：http://www.kepu.gov.cn/www/article/dtxw/12b4c5598ddb4586a9b18de88d0dd07c）。只有一个国家在某方面具有典型性，它就理应成为研究对象
编码	学生 B 用证据清楚地支持了学生 A（I^+、R^+、A^+），并用"中国学生科研突出但对科研职业的期望水平低"这一事实支持自己的观点（L^+、J^+）。学生 B 从典型国家应该成为研究对象这一宏观的角度理解了研究对象选择的标准（W^+）
C	但中国在 2006 年没有正式参与 PISA
编码	学生 C 用证据清晰地反驳了学生 B（R^+、C^+、A^+），且提供了"中国在 2006 年没有正式参与 PISA"这一个事实性的证据（L^+、J^+）。但学生 C 仅仅是列举了一个事实，并没有从宏观的角度理解研究对象的选择方法（I^-、W^-）

　　为了探究学生的批判性思维过程，鉴于各个小组在论证中的表现大致相同，本研究以第一论证小组（正方和反方）为代表进行说明。依据 Murphy（2004）的批判性思维过程框架，两名教育技术学专业的博士生对该小组六次论证的内容进行独立编码。编码开始前，两位编码者会商讨框架内容，以确保都能够理解框架的内容。两名博士生编码的最终信度为 0.76，这说明编码的结果是可信的。

　　表 6.6 展示了学生产生的行为序列的具体编码情况。以下以辨识→理解（R→U）行为序列为例具体说明编码过程。某学生在论题"通过数字游戏授权学生：提高注意力、批判性思维以及学术成就（Empowering students through digital game authorship：Enhancing concentration, critical thinking, and academic achievement)"的原话如下：作者在文中提出，该结果可能是由于该量表采用自我报告的方式，信度没那么高；还可能由于该量表更适用于讲座风格的课堂而非小组合作学习。这种反思对后续进一步研究很有益。在这种测试中，除了考虑被测者本人的主观因素会影响结果的准确性外，如教师在场和考试环境等其他因素也会影响被测者在测试时的状态从而导致结果的准确性受到影响。对于这句话而言，其第一句"作者在文中提出，该结果可能是由于该量表采用自我报告的方式，信度没那么高；还可能由于该量表更适用于讲座风格的课堂而非小组合作学习"，表明了学生识别到了作者在文中所提到的内容，因此该句编码为识别（R）。对于下一句"这种反思对后续进一步研究很有益。在这种测试中，除了考虑被测者本人的主观因素会影响结果的准确性外，如教师在场和考试环境等其他因素也会影响被测者在测试时的状态从而导致结果的准确性受到影响"而言，学生考虑到了其他影响结果准确性的因素，如教师在场和考试环境等其他因素，说明学生探究了相关的证据，因此该句编码为理解（U）。

表6.6　　研究三中学生批判性思维行为具体编码示例

行为序列	例子
辨识→理解 （R→U）	作者在文中提出，该结果可能是由于该量表采用自我报告的方式，信度没那么高；还可能由于该量表更适用于讲座风格的课堂而非小组合作学习（R）。这种反思对后续进一步研究很有益。在这种测试中，除了考虑被测者本人的主观因素会影响结果的准确性外，如教师在场和考试环境等其他因素也会影响被测者在测试时的状态从而导致结果的准确性受到影响（U）
理解→分析 （U→A）	让对照组设计动画可以消除 programming 这一变量对实验的影响（U）。因为本研究的学习科目选择的是一个交叉学科，如果仅仅是游玩他人设计的游戏，在信息技术这方面的教学上便没有实践的环节了，研究中选用 flash 的对照反而可以体现实验的严谨（A）
辨识→分析 （R→A）	我觉得 potential bias 指的是学生在专业领域内的定势思维（R）。因为团队内学生来自不同子专业，且研究主题来自日常生活，需要大量跨学科知识。这就有助于减少定式思维影响到创新性了。且在下文作者也说可以对领域的专业性和项目的创新性二者关联度进行进一步研究（A）

续表

行为序列	例子
理解→理解 (U→U)	言之成理，就我个人以及身边人的科学教育经历来说，我们往往被灌输一些科学知识，或是受到一些试图唤起我们对科学兴趣的活动的影响，却很少有对我们进行科学价值认知方面的教育，这一部分教育是比较欠缺的（U）。很少青年学生在长期的科学学习历程中保持着"学习科学是为了认识这个物质世界""更好地理解自己生活的自然和社会语境"的初心和价值观，大部分的 enjoyment 的获取，或许仅仅是来自比较高的考试成绩罢了（U）
分析→辨识 (A→R)	从大的方面来说，问卷、访谈、观察的精度和效果有所不同；从小的方面来说，问卷设计的方式、访谈的问题导向等因素都可能影响测量结果（A）。因此作者对未来研究提出建议：在研究学生对科学兴趣和享受的探究时，可以分别研究学生对笼统的广义科学的态度以及对某一特定学科的态度（R）
辨识→辨识 (R→R)	TC3 由 jasper 和 Erkens 在 2002 年开发，经过一定时间的检验（R）。不仅如此，研究者还根据本实验的需求进行调整，使之更加契合（R）
理解→辨识 (U→R)	而且需要考虑到本实验是基于 2015 年 PISA 数据库进行的数据分析，作为无法对 5000 多名学生进行再次测试，因此只能从原有的题目中寻找解决方法，作者想到利用教室环境来衡量教学质量还是值得肯定的（U）。后续的研究可以就这个问题进一步展开（R）

本研究利用滞后序列分析法对学生在论证过程中的行为序列进行分析。滞后序列分析法通过分析一种行为在另一种行为之后出现概率的显著性来探索人们的行为模式。在本研究中，当学生的批判性思维过程被编码完之后，研究将所有编码序列导入 GSEQ 5.1 软件中，在计算行为频次矩阵基础上形成调整后的残差表，根据调整后的残差值（Z-score）得到存在显著意义的编码序列（Z>1.96 表示有显著性差异）。

其次，对于论证技能而言，研究基于 Toulmin（2003）的论证技能等级框架对学生第一次和最后一次的论证内容依据分析单元进行编码，论证图中一个长方形中的内容就是一个分析单元。两名教育技术专业的博士生对学生的论证内容进行独立编码。在编码开始之前,两名博士生对编码框架进行了认真的探讨,以确保两人都能够全面且深刻地理解框架中的内容。当编码完成之后,研究对编码结果的信度进行了检验。两名博士生的最终编码信度为 0.81,这表明编码结果是可信的。

最后,对于专业知识水平而言,研究基于专业知识的定义和特征对学生第一次和最后一次的论证内容依据分析单元进行编码,并将知识分为事实性知识、概念性知识以及程序知识三类,论证图中一个长方形中的内容就是一个分析单元。两名教育技术专业的博士生对学生的论证内容进行独立编码。在编码开始之前,两名博士生对编码框架进行了认真的探讨,以确保两人都能够全面且深刻地理解框架中的内容。当编码完成之后,研究对编码结果的信度进行了检验。两名博士生的最终编码信度为 0.82,这表明编码结果是可信的。

以下以第一次论证"Empowering students through digital game authorship: Enhancing concentration, critical thinking, and academic achievement(学生创作数字游戏:提高注意力、批判性思维和学术成就)"和第六次论证"The relationship between inquiry-based teaching and student academic achievement: a longitudinal empirical study of PISA performance in the UK(探究式教学与学生学业成绩的关系:英国 PISA 成绩的纵向实证研究)"的某个论证片段为例,具体说明论证技能和专业知识水平的编码过程(见表 6.7)。对于第一次论证而言,学生 A 和学生 C 来自正方,他们支持文章中的内容,学生 B 来自反方。对于第六次论证而言,学生 a、学生 b 和学生 c 均来自反方,他们均质疑文章的内容或做法。

表 6.7　　　研究三中学生的论证技能和专业水平编码示例

第 1 次论证的文章题目:Empowering students through digital game authorship: Enhancing concentration, critical thinking, and academic achievement(学生创作数字游戏:提高注意力、批判性思维和学术成就)

文章中原有的内容	DGA 能够显著提高实验组的批判性思维,且一个月之后的测验实验组仍然高于对照组

续表

A	可以用 DGA（digital game authorship）的概念优势来解释，即复杂而有挑战性的游戏设计要求，以及合作的使用。一方面，前人研究提出，学生设计数字游戏跟学生参与、学习的提升、积极热情探索角色扮演游戏中叙事结构有显著的关系。在设计供同辈使用的真人游戏时，学生会整合来自其他领域的大量知识，如本研究中的生物学知识。另一方面，已有研究证实，团队合作能促进学习，是通过促进合作式学习以及在小组内分享不同观点来分配角色而实现
论证技能编码	2
解释	学生 A 认为 DGA 可以提升学生的批判性思维，然后分别从 DGA 对学生的影响以及团队合作的特点进行解释
专业知识编码	ⅠC
	DGA 对学生的影响以及团队合作的特点都属于概括性的内容
B	对照组的批判性思维能力也得到了提升
论证技能编码	1
解释	学生 B 仅仅表述了自己的想法，即对照组的批判性思维能力也得到了提升
专业知识编码	0
C	两组面临的复杂程度不同可以解释这个问题。对照组设计 Flash 动画和测试只需要依据生物课程的内容，而实验组需要开发复杂的、逻辑一致的故事，包括挑战性元素、解决问题的追求和角色扮演。研究表明，DGA 中引起批判性思维发展和实践的复杂性因素包括：评价对相关生物内容的理解，以便为玩家构建测验、叙述细节和挑战；创造的要求可信和引人入胜的人物、对话、故事情节和冲突；以及主人公的追求在设计冲突涉及复杂的考虑因素，例如生命值（HP）和选择战士来击败敌人。因此，尽管两组都有团队合作，都能提高批判性思维能力，但对照组的动画设计更加简单，所以批判性思维提高的程度低于实验组
论证技能编码	2
解释	学生 C 认为相比于对照组，实验组学生的批判性提升的更明显，然后从两组所面临任务复杂程度不同的角度进行了解释说明
专业知识编码	ⅠF
解释	实验组和对照组的任务都是学生具体所开展的活动，都是事实性的内容

第 6 次论证的文章题目：The relationship between inquiry-based teaching and student academic achievement: a longitudinal empirical study of PISA performance in the UK（探究式教学与学生学业成绩的关系：英国 PISA 成绩的纵向实证研究）

续表

a	本研究用课堂纪律替代了教学质量的评估，课堂纪律能够反映教学质量，这种方式让抽象的教学质量具体化，但课堂纪律只能反映教学质量的某个方面，而且课堂纪律能在多大程度上体现教学质量并没有得到研究和论证
论证技能编码	3
解释	学生 a 不仅表述了课堂纪律代替教学质量的合理性，同时也提供了一些"限制"，即课堂纪律只能反映教学质量的某个方面，课堂纪律能在多大程度上体现教学质量还需进一步探究
专业知识编码	0
b	是的，教学质量不只通过考试成绩和课堂纪律反映，还有很多方面，有研究表明，学习动机、批判性思维、合作互动能力、系统性思维、专注度等也能够反映教学质量。应该在后续增加精细化研究，可以选几所不同层次学校的几个班级，对比探究式教学模式与直接教学模式在上述方面对学生的影响的差异性
论证技能编码	2
解释	学生 b 认为课堂纪律不是教学质量的唯一代表，然后借鉴别人的研究证明了学生的学习动机等也能作为教学质量的代表，同时也为后续如何开展对应的研究提出建议
专业知识编码	I P
	学生 b 认为教学质量可以从多方面评价，然后也提供了具体的操作途径，即通过准实验的方式对比探究式教学模式与直接教学模式对学生学习动机等影响的差异性
c	的确，如果只比较考试成绩的话显然应试教育的方式效果更明显。但既然教育目标是要培养全人，教育质量的衡量指标肯定不应单一化。可以利用信息技术等工具记录学生在学习过程中的多种行为，通过对这些行为的分析全面了解学生
论证技能编码	2
解释	学生 c 认为教育质量的衡量指标应多样化，因为教育的目标是培养全人，同时也提供利用信息技术实现评价多样化的方式
专业知识编码	I P
解释	学生 c 提出利用信息技术实现教育质量评价多样化的操作途径

注：1 代表第 1 等级的论证技能，2 代表第 2 等级的论证技能，3 代表第 3 等级的论证技能，4 代表第 4 等级的论证技能。I 代表分析单元体现了专业知识，F 代表事实性知识，C 代表概念性知识，P 代表程序性知识，0 代表没有体现专业知识。

二 学生反思数据的收集与分析

17 名学生的课程反思以 Word 形式提交到教师指定的邮箱。17 名学生的课程反思共包含 83925 个字。研究采用归纳建构方式对学生的反思内容进行主题分析。具体而言，两名教育技术专业的博士生首先熟悉学生的反思内容，然后各自形成初始编码，接着依据研究主题对编码进行合并或拆分，并形成最终的编码。两名博士生最终的编码信度为 0.81，这说明编码结果是可信的。

三 学生半结构化访谈数据的收集与分析

半结构化访谈主要是以面对面的形式开展。研究从每个小组中随机挑选 2 名学生作为代表进行深度访谈，4 个小组共计 8 名学生，研究主要通过录音笔收集相关数据。8 名学生半结构化访谈内容共包含 25938 个字。研究采用归纳建构方式对学生的半结构化访谈内容进行主题分析。具体而言，两名教育技术的博士生首先熟悉学生的半结构化访谈内容，然后各自形成初始编码，接着依据研究主题对编码进行合并或拆分，并形成最终的编码。两名博士生最终的编码信度为 0.79，这说明编码结果是可信的。

第三节 研究结果与发现

一 学生的批判性思维技能变化

为了回答第二个研究问题（个人自选论题和正反方的线上可视化论证式教学实施后，学生的批判性思维技能如何变化？学生的发言次数和批判性思维技能关系如何？），参考王国华、聂胜欣、袁梦霞和俞树煜[1]、Crowell 和 Kuhn（2014）[2] 研究中的评价方法，即在单组实验的研究中，

---

[1] 王国华、聂胜欣、袁梦霞、俞树煜：《使用问题解决法促进批判性思维发展的研究——基于交互文本的分析》，《电化教育研究》2016 年第 5 期。

[2] Amanda Crowell, Deanna Kuhn, "Developing Dialogic Argumentation Skills: A Three-year Intervention Study", *Journal of Cognition and Development*, Vol. 15, No. 2, 2014.

第六章　个人自选论题和正反方的线上可视化论证式教学

基于特定的指标分析框架对学生的多次论证或讨论内容进行分析，通过比较相关指标在多次论证中的变化情况得出研究结论，本研究主要利用纽曼的批判性思维深度分析框架和 Murphy 的批判性思维过程框架对学生六次论证的内容进行分析。

首先，研究利用纽曼的批判性思维深度分析框架对学生的论证内容进行了分析，学生在六次线上可视化论证中的平均批判性思维深度分别为 0.80、0.82、0.83、0.84、0.86 和 0.89，他们的平均批判性思维深度依次递增，呈上升的趋势，即学生的批判性思维技能水平逐步提升，说明个人自选论题和正反方的线上可视化论证式教学有助于学生批判性思维技能的提升。小组每次论证的平均批判性思维深度和总发言次数如表 6.8 所示。

表 6.8　　　研究三中小组平均批判性思维深度和总发言次数

组别	第一次 D	第一次 S	第二次 D	第二次 S	第三次 D	第三次 S	第四次 D	第四次 S	第五次 D	第五次 S	第六次 D	第六次 S
1	0.871	24	0.784	20	0.857	17	0.850	21	0.813	13	0.918	17
2	0.828	23	0.841	36	0.826	33	0.805	33	0.870	34	0.948	27
3	0.751	59	0.809	59	0.788	34	0.841	32	0.860	32	0.848	40
4	0.796	19	0.833	19	0.902	11	0.876	17	0.887	19	0.865	13

注：D 代表小组的平均批判性思维深度；S 代表组员的总发言次数。

其次，研究利用 Murphy 的批判性思维过程框架对第一小组学生的论证内容进行了分析，结果表明，第一小组共产生 147 个有效单序列，表 6.9 展示了该组每次论证产生的有效单序列数量以及排名前二的有效单序列。从表 6.9 中可以看出，第一小组在第一次论证中产生的有效单序列数量最少（13 个），在第二次、第三次和第六次论证中产生的有效单序列数量最多，都是 29 个。此外，在六次论证中，排名第一的有效单序列逐步从辨识（R）→理解（U）过渡到理解（U）→理解（U），且后两次论证中理解（U）→理解（U）的数量逐步增加。以上数据表明，随着论证次数的增加，学生的批判性思维技能水平逐步提高，这也说明个人自选论题和正反方的线上可视化论证式教学有助于学生批判性思维技能的提升。

表 6.9　　第一小组六次论证产生的有效单序列数量

论证次数	有效单序列数量	排名前二的有效单序列及其数量
1	13	R→U (4), U→A (3)
2	29	R→U (10), R→R (3)
3	29	R→U (9), R→A (4), U→R (4)
4	27	R→U (10), R→E (3), A→R (3)
5	20	U→U (3), R→U (3)
6	29	U→U (5), U→R (4)

再次，研究探究了学生在批判性思维技能水平提升过程中的主要行为。在 147 个有效单序列中，数量最多的是辨识→理解（R→U），其数值为 36 个（见表 6.10）。这说明在论证过程中，学生通常基于观点提出论据，他们能够识别对方的错误，并用证据对对方进行反驳，但他们在深入分析问题或观点方面还有待提升。此外，从表 6.10 中还可以看出，第一小组产生了到创造（C）的单序列（5 个），这说明学生在论证过程中产生了创新性的想法。

表 6.10　　第 1 小组六次论证批判性思维过程行为转换频率

	R	U	A	E	C	总
R	9	36	10	5	2	62
U	15	14	8	10	4	51
A	8	5	1	2	0	16
E	3	4	4	2	0	13
C	1	2	1	1	0	5
总	36	61	24	20	6	147

经过 GSEQ 计算得到的调整残差值如表 6.11 所示。其中，调整残差值大于 1.96 的显著序列有 0 个，说明各项序列都不显著，即有些单序列的数量比较多或比较少，但是他们和其他序列之间并没有显著性差异。

表6.11　　第1小组六次论证批判性思维过程调整残差值

	R	U	A	E	C
R	0.02	< -0.01	0.96	0.09	-0.65
U	0.31	0.01	0.88	0.12	-0.09
A	-0.01	-0.38	-0.25	-0.89	-0.38
E	-0.90	-0.41	-0.14	-0.84	-0.44
C	-0.81	-0.94	-0.82	-0.67	-0.64

最后，研究对学生的发言次数与其批判性思维深度进行了相关性分析，具体结果如表6.12所示。从表6.12中可以看出，学生的批判性思维深度与发言次数具有显著相关性（$p<0.05$），即学生的发言次数与批判性思维技能具有显著相关性。

表6.12　　研究三中学生的批判性思维深度与发言次数的相关性分析

		数量	深度
深度	Pearson 相关性	1	0.669*
	显著性（双侧）		0.021
	N	652	652
次数	Pearson 相关性	0.669*	1
	显著性（双侧）	0.021	
	N	652	652

注：*$p<0.05$。

研究以学生的平均发言次数为自变量，以其批判性思维平均深度为因变量，使用线性回归法对其进行回归分析并得出回归方程（见表6.13）。从表6.13中可知，学生的发言次数与其批判性思维深度呈正相关，该回归方程为$y=0.023x+0.324$，说明在一定范围学生的发言次数越多，其批判性思维深度越高，即学生的发言次数越多，其批判性思维技能水平越高。

表 6.13　学生的发言次数与批判性思维深度的回归效应分析

模型		非标准化系数		标准系数	t	Sig.
		B	标准误差	试用版		
1	（常量）	0.324	0.031		25.832	0.000
	次数	0.023	0.003	-0.310	-2.810	0.007

二　学生的论证技能和专业知识水平变化

（一）学生的论证技能变化

为了回答第三个研究问题（个人自选论题和正反方的线上可视化论证式教学是否有助于学生论证技能的提升？），参考 Sampson，Grooms 和 Walker[①] 以及 Zohar 和 Nemet[②] 研究中的评价方法，即在单组实验或准实验的研究中，基于特定的指标分析框架对学生（准实验中指实验班的学生）第一次和最后一次论证的内容进行分析，通过比较相关指标在两次论证中的变化情况得出研究结论，本研究主要对学生第一次和第六次论证的内容依据分析单元进行编码，论证图中一个长方形中的内容是一个分析单元。

第一次论证共产生 125 个分析单元，第六次论证共产生 97 个分析单元，内容分析的结果表明，对于第 1 等级的论证技能而言，第一次论证中有 16 个分析单元，占比为 12.8%；第六次论证有 4 个分析单元，占比为 4.1%。对于第 2 等级的论证技能而言，第一次论证中共有 89 个分析单元，占比为 71.2%；第六次论证有 73 个分析单元，占比为 75.3%。对于第 3 等级的论证技能而言，第一次论证中共有 20 个分析单元，占比为 16%；第六次论证有 20 个分析单元，占比为 20.6%。此外，两次论证中均没有出现能够体现第 4 等级论证技能的分析单元（见图 6.4）。

[①] Victor Sampson, Jonathon Grooms, Joi Phelps Walker, "Argument-Driven Inquiry as a Way to Help Students Learn How to Participate in Scientific Argumentation and Craft Written Arguments: An Exploratory Study", *Science Education*, Vol. 95, 2011.

[②] Anat Zohar, Flora Nemet, "Fostering Students' Knowledge and Argumentation Skills Through Dilemmas in Human Genetics", *Journal of Research in Science Teaching*, Vol. 39, No. 1, 2002.

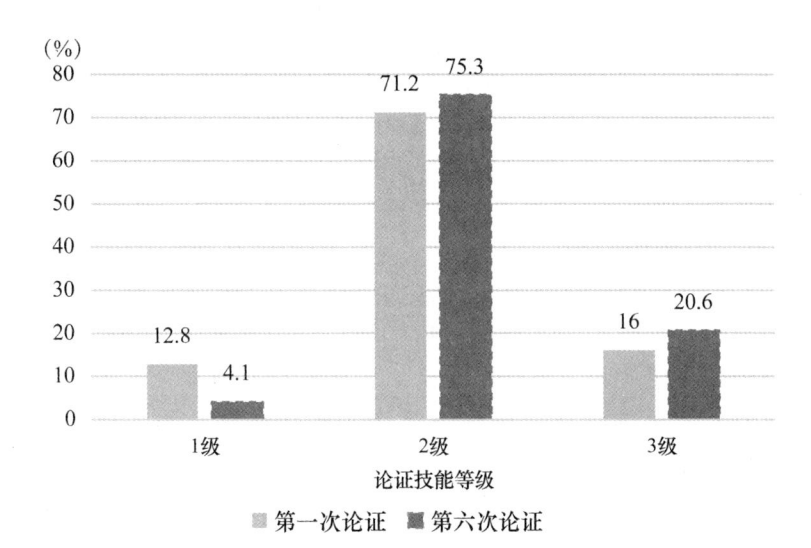

图6.4 研究三中学生不同等级论证技能占比

从图6.4中可以看出,相比于第一次论证,学生在第六次论证中第1等级的论证技能占比减少,而第2和第3等级的论证技能占比增加,两次论证可以看作学生第1等级论证技能转化成第2和第3等级论证技能的过程,学生的论证技能得到提升,说明个人自选论题和正反方的线上可视化论证式教学有助于学生论证技能的提升。

此外,研究还对个人反思的数据进行了分析,在17个学生的反思中,所有学生均提到了他们在论证技能方面的收获,表6.14展示了具体的分析结果。学生的论证技能主要体现在他们意识到了论证中论据的重要性以及论证中需要通过合理分析反驳对方。以下对学生的论证技能以及他们的反思内容进行介绍,为了便于呈现学生的反思内容,研究者将17份反思依据学生提交的时间依次编号为X1—X17。

表6.14 研究三中学生关于论证的技能

主题	内容	频次	总数
论证技能	论据 重要性	17	32
	反驳 合理分析	15	

从表6.14中可以看出，在学生的反思中，有关"论证技能"的内容共被提及32次。其中，"论据"主要表现为"重要性"（17次），即学生意识到了在论证中，有说服力的论点需要足够多且充实的论据支持。"反驳"主要表现为"合理分析"（15次），即学生在论证中能够通过分析对方的错误之处进行反驳。代表性的相关内容如下：

> 论证图在组间展示交流时更加清晰直观，也更加凸显了思维过程的批判性。但是，随着课程的进行，无填充以及一些看似有颜色填充但实则没有证据支持的框格占到了越来越大的比重，这直接反映了课程后期的展示普遍存在的观点缺少证据支撑的现象。(X10)

> 在"浙大语雀"平台上，我们用无色代表没有论据的辩驳，红色表示有论据的反对，蓝色表示赞同有论据的赞同，这也间接地告诉我们，辩论应该是观点明确、论据充实的。(X16)

> 通过参与几次论证，我感觉到自己逐步能够分析对方的错误之处并合理地进行反驳，虽然分析过程中也会遇到很多困难，要找更广的资料，但是每次分析完我觉着自己还是很有成就感的。(X4)

（二）学生的专业知识水平变化

为了回答第三个研究问题（个人自选论题和正反方的线上可视化论证式教学是否有助于学生专业知识水平的提升？），参考 Sampson，Grooms 和 Walker[1] 以及 Zohar 和 Nemet[2] 研究中的评价方法，即在单组实验或准实验的研究中，基于特定的指标分析框架对学生（准实验中指实验班的学生）第一次和最后一次论证的内容进行分析，通过比较相关指标在两次论证中的变化情况得出研究结论，本研究主要对学生第一次和第六次论证的内容依据分析单元进行编码，论证图中一个长方形中的内容是一

---

[1] Victor Sampson, Jonathon Grooms, Joi Phelps Walker, "Argument-Driven Inquiry as a Way to Help Students Learn How to *Participate* in Scientific Argumentation and Craft Written Arguments: An Exploratory Study", *Science Education*, Vol. 95, 2011.

[2] Anat Zohar, Flora Nemet, "Fostering Students' Knowledge and Argumentation Skills Through Dilemmas in Human Genetics", *Journal of Research in Science Teaching*, Vol. 39, No. 1, 2002.

个分析单元。

第一次论证共产生 125 个分析单元，第六次论证共产生 97 个分析单元，内容分析的结果表明，第一次论证中体现专业知识的分析单元共 104 个，占比为 83.2%，第六次论证中体现专业知识的分析单元共 90 个，占比为 92.8%。相比于第一次论证，学生在第六次论证中更经常性地使用专业知识，说明个人自选论题和正反方的线上可视化论证式教学有助于学生专业知识水平的提升（见图 6.5）。

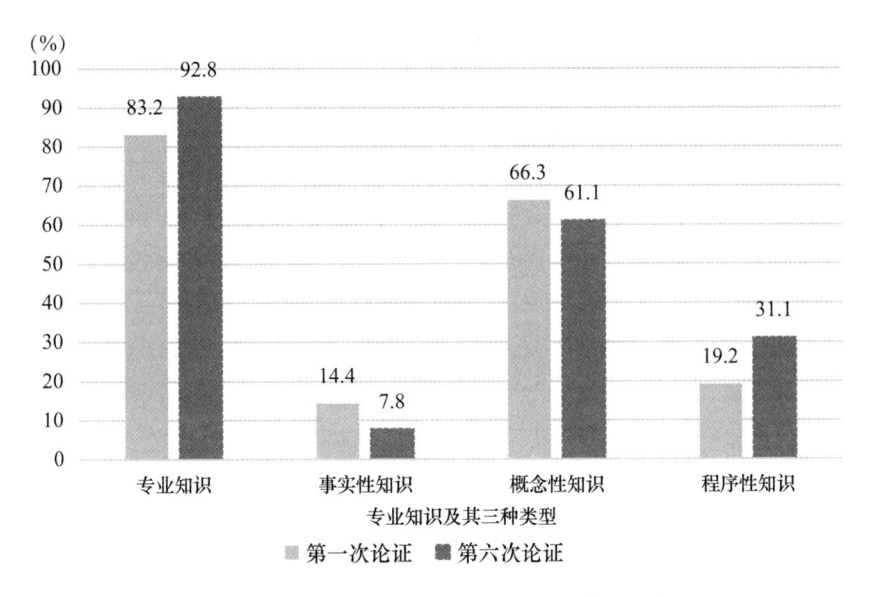

图 6.5 研究三中学生专业知识及其三种类型的占比

此外，研究还探索了学生三种不同类型专业知识的变化情况，第一次论证中共有 104 个分析单元体现出专业知识，第六次论证中共有 90 个分析单元体现出专业知识。对于事实性知识而言，第一次论证中有 15 个分析单元，占比为 14.4%；第六次论证中有 7 个分析单元，占比为 7.8%。对于概念性知识而言，第一次论证中有 69 个分析单元，占比为 66.3%；第六次论证中有 55 个分析单元，占比为 61.1%。对于程序性知识而言，第一次论证中有 20 个分析单元，占比为 19.2%；第六次论证中有 28 个分析单元，占比为 31.1%（见图 6.5）。由此可见，相比于第一次论证，学生在第六次论证中事实性知识和概念性知识的占比减少，而程序性知识的占比增加，两次论证可以看作学生的事实性知识和概念性知识转化成程序性知识的过程，学生的专业知识水平得到提升，这也说明个人自选论题和正反方的线上可视化论证式教学有助于学生专业知识水平的提升。

最后，研究还对17名学生的反思内容进行了分析，结果表明，所有学生均提到了他们在专业知识方面的收获（见表6.15）。学生的收获不仅表现为他们对知识本身有了深刻理解，同时他们也基于知识进行了思考。以下分别对学生的专业知识以及学生的反思内容进行介绍，为了便于呈现学生的反思内容，研究者将17名学生的反思依据提交的时间依次编号为X1—X17。

表6.15　　　　　　　　研究三中学生的专业知识

主题		内容	数量	总数	
专业知识	知识本身	学科学习与技术	14	47	62
		混合学习	12		
		元认知理论	11		
		教育技术	10		
	基于知识的思考	技术应用思考	8	15	
		了解教育现状	7		

从表6.15中可以看出，在学生的反思中，有关"专业知识"内容共被提及62次。其中，"知识本身"被提及的次数最多（47次），其次是"基于知识的思考"（15次）。"知识本身"的内容主要表现为学生学到了关于学习科学与技术（14次）、混合学习（12次）、元认知理论（11次）以及教育技术（10次）的知识。

具体而言，"学习科学与技术"主要体现为学生明白了学习科学与技术涵盖了认知科学、心理学等多学科，具有跨学科性。其目的是促使人们更好地学习。"混合学习"主要表现为学生意识到了混合学习在疫情期间维持正常教学功能的重要性以及混合学习是未来发展的大势所趋。"元认知理论"主要表现为学生理解了元认知的本质是对于自我的反思和监控调节。"教育技术"主要表现为学生明白了教育技术不仅仅关注基础设施，同时也注重提高教学效率。代表性的相关内容如下。

　　学习科学是研究教与学的跨学科领域，涵盖了认知科学、心理学、计算机、社会学等多个学科领域的知识。开设这门课的真正用意是在于促进我们学习观念、教育观念、课程观念、教育研究方法等理论的更新升级，在更在于帮助我们运用科学的学习理论和学习技术指导自身的学习，也为将来的教育工作者指导他人更好地学习发展奠定良好基础。（X5）

　　新冠疫情肆虐期间，全国上下的教育都尝试了在线大规模教学，从中我们尝到了混合式教学的甜头，也迎接了在线教学的挑战与"打击"。与项目式学习类似，混合式教学是新信息技术时代发展的必然导向，是大众趋之若鹜的新事物。我们在勇于尝试混合式教学的同时，仍然需要对其进行客观的认定与评价。在教师眼中，线上教学或许是一种非常有效、便利的教学模式，但学生在其中的参与度、获得感如何，值得打上一个问号。如何推进线上线下混合式教学在实践中的更好应用，还需要更多的实证研究加以完善。（X15）

　　此前，我在哲学课上接触过元认知的理论，但也只是对此有了一知半解。元认知其实对自己思考过程的认知与理解，即对认识的认识。元认知的本质是对于自我的反思和监控调节。元认知，就是能让自己清晰地看见认知的全过程，并且由自己来全权接管。控制输入、大脑和输出，非常清晰地概括了我们应该做什么。简洁明了的话语背后却需要持之以恒的付出和锻炼。（X13）

　　"教育技术学"不只是局限于教学设施的开发和运用，同时还会探讨：怎样的学习才是更有效率的（如双通道理论）、怎样才能更好地实施教学的过程（如5E学习环、PBL等理论），以及，技术和设备在构建更佳学习环境的过程中能发挥怎么样的作用等。（X8）

　　"基于知识的思考"主要表现为学生能够对技术的应用进行思考（8次）以及有迫切了解教育现状的诉求（7次）。具体而言，学生认为技的应用能够为未来教育的发展提供新契机，促使学生更加积极主动地学习。但是技术的教育应用也要考虑不同年龄段学生的特征以及需要基于更多的实践不断改进技术应用方式。此外，学生意识到了自己对基础教育现状了解不够深入，只有先了解教育现状才能够更好地基于现状进行改进。代表性的相关内容如下：

> 这门课给我带来的另一点收获是，让我对未来教育更加充满期待。计算机与网络对教育的支持，更好地让学生从传统的被动接受统一知识的教育模式中跳脱出来。（X11）
>
> 关于"平板进课堂"的现象。不得不说当今的科技与经济发展都十分迅速，毕竟平板进校园是我以前绝对没有想到过的事。对于这个现象我相信很多教育专家以及老师、家长都会十分关注，平板进校是否真的能够提升孩子的学习积极性和学习质量，还是会影响甚至干扰到孩子的学习状态，导致学业成绩下滑。我认为，这一方面需要平板生产商与教育专家进行良好的沟通，充分了解不同年龄阶段的学生的特点，设计出适合学生学习的产品；另一方面，我们也需要进行更多的实验，通过实际结果来观察它的实际效用。（X17）
>
> 其实在这之前我对于当前中国基础教育（尤其是一些较发达地区的中小学）的学习设施状况完全不了解，甚至还停留在自己读中小学时的经验上。直到课上看了那些生动鲜活的例子之后才恍然大悟：原来先进的教育已经这么发达了！因此为自己制定了一个小目标：尽可能多地去关注一些基础的教育现状，如果有机会也希望能向老师那样深入到具体的学校去了解。（X2）

三 学生对于论证式教学的态度

为了回答第四个研究问题（学生对于个人自选论题和正反方的线上可视化论证式教学有怎样的态度？），研究主要收集了受访者半结构化访谈的数据和小组反思的数据。首先，研究基于访谈提纲对随机选取的8名学生进行了半结构化访谈，参考混合学习环境下高校课堂论证式教学的前六个步骤，受访者一共被问到六类问题，它们分别为关于教师讲授的问题（2个），关于论题创设的问题（1个），关于论题和站方选择的问题（2个），关于论证准备的问题（1个），关于论证建构的问题（4个）以及关于展示反馈的问题（3个），共计13个问题。8名受访者半结构化访谈数据的分析结果如表6.16所示。

表 6.16　研究三中学生对于论证式教学的态度（半结构化访谈数据）

教学阶段	问题	内容	频次
教师讲授	教师的讲课对你整个论证过程有怎样的影响？	提高参与论证的信心	8
		知识应用到论证	6
	经过教师对论证相关内容的讲授，你对论证有怎样的认识？	论证促使深度分析知识	6
		论证训练逻辑思维	6
论题创设	你对基于文章提论题有怎样的态度？	科学选题	8
		发挥自主性	8
		增加选择性	8
		感兴趣的论题	8
论题和站方选择	你对自选论题和站方有怎样的态度？	自由选择站方	8
		理性选择	7
	你对正反方组队有怎样的态度？	集体归属感	8
		自由理性选择站方	8
论证准备	你对小组线上协同准备论证有怎样的态度？	随时参与	8
		深入讨论	7
论证建构	你对于线上写下来论证有怎样的态度？	时间充足	8
		随时参与	7
	你对于使用论证图论证有怎样的态度？	清晰展示支持和反驳	8
		提高证据相关性	8
		论证思路逻辑化	7
	你对于以超越对方为目标有怎样的态度？	组内凝聚力高	8
		参与性高	7
		深度思考	7
	你对于匿名论证有怎样的态度？	自由反驳	7
		无所谓	1

续表

教学阶段	问题	内容	频次
展示反馈	你对于基于留痕的内容进行展示有怎样的态度？	提高逻辑组织能力	8
		复习知识	7
	你对于自己要给别人反馈有怎样的态度？	拓展知识面	8
		积极思考	8
	你对于老师的反馈有怎样的态度？	证据为主	8
		学习论证技能	7
		学习专业知识	7

从表6.16可以看出，受访者主要认为教师的讲解有助于其学习知识并提高参与论证的信心（8次），自选文章的方式不仅有助于学生充分发挥其自主性（8次）和选择性（8次），让他们围绕自己感兴趣的论题开展论证（8次），还有助于提高论题的科学性（8次）。线上论证不仅给予学生充足思考时间（8次），也能让他们随时参与论证（8次）等。

此外，17个学生的反思分析结果如表6.17所示，结果表明，论证图帮助其清晰化展示论证内容（17次）和梳理思路（17次）、线上写论证内容的方式给予学生充分的思考时间（17次）、线上协同准备论证中相互学习（16次）等是学生主要的反思内容。

表6.17　　研究三中学生对于论证式教学的态度（反思数据）

教学阶段	主题	内容	频次
论证准备	组员线上协同准备论证	相互学习	16
		和谐分工	14
论证建构	学生线上写下来论证	充足时间和空间	17
		过程记录	12
	学生用论证图论证	论证图清晰化展示	17
展示反馈	学生展示留痕内容	梳理思路	17

以下分别对学生对于论证式教学六个步骤的态度以及反思内容进行详细描述。为了便于展示学生在访谈中的原话，研究者将8名受访者依

据被访时间进行编号（被访时间是受访者依据自身时间而定的），依次编号为S1—S8。为了便于呈现学生的反思内容，研究者将17份反思依据学生提交的时间依次编号为X1—X17。

1. 学生对于教师讲授的态度

在半结构化访谈中，为了探索学生对于教师讲授的态度，研究一共问了受访者两个问题，第一个问题为：教师的讲课对你整个论证过程有怎样的影响？第二个问题为：经过教师对论证相关内容的讲授，你对论证有怎样的认识？

对于第一个问题"教师的讲课对你整个论证过程有怎样的影响"，8名受访者表示教师的讲授能够帮助他们学习专业知识，进而提高他们参与论证的信心。6名受访者表示他们能够将教师讲解的知识应用到论证中。代表性的相关内容如下。

> 通过老师的讲解我学到了很多知识，比如研究方法中的民族志、准实验等，这也提高了我后续参与论证的信心，因为我可以在论证中发表自己的想法。（S1）

> 感觉老师讲授的内容对学习知识还是挺有帮助的，比如学习环境、学习评价、学习技术、研究方法等，对后续开展论证也是比较有帮助的，因为老师挑选的文章大致是契合本章所讲授的内容的，也为论证的开展提供了前期的基础知识支撑。基于前期的所讲的知识然后通过论证不断的应用和深化，从不同角度理解问题和应用知识。（S4）

对于第二个问题"经过教师对论证相关内容的讲授，你对论证有怎样的认识"，6名受访者表示教师对于论证相关知识的讲解让他们明白了论证能够促使他们深度理解知识。6名受访者表示他们意识到了论证是训练他们思维的重要途径。代表性的相关内容如下。

> 论证中，无论是支持和反驳，其所用到的材料和证据都是我们基于知识深度分析的结果，知识是基础，论证所要展示出来的是对知识深度加工分析的成果。（S3）

论证过程中大家经常会依据某些推理得出新判断、形成新思想，这些新思想也要遵循逻辑规律、符合逻辑规则的要求，以上这些行为都会训练到我们的逻辑思维能力。(S7)

2. 学生对于论题创设的态度

在半结构化访谈中，为了探索学生对于论题创设的态度，研究问了受访者一个问题，即你对基于文章自提论题有怎样的态度？针对该问题，8名受访者表示这样的方式让他们实现了科学选题。8名受访者表示他们能够通过对文章内容的论证充分发挥自主性。8名受访者表示文章提高了他们对论题的可选择性。8名受访者表示他们能够对自己感兴趣的论题进行论证。代表性的相关内容如下。

在专业知识方面，老师毕竟要比我们懂得多，我们论证用到的文章都是经过老师精挑细选的，在老师指定的文章中选择论题，我觉着起码我们的论题不会跑偏，科学性是有保证的。(S5)

我之前看文章的时候总觉着这些文章是发出来的，神圣无比，现在我在读一篇论文时候，遇到任何有疑问的地方都可以发表自己的看法，也可以得到别人的回复，整个过程下来我对文章有了新的认识。(S8)

一篇文章可以衍生出来好多论题，只要是对文章内容理解的深刻，到处都可以挖掘可辩论的点，和以往只对一个论题进行论证相比，我觉着这种方式大大增加了论题的多样化和可选择性。(S1)

有那么多论题，肯定是参与自己感兴趣的论题，看到哪些有兴趣的话就找一些相关资料，不感兴趣的话参与进去也不知道说什么。(S4)

3. 学生对于论题和站方选择的态度

在半结构化访谈中，为了探索学生对于论题和站方选择的态度，研究一共问了受访者两个问题，第一个问题为：你对自选论题和站方有怎样的态度？第二个问题为：你对正反方组队有怎样的态度？

对于第一个问题"你对自选论题和站方有怎样的态度"，8名受访者表示这样的方式增加了他们选择的自主性。7名受访者表示他们能够实现理性地选择，基于理性选择的站方，他们在后续论证中能够更积极地维护自己的站方。代表性的相关内容如下。

这给了我充分的自主性，我所选择的论题和站方都是我自己感兴趣或支持的，我对我自己支持的论题和站方自然要极力维护。（S7）

这次论证和之前论证最大的不同点是我可以选择多个站方，而不用强制性地选择一个，对哪个站方支持就可以加入到该站方的大军中，尽情地为自己支持的想法辩驳。（S3）

自己选择论题和站方就要对自己的选择负责，这会让我比较慎重自己的论题和站方的选择，选择之前我也会进行合理的思考，看自己是否是真的感兴趣或支持，因为真的感兴趣或支持后续才会真的去辩论。（S1）

对于第二个问题"你对正反方组队有怎样的态度"，8名受访者表示正反方组队的方式增加了他们的团队归属感。8名受访者表示他们在这样组队方式的驱动下更有动力反驳对方。代表性的相关内容如下。

同一个站方的人有着共同的目标，虽然我不知道我的队友是谁，但大家都明白我们是一个集体，我们要思考的是如何发挥集体的力量一致对外哈哈。（S5）

当看到有其他人支持我的时候，莫名有种兴奋感，觉着自己的东西被认可且被帮助，自己也能够更好地反驳对方。（S1）

4. 学生对于论证准备的态度

在半结构化访谈中，为了探索学生对于论证准备的态度，研究问了受访者一个问题，该问题为：你对小组线上协同准备论证有怎样的态度？对于该问题，8名受访者表示线上的方式能够让他们随时发表对于论文的想法。8名受访者表示他们能够在线上对论文开展深刻的讨论，这样能够帮助他们理解文章内容，进而在后续更好地参与论证。代表性的相关内容如下。

　　理解文章内容还是需要灵感的，可能某个瞬间对文章有独特的见解，线上的方式能够让我随时发表我自己的想法，其他人也能够及时地和我这些想法互动。(S6)
　　我自己的话应该不会对论文的内容分析得这么全面和深入，但是线上大家你一言我一语地对这个论文讨论的就特别激烈，这也让我加入进去，通过讨论对论文内容理解的也比较深刻。(S8)

在学生的反思中，他们也发表了自己关于小组线上协同准备论证的态度。16名学生表示小组线上协同准备论证的方式能够让他们和其他组员进行互动，彼此学习、拓宽视野、共同进步。14名学生表示组内和谐的分工有助于他们顺利参与论证。代表性的相关内容如下。

　　从这门课的小组合作中，我也从别人那里收获很多。不同人看问题的角度是不同的，在小组讨论的过程中，总能发现一些自己阅读的时候没有注意到的细节和问题，这能够拓宽我的视野，让我思考问题更加全面。(X7)
　　每周组员们会在群里商讨选择哪篇文献进行阅读，接着每个人进行阅读和分工，之后整组一起讨论文献的内容和自己阅读文献的疑惑，然后分别完成语雀的各个部分，最后进行补充和整合。整个合作的过程是比较流畅的，每次线上线下的讨论都是轻松愉快的学术氛围。(X3)
　　我们将语雀平台利用为系统化的思维整理区域，在确定共同问题和重要话题后，根据文章的逻辑分块讨论，试图从不同立场或角度对相关争议进行准备。(X11)

5. 学生对于论证建构的态度
　　在半结构化访谈中，为了探索学生对于论证建构的态度，研究一共问了受访者四个问题，第一个问题为：你对于线上写下来的论证有怎样的态度？第二个问题为：你对于使用论证图论证有怎样的态度？第三个问题为：你对于以超越对方为目标有怎样的态度？第四个问题为：你对于匿名论证有怎样的态度？

对于第一个问题"你对于线上写下来的论证有怎样的态度"，8名受访者表示这样的方式能够给予他们充足的时间去思考。7名受访者表示他们能够通过线上的方式随时参与论证。代表性的相关内容如下。

> 线上的环境中时间本来就是比较充足的，而且在写的过程中，充足的时间能够让我充分地思考，再次对自己要表达的内容进行审视。（S2）

> 因为论文中有很多论题可以辩论，而有些只能在对文章内容逐步深入理解的过程中才能够看出来，我可以一边阅读深究论文，一边在论证图中发表自己的看法，整个过程操作都很灵活。（S5）

在学生的反思中，他们也发表了关于线上写论证的态度。17名学生表示线上论证给他们提供充足的时间和空间进行论证，他们能够通过异步的方式随时参与论证，没有了由于时间限制而产生的紧张情绪。12名学生表示线上的环境能够记录他们的论证过程，他们可以基于留痕的论证内容，在论证结束后对论证进行审查和反思。代表性的相关内容如下。

> 异步的好处在于时间上更自由了，想什么时候补充内容都可以。（X8）

> 没有时间的催促我觉着自己能够按照自己的步骤思考问题，时间越急我只会越慌，而这学期的论证是线上的方式，给我充足的时间和空间思考问题。（X15）

> 我们所有的内容都被记录在浙大语雀上，这些内容不会丢失，我在论证结束后有时候会再次翻看下我们的论证过程，在论证结束后看论证和刚开始论证的感觉还是不太一样，自己会思考得更加深刻，通过再次反思我也能够对论证有更加深刻的认识。（X13）

对于第二个问题"你对于使用论证图论证有怎样的态度"，8名受访者表示论证图帮助他们清晰地理解整个论证过程中的支持和反驳情况。8

名受访者表示在论证图的指引下，他们能够提供与论证相关的证据。7 名受访者表示论证图帮助他们以逻辑化的方式组织思路。代表性的相关内容如下。

> 从框框颜色就可以看出我们论证过程中支持和反驳的情况，我看到颜色比较花的图就觉着大家论证得很积极，支持和反驳都很多，如果色泽比较单一就可能是某一方占上风。(S6)
> 论证图使用不同颜色代表论据的特点，一旦有了颜色就说明了有论据支持，别人也能够一眼看出你论据的合理性，这就促使我不断地思考我使用的论据是否恰当合理，不能让对方一眼就能够抓到把柄。(S1)
> 大量资料在我脑海里像是一堆无序的东西，我要在论证图中以合适的位置和合适的颜色把他们很精练地体现出来，这也是我将思路整理出来的过程。(S2)

在学生的反思中，他们也发表了关于论证图使用的态度。17 名学生表示论证图能够增加论证结构的清晰性，这对于他们梳理逻辑思路很有帮助。代表性的相关内容如下。

> 浙大语雀中绘制的论证图类似于思维导图的学习平台，能够直观形象地还原组内成员认真思考、激烈讨论的过程；同时用不同颜色代表不同性质的论据，能清晰地呈现大家头脑风暴的成果。借助语雀进行辩论的教学方式，可以使学习者切身体会到科学技术给学习带来的便利。(X2)
> 过去的课堂展示，内容我们基本都会简要呈现在 PPT 上，展示者只要照着 PPT 的顺序一步步呈现内容。而这次的展示主要以浙大语雀上的论证图为主。在论证图制作的过程中，我们首先要明晰文章的脉络，理解作者的用意，而后给出自己的逻辑结构，并在语雀上通过不同的分支与填充颜色区分。这一步做好了，后面的展示才能顺利。(X10)

对于第三个问题"你对于以超越对方为目标有怎样的态度",8 名受访者认为以超越对方为目标提高了他们组内的凝聚力。7 名受访者认为这样的方式提高了他们参与论证的积极性。7 名受访者认为他们在超越对方目标的驱动下能够进行深度思考。代表性的相关内容如下。

> 超越对方不是个人超越,而是我们这一站方对对方的超越,在这个观念的引导下,论证的时候我们组内人员都挺团结一致的,大家紧绷在一条弦上,我之前在其他课上也参与过小组讨论,但是感觉没有这次大家这么的齐心协力。(S7)
> 超越对方并不是凭空能够超越的,要靠我们组员的积极参与,通过积极参与不断地和对方争执,最后让对方无话可说而取得胜利。(S2)
> 个人感觉超越对方是不容易的,因为对方也是很强的,那到底怎样才能够超越对方呢?我觉着最重要的一点是看谁对与论证内容相关的知识理解的更为深刻,从深层剖析问题才有可能让对方难以接招,进而实现超越的目标。(S8)

对于第四个问题"你对于匿名论证有怎样的态度",7 位受访者认为匿名论证的方式能够让他们自由自在地反驳。1 位受访者对论证中匿名与否感到无所谓。代表性的相关内容如下。

> 匿名就是大家谁都不知道谁,我可以大胆地、非常猛烈地去反击对方,不用考虑反驳的是谁,反驳后可能带来哪些面子上的难看,真的就是就事论事。(S7)
> 无论匿名不匿名,能够有能力反驳对方才是关键,对我而言只要有能力反驳我就会反驳,不会考虑我反驳的是谁,也不在意面子问题。(S5)

6. 学生对于展示反馈的态度

在半结构化访谈中,为了探索学生对于展示反馈的态度,研究关一共问了受访者三个问题,第一个问题为:你对于基于留痕内容进行展示有怎样的态度？第二个问题为：你对于自己要给别人反馈有怎样的态度？第三个问题为：你对于教师的反馈有怎样的态度？

对于第一个问题"你对于基于留痕的内容进行展示有怎样的态度"，8位受访者认为这种方式能够提高他们的逻辑组织能力。7位受访者表示基于留痕内容的展示能够帮助他们复习知识。代表性的相关内容如下。

> 展示也是需要技巧的，不能纯粹地念论证图中的内容，而是要把图中的内容以自己的思路表述出来，还不能遗漏原来的内容，还要有逻辑性，让听众听得明白，让观众跟着自己的逻辑思路走下去。(S7)

> 展示的核心在于以逻辑化的形式将论证内容表述出来，我记得我在展示的时候又从头到尾把论证图的内容看了一遍，发现相同的内容在不同时间翻看会有不同的发现，很多遗忘的知识被复习。(S3)

在学生的反思中，他们也发表了关于利用留痕论证内容进行展示的态度。17个学生表示他们通过展示能够再次梳理自己的论证思路，同时也能够让自己加深对论证内容的理解。代表性的相关内容如下。

> 展示应该是一种对于学习与思考的结果性呈现，即系统地梳理学习过程后有条理地进行展示，这也是为何发展到后期各个小组的论证图事实上都呈现出纵向拉长的趋势。(X9)

对于第二个问题"你对于自己要给别人反馈有怎样的态度"，8名受访者表示这种方式拓展了他们的知识面。8名受访者表示基于给别人的反馈，他们自己也能够深入思考相关的内容。代表性的相关内容如下。

> 因为不同的小组选择的文章可能不一样，通过观看和点评其他人的论证内容，我觉着我对他们的论证内容也有了了解，学习到了更多的知识。(S6)

> 要对别人的内容进行点评的话，肯定不能重复别人说过的话，

自身肯定要对他们的论证内容有所了解,然后思考他们的论证无论是从论证本身还是论证内容方面如何做得更好,或者想到哪些问题不理解等,这些都是带有个人想法的点评。(S2)

对于第三个问题"你对于教师的反馈有怎样的态度",8 名受访者表示经过教师的指导,他们明白了论证中证据的重要性。7 名受访者表示他们从教师的反馈中学习了论证技能。7 名受访者表示这种方式让他们学到了专业知识。代表性的相关内容如下。

老师从一开始就强调要有论据要有合理的论据,要有高质量的论据,我们组在后续的论证中也逐步开始收集各种各样的论据,力争做到无论据不观点。(S8)

之前我也有过反驳,但是那时候反驳像是无头苍蝇一样到处反驳,根本没有在点上。经过助教和老师的讲解,我明白了反驳的时候可以重点查看对方是否出现了以偏概全、因果颠倒、偷换概念等错误进行反驳。(S7)

老师在指导过程中也会提到很多专业性的知识,这些都有助于我知识的学习,尤其强调的是,有些知识是我之前学的时候忽略的,在老师的指导下,这些知识再次被重点强调,我也会对这些内容格外关注,因为这些相当于我之前漏掉的内容。(S3)

第四节 研究讨论与结论

一 主要结果讨论

(一)个人自选论题和正反方的线上可视化论证式教学有助于学生批判性思维技能的提升

六次论证中,学生的平均批判性思维深度逐步提升,这说明学生的批判性思维技能水平逐步提升,即个人自选论题和正反方的线上可视化论证式教学能够提升学生的批判性思维技能水平,该结果和 Kunsch,

Schnarr 和 van Tyle[①]的研究结果具有一致性。在本研究中，学生的批判性思维技能水平之所以逐步提升，除了研究一中所提到的学生能够在争论性论证中维护自我观点以及反驳他人观点[②]以及研究二中提到的共享资源和在线可视化因素外，本研究中还允许学生针对多个论题开展论证，这让更多学生拥有参与论证以及发言的机会，同时也给他们提供更多锻炼自身批判性思维技能的机会。部分受访者也表示，基于文章自选多个论题的方式能够让他们充分表达自己的想法，有更多的机会支持和反驳他人。

（二）六次论证中，学生经常基于观点提出论据，他们也能够提出创新的想法

六次论证中，学生产生数量最多的有效单序列为辨识→理解，说明学生在六次论证中经常基于观点提出证据，即他们能够识别对方的错误等，并用资料支持自己，但是学生较少有深入分析等行为。学生上述行为的产生主要受到以下因素影响：首先，论证中论题个数过多，虽然多样化的论题为学生参与论证提供更多机会，但论题数量过多也会带来一个问题，即学生论证的范围太广，这就导致他们对于每个论题都无法深入论证，这点从论证图的形状也可以看出来，即论证图的横向长度比较短，也就是说，学生关于某个论点来来回回探讨的次数比较少。

其次，学生缺乏刻意的练习，刻意练习能够提升学生的批判性思维技能水平[③]。具体而言，刻意练习具有以下特点：有意识地改善、在有规律的时间内集中精力、涉及为提高某方面表现而特别设计的练习、重复练习、分阶段练习以便逐步掌握更复杂的技能、由专业教练监督并提供指导和反馈[④]。在本研究中，学生还没有达到刻意练习论证的标准，学生每次论证都要面对新论题，虽然老师会提供评价和指导，但是学生没有

---

① David W. Kunsch, Karin Schnarr, Russell van Tyle, "The Use of Argument Mapping to Enhance Critical Thinking Skills in Business Education", *Journal of Education for Business*, Vol. 5, 2014.

② Vetti Giri, M. U. Paily, "Effect of Scientific Argumentation on the Development of Critical Thinking", *Science & Education*, Vol. 29, No. 3, 2020.

③ Tim van Gelder, "Enhancing Expertise in Informal Reasoning", *Canadian Journal of Experimental Psychology*, Vol. 58, 2004.

④ Kate Anders Ericsson, Neil Charness, "Expert Performance", *American Psychologist*, Vol. 49, 1994.

机会将老师的指导应用于论证中。

最后，论证内容具有一定的难度。本研究将高质量英文期刊论文的内容作为论题来源，论文内容本身已经是作者思想的高度凝练，对于这些内容的支持或反驳则对学生的知识功底等提出了挑战。部分受访者也表示，论文内容本身已经很全面，自己很难再次进行补充。在 Van Lacum，Ossevoort 和 Goedhart[1] 的研究中，学生对于找学术论文中观点的支持性内容或研究局限都有难度，更何况让他们对论文内容进行支持和反驳。

在本研究中，学生在论证中能够提出创新的想法。究其原因，本研究中所挑选的论文都是发表在国际有影响力的高质量期刊上，其内容质量是有保证的，这些内容是作者经过不断推敲而得出的"精品"，文章本身已经对某个观点进行了全面且有深度的梳理，学生想要对这些"精品"进行支持或反驳，他们则需要更多创新性的想法。其次，学生新观点的产生通常是因为他们对原来的观点具有强烈的不满或不同意感。在本研究中，由于学生个人自选正反方，他们能够对自己反对的观点自由反驳，并在反驳中产生创新的想法。

（三）学生的发言次数和批判性思维技能显著正相关

在本研究中，学生的批判性思维深度和发言次数显著正相关，说明学生的发言次数和批判性思维技能显著正相关，该结果和 Khan，Omar，Babar 和 Toh[2] 的研究具有一致性，他们的研究表明，那些积极参与到论证过程中的人由于花更多的时间去探究、练习和思考，他们能够获得更多锻炼思维机会，也能够更好地掌握知识，充足的知识储备为学生批判性思维技能的提升奠定了基础[3]。在本研究中学生自选正反方以及匿名论证都有助于学生通过多次发言锻炼其批判性思维技能。

---

[1] Edwin B. Van Lacum, Miriam A. Martin J. Goedhart, "A Teaching Strategy with a Focus on Argumentation to Improve Undergraduate Students' Ability to Read Research Articles", *CBE Life Sciences Education*, Vol. 13, No. 2, 2014.

[2] Saad A. Khan, Hanan Omar, Muneer Gohar Babar, Chooi G Toh, "Utilization of as an Educational Tool to Learn Health Economics for Dental Students in Malaysia", *Journal of Dental Education*, Vol. 76, No. 12, 2012.

[3] Dennis Fung, Christine Howe, "Group Work and the Learning of Critical Thinking in the Hong Kong Secondary Liberal Studies Curriculum", *Cambridge Journal of Education*, Vol. 44, No. 2, 2014.

首先，在本研究中，个人可以自选正反方，这就确保了同站方同观点，异站方异观点。学生能够按照自己的意愿选择站方并基于所选站方充分表达自己的想法。部分受访者也表示，基于自己选择的站方，他们能够积极地支持己方以及反驳对方，让自己高质量地参与论证。也有研究表明，将学生按不同观点进行异质分组，即让同一个站方的人具有同一个立场，不同站方的人具有不同的立场，这样不仅能够避免学生"简单附和"而没有任何争论的问题，还可以刺激不同站方之间产生观点冲突，帮助学生从多个角度全面理解问题，以此培养他们的批判性思维技能[1]。在 Chin 和 Osborne[2] 的研究中，为了提高学生的论证质量，教师通过调查将具有不同观点的学生分配在一组，以确保小组成员具有多种不同的观点，鼓励组员为了自己的观点不断辩驳。

其次，学生之间彼此匿名的方式能够促使他们充分开展反驳，不用顾及"面子""私人关系"等社会情感因素[3]，并在不断地反驳中锻炼自身的批判性思维技能。部分受访者也表示，他们能够在匿名论证中自由且充分地反驳别人，根本不需要顾及情面等因素。

（四）个人自选论题和正反方的线上可视化论证式教学有助于提升学生的论证技能和专业知识水平

个人自选论题和正反方的线上可视化论证式教学有助于提升学生的论证技能和专业知识水平，这个结果与 MEMİŞ 和 KARAKUŞ[4]、Indrawatiningsih 等人[5]的研究结果具有一致性，在他们的研究中，论证式教学能够提升学生的专业知识和论证技能。学生之所以学到了专业知识，一方

---

[1] Omid Noroozi, Armin Weinberger, Harm J. A. Biemans, Martin Mulder, "Argumentation-Based Computer Supported Collaborative Learning (ABCSCL): A Synthesis of 15 Years of Research", *Educational Research Review*, Vol. 7, No. 2, 2012.

[2] Christine Chin, Jonathan Osborne, "Supporting Argumentation Through Students' Questions: Case Studies in Science Classrooms", *Journal of the Learning Sciences*, Vol. 19, No. 2, 2010.

[3] 罗秀玲、黄甫全：《应用信息技术促进科学论证教学》，《电化教育研究》2014 年第 7 期。

[4] Esra Kabataş Memiş, Esma Karakuş, "An Evaluation of Academic Achievements Through the Use of Argument and Concept Maps Embedded in Argumentation Based Inquiry", *Asia Pacific Education Review*, Vol. 22, No. 3, 2021.

[5] Nonik Indrawatiningsih, Purwanto Purwanto, Abdur Rahman Asari, Cholis Sa'dijah, "Argument Mapping to Improve Student's Mathematical Argumentation Skills", *TEM Journal*, 2020.

面是因为教师对相关内容的讲解,学生在教师的讲解中不断学习专业知识,这点学生在半结构化访谈中也表示,他们通过教师的讲解学到很多课程内容相关的知识。另一方面,学生也可以在准备论证、自选论题和正反方、建构论证以及展示论证中运用所学的知识,通过应用知识,学生也能够深化对于专业知识的理解。

同时,学生的论证技能得到提升,在本研究中,学生能够自选论题和正反方,然后基于自选的论题和正反方通过线上可视化的方式进行论证,这些都为学生支持己方和反驳对方提供了有利条件。为了高效地支持己方和反驳对方,学生也要灵活运用各种解决问题的技能,针对对方发言的不同内容采取不同的回应措施,这就促使学生改变其以往习惯于记忆知识而忽略方法掌握的学习方式,并在基于方法的支持和反驳中锻炼和提升自身的论证技能。

二 研究结论与启示

研究三探究了个人自选论题和正反方的线上可视化论证式教学的步骤、内容及教学效果。研究发现,个人自选论题和正反方的线上可视化论证式教学能够提升学生的批判性思维技能,学生的发言次数越多代表其批判性思维技能水平越高。在论证过程中,学生经常基于观点提出论据,即学生通常能够识别他人发言内容中存在的问题,然后基于文献内容等对他人开展支持或反驳的互动,同时学生也能够提出创新的想法。学生不仅学到了专业知识,还提升了论证技能。

研究三的相关发现及实践经验的反思可为未来混合学习环境下高校课堂组织以学生个人为中心的论证式教学的相关研究提供进一步的研究参考,以及为高等教育乃至其他学段、学科中旨在改进课堂论证式教学实践提供具体设计与实施建议。

第五节 本章小结

本章首先详细介绍了个人自选论题和正反方的线上可视化论证式教学的设计和研究设计;其次,说明了各项数据的收集与分析情况;接着,针对各个研究问题分别描述了相关的结果与发现;最后,对主要发现进行了讨论，并总结了最终的研究结论。

　　基于本研究的实践反思和研究发现，未来混合学习环境下高校课堂论证式教学的研究需更加关注：（1）论题本身的设置，如多少个论题既能够让学生自主选择同时也能够让他们深入论证，论题需要怎样的难度能够促使学生积极思考等；（2）学生分析问题能力的培养，即采用怎样的方式促使学生在日常阅读中等深入剖析事物的本质，为其后续高质量的参与论证提供支撑条件；（3）学生在论证中的刻意练习，即如何更好地让学生基于教师过程性的反馈不断优化论证，促使学生在完善论证中不断提升自身的综合能力。

第七章

研究总结与展望

本书基于高等教育开展论证式教学的时代需求以及高校传统论证式教学中存在的问题，构建了"混合学习环境下高校课堂论证式教学框架"，并基于该框架开展了三种不同形式的论证式教学研究，即教师指定论题和正反方的线上线下同步论证式教学研究、小组自选论题和正反方的线上可视化论证式教学研究以及个人自选论题和正反方的线上可视化论证式教学研究，探索了三种不同形式下论证式教学的步骤、内容、学生的学习方式以及教学效果。最终，研究基于实践总结出混合学习环境下高校课堂论证式教学的设计与实施要点。

第一节 研究总结与结论

为了探究高校混合学习环境下的论证式教学，本书构建了"混合学习环境下高校课堂论证式教学框架"，从理论层面为高校课堂开展论证式教学和效果评价提供了指导，并基于该框架在混合学习环境下开展了三种不同形式的论证式教学研究。首先，研究通过对论证、论证式教学等文献的梳理，以ICAP框架、批判性讨论模型、Toulmin论证模型、论证式教学方式以及三节点论证学习框架为核心，构建了"混合学习环境下高校课堂论证式教学框架"，该框架从系统的视角呈现了混合学习环境下高校课堂论证式教学的步骤、内容以及学生的学习方式，具体阐释了高校课堂在混合学习环境下如何组织论证、如何开展论证式教学、学生如何学习以及如何评价论证式教学的效果，主要的内容如下：

（1）高校课堂在混合学习环境下如何组织论证：批判性讨论模型和 Toulmin 论证模型为高校课堂在混合学习环境下开展论证提供了指导。首先，批判性讨论模型将论证过程分为冲突、起始、论辩和结束四个阶段，这四个阶段为学生顺利参与论证提供了保障，学生在意见分歧中各自明确自身的角色定位，并基于角色维护己方和反驳对方，最后双方对意见的消除程度等进行总结。在本研究中，为了更好地让学生开展争论性论证，他们通过正反方的形式产生认知冲突，然后双方在线上协同准备论证，接着各方在线上维护己方观点以及反驳对方的观点，最后通过展示等对论证进行总结。其次，在论辩阶段，Toulmin 论证模型的六要素（主张、资料、依据、支援、限定和反驳）能够帮助学生全面论述自己或自己组的主张。为了证明一个"主张"，学生就要找支持的"资料"，提供能够确保"资料"和"主张"必然联系的"依据"，学生也要提供"支援"说明"依据"的合理性。论证中也存在很多特例，此时学生就会产生"反驳"，"反驳"的出现能够增加"主张"的严谨性，因为反驳通常表现为给"主张"的成立加上一个"限定"条件。虽然 Toulmin 论证模型旨在让学生全面论述自己或自己小组的主张，但它也可以用来反驳对方的主张，学生可以从"资料""依据""支援"等方面对对方进行反驳。

（2）高校课堂在混合学习环境下如何开展论证式教学、学生如何学习以及如何评价其教学效果：本研究主要参考学生合作论证教学方式的基本步骤，总结出混合学习环境下高校课堂论证式教学的七个步骤，即教师讲授、论题创设、论题和站方选择、论证准备、论证建构、展示反馈以及教学效果评价。然后参考三节点论证学习框架中论证对话的影响因素对每个步骤的内容进行了设计，并分别从师生活动的角度进行了阐述，最后参考 ICAP 框架对每个阶段中学生的学习方式进行了总结，并对技术的支持作用进行概述。

总结而言，教师讲授阶段的核心内容是教师课中利用多媒体给学生讲解专业和论证相关的知识，学生听讲或做笔记等，学生在该阶段主要表现为被动学习或主动学习，多媒体的应用有助于直观呈现教学内容，帮助学生开展被动或主动学习。论题创设阶段的核心内容是学生线上提出论题，教师线上审核论题，学生在该过程中主要表现为建构学习，在线群聊或在线讨论区或在线协同平台有助于学生想法的共享，帮助学生开展建构学习。论题和站方选择阶段的核心内容是学生基于教师的指定总结课堂内容并线上共享知识点、线上单独或商讨中选择论题和站方，该过程中学生主要表现为主动学习（线上共享知识点）、建构学习（线上单独选择）或交互学习（线上商讨中选择），在线群聊或在线协同平台有助于学生共享想法以及自由交流，帮助学生开展主动、建构或交互学习。论证准备阶段的核心内容是每个站方的学生线上协同准备论证，该过程中学生主要表现为交互学习，在线协同平台有助于学生文档共享以及资源共享，帮助其开展交互学习。论证建构阶段的核心内容是在批判性讨论模型和 Toulmin 论证模型的指导下，每组正反方以实名或匿名、异步、文字形式多次线上交互，该过程中学生主要表现为交互学习，在线讨论区或在线协同平台有助于学生想法共享、自由交流或协作互动，帮助其开展交互学习。展示反馈阶段的核心内容为学生评价他人的论证或展示论证的内容和过程，该过程中学生主要表现为建构学习，在线评价工具或多媒体有助于学生高效评价或直观展示论证内容，帮助其开展建构学习。教学效果评价阶段的核心内容是评价学生的批判性思维技能、论证技能、专业知识水平以及学生对于论证式教学的态度。由于混合学习环境下的论证内容能够被记录和留痕，基于对留痕论证内容的分析能够提高评价的客观性。

本书构建的框架能够较好地凸显混合学习环境下高校课堂论证式教学的步骤、内容以及学生的学习方式，并对教学效果进行较为全面评价，这为研究者探寻混合学习环境下论证式教学提供了理论支持与实践指导，同时也为研究基于相关发现总结混合学习环境下高校课堂不同形式论证式教学的设计与实施要点提供了基础。

其次，基于上述框架，本书在高校的混合学习环境下开展了三种不同形式的论证式教学研究，探索了三种不同形式论证式教学的效果：

（1）研究一以《马克思主义基本原理概论》课程的 76 位大二本科生为研究对象，学生自由组合成 18 个小组，每个小组 4—5 人。研究共计持续 16 周，每周三课时。学期前五周（15 个课时）仅进行无论证活动的教师讲授，中间的九周（27 个课时）在教师讲授的基础上增加教师指定论题和正反方的线上线下同步论证式教学活动，学生在最后两周的课后提交小组反思以及开展半结构化访谈。

具体而言，教师指定论题和正反方的线上线下同步论证式教学的七个步骤和内容如下：在教师讲授阶段，教师课中给学生讲解专业知识和论证方面的知识，学生听讲或做笔记。在论题创设阶段，学生线上提多个论题，教师线上提一个并审核学生所提的论题。在论题和站方选择阶段，老师基于审核结果在线上定一个论题，论题确定之后，所有小组依据组号在线下被教师分配正反方；在论证准备阶段，每方队员各自在线上协同准备论证；在论证建构阶段，两个小组线下面对面口头论证，其余小组通过线上发帖的方式同步开展论证，且论证在课堂时间内完成；在展示反馈阶段，教师口头点评学生面对面论证的内容，线上论证者给线下论证者通过线上的方式投票；在教学效果评价阶段，通过对学生论证内容、反思内容以及半结构化访谈内容的分析，评价学生的批判性思维技能、论证技能以及专业知识水平，此外，研究也关注了学生对论证式教学的态度。

该研究主要发现，①教师指定论题和正反方的线上线下同步论证式教学能够提升学生的批判性思维技能；②学生的发言次数越多并不代表其批判性思维技能越高；③线上论证者的发言次数较少，他们仅发表自己的想法，没有和其他学生开展支持或反驳的互动行为；④学生的论证技能既有提升又有降低，学生的专业知识水平得到提升。

（2）研究二以《学习科学与技术》课程的42位大二本科生为研究对象，学生自由组合成10个小组，每个小组4—5人。研究共计持续八周，每周两次课，每次课两课时。前两周（8个课时）仅进行无论证活动的教师讲授，中间的五周（20个课时）在教师讲授完相关知识后，增加小组自选论题和正反方的线上可视化论证式教学活动。学生在最后一周的课后提交个人反思以及开展半结构化访谈。

具体而言，小组自选论题和正反方的线上可视化论证式教学的七个步骤和内容如下：在教师讲授阶段，教师给学生讲解专业知识和论证方面的知识，学生听讲或做笔记；在论题创设阶段，学生线上提出多个论题并选出三个论题，教师对这三个论题进行审核；在论题和站方选择阶段，每个小组经过商讨在三个论题中选择一个，当论题确定之后，每个小组线上协商给小组选择正或反方；在论证准备阶段，正反方分别在线上协同准备论证；在论证建构阶段，每组正反方通过线上共同画论证图的方式进行可视化论证，论证在课外以异步的方式开展，且论证过程中每方都知道对方的组员，但是不知道具体是谁在跟自己论证；在展示反馈阶段，学生线下展示论证图的内容和过程，教师线下对学生的展示进行点评和反馈；在教学效果评价阶段，通过对学生论证内容、反思内容以及半结构化访谈内容的分析，评价学生的批判性思维技能、论证技能以及专业知识水平，此外，研究也关注了学生对论证式教学的态度。

该研究主要发现，①小组自选论题和正反方的线上可视化论证式教学能够提升学生的批判性思维技能；②在论证过程中，学生经常基于论据提出论点；③学生的发言次数和其批判性思维技能之间没有相关性；④学生的论证技能和专业知识水平均得到提升。

（3）研究三以《学习科学与技术》课程的17位大二本科生为研究对象。学生自由组成5个小组，每个组4—5人。研究共计持续八周，每周两次课，每次课两课时。第1周（4个课时）仅进行无论证活动的教师讲授，中间的6周（24个课时）在教师讲授完相关知识后，增加个人自选论题和正反方的线上可视化论证式教学活动，学生在最后一周的课后提交个人反思以及开展半结构化访谈。

具体而言，个人自选论题和正反方的线上可视化论证式教学的七个步骤和内容如下：在教师讲授阶段，教师给学生讲解专业知识和论证方面的知识，学生听讲或做笔记；在论题创设阶段，教师线上提供能够产生多个论题的文章，小组选择一篇文章，每组组员围绕文章内容线上单独提出多个论题；在论题和站方选择阶段，学生线上单独选择多个论题，然后自选正反方；在论证准备阶段，选择了同论题同站方的学生线上协同准备论证；在论证建构阶段，每组正反方通过线上共同画论证图的方式进行可视化论证，论证在课外以异步的方式开展，且论证过程中彼此匿名；在展示反馈阶段，学生线下展示论证图中的论证内容，教师和学生线下对展示进行点评和反馈；在教学效果评价阶段，通过对学生论证内容、反思内容以及半结构化访谈内容的分析，评价学生的批判性思维技能、论证技能以及专业知识水平，此外，研究也关注了学生对论证式教学的态度。

该研究主要发现，①个人自选论题和正反方的线上可视化论证式教学能够提升学生的批判性思维技能；②在论证过程中，学生经常基于观点提出论据，他们也能够提出创新的想法；③学生的发言次数越多代表其批判性思维技能水平越高；④学生的论证技能和专业知识水平均得到提升。

本书对三个研究依次得到的主要发现进行了梳理，发现这三个研究都会给学生的批判性思维技能和专业知识水平带来积极影响，但对学生论证技能的影响存在差异，具体的情况如下：

（1）三个研究中，学生的批判性思维技能均得到提升，这是因为学生在论证中能够不断地对观点进行争论性论证，基于对观点的支持或反驳，学生也能够锻炼自身的批判性思维技能。在第一个研究中，学生不仅能够在线下参与一次争论性论证，也可以通过线上的方式参与其余八次争论性论证。在第二和第三个研究中，学生每次都以异步可视化的方式参与争论性论证。

（2）三个研究中，学生的专业知识水平都得到提升，这是因为三个研究都是让学生全员参与论证，所有学生都能够经历支持己方和反驳对方的过程，在支持或反驳中应用专业知识，且他们也能够基于留痕内容展示论证，这些都能够促进学生学习专业知识。

（3）三个研究中，学生的多次发言逐步能够代表他们高水平的批判性思维技能，这是因为在三个研究中，学生论证的匿名性逐步提高，研究一中学生是实名论证，研究二中学生以组内组间匿名的方式开展论证，研究三中学生是匿名论证。此外，在三个研究中，学生对论题和正反方选择的自主性逐步提高，研究一中教师给学生指定论题和正反方，研究二中小组自选论题和正反方，研究三中个人自选论题和正反方。

（4）相比于研究一，研究二和研究三中学生的论证技能均得到提升，这是因为相比于研究一，学生在研究二和研究三中以课外异步的方式开展论证，这给学生锻炼论证技能提供了更多的时间。此外，相比于研究一，学生在研究二和研究三中以可视化的方式开展论证，可视化的方式有助于学生更清晰地支持或反驳，学生在支持和反驳中提升自身的论证技能。

（5）相比于研究二，学生在研究三中出现了创造的行为，究其原因，在研究二中，学生基于自己提出的论题开展论证，研究三中学生针对学术论文的内容开展论证，相比于学生自己提出的论题，学术论文所产生的论题起点较高，因为论文本身对相关内容已有较为全面且深刻的阐述，学生对论文内容再次论证就要在作者已有内容的基础上思考得更多、更深以及更新。此外，在研究三中，学生个人能够自主选择正反方。基于自选的站方，学生能够在论证中积极反驳对方，并在不断地反驳中产生创新性想法。

第二节　启示与建议

一　启示

在教师讲授阶段，教师会给学生讲授专业知识以及论证相关的知识和技能等，这些知识和技能不仅为学生参与论证提供了知识方面的支撑，还能够帮助学生开展紧扣主题的高质量论证。学生将教师讲授的知识或技能不断地应用到论证实践中，他们也能够通过实践提升自身的综合能力。

在论题创设阶段，线上的环境为所有学生提出论题提供了基础支撑。在网络的支持下，所有学生都可以通过电脑等各种终端设备，在社交软件或课程平台中提出论题。虽然线上环境为所有学生提供了平等的参与提出论题的机会，但学生提的论题质量很大程度上依赖于教师对相关内容的讲解，教师对知识以及论题提出方法的讲解有助于学生提出合理的论题。论题具有科学可辩性、社会性以及学术性是促使学生开展高质量论证的重要保障。

论题的科学可辩性是学生顺利开展论证的前提。学生只有基于科学可辩的论题才能够收集资料准备论证，并基于资料支持己方和反驳对方。然而在实际的论证式教学实践中，虽然很多学生知道自己提出的论题要具有科学可辩性，但是对于如何提出这样的论题并不是特别了解。为了提高学生这方面的技能，教师可以给学生讲解提论题的相关技巧，让学生掌握论题提出的方法，并给学生列举一些典型的论题作为案例进行分析，让学生依据示范案例练习提出论题。

论题凸显社会性和学术性是提高学生论证质量的关键因素。虽然与社会紧密相关的论题能够激发学生参与论证的兴趣，但学生基于这类论题开展论证会存在一个问题,即学生在收集资料的过程中容易仅仅停留在查找相关新闻报道或案例的层面,因为网络上有很多关于该社会热点事件的报道,这些新闻报道或者案例很难引发学生对事件本质的深入思考和剖析。如果论题在兼顾社会性的同时又有学术性,这样既能够提高学生的参与兴趣,也能够鼓励他们从学术层面思考事物的本质。通过学术论文引出论题则是比较有效的措施,因为论文内容本身具有一定的学术性,同时学生也可以通过对社会热点事件的分析提炼支持学术论文中的观点。

在论题和站方选择阶段,正反方组队的形式能够有效激发双方产生观点冲突,自选论题和站方的方式能够促使学生积极地支持己方以及反驳对方,在支持或反驳中,学生需要以证据为支撑,这就促使其积极查找证据,为其观点提供合理的解释,进而促使学生在支持或反驳中锻炼自身的论证技能、应用所学知识以及提升批判性思维技能。

在论证准备阶段,线上协同准备论证的方式能够为每方充分支持自己和反驳对方提供资料等支撑。每个人都可以在任意时间将自己所找到的资料线上分享给其他队员,其他队员也能够对资料进行点评等,这为学生准备论证提供了充足的时间和便捷的共享环境。此外,每个站方都能够在属于自己的团队空间共享资源,队员之间协同整理和分析资料,这也增加了队员的归属感和团队凝聚力。

在论证建构阶段,线上的环境给每个学生提供了平等参与论证的机会,匿名的方式能够让学生自由反驳。基于网络和终端的支持,所有学生都能够参与到论证中,且线上环境为学生开展匿名论证提供了支撑条件。由于本研究采用的是争论性论证,争论性论证要求学生能够不断地反驳对方观点,而反驳有时候被认为是一种"不礼貌"的行为,学生可能会因此不好意思直接反驳他人,尤其是熟人或者关系比较好的人。线上匿名的方式则打消了学生的这个顾虑,因为双方可以在不知道对方的情况下"肆意"驳斥。

在展示反馈阶段,学生基于留痕内容进行展示能够提升他们的逻辑组织能力以及论证的科学性,因为学生在展示过程中需要对论证内容重新组织加工,用简短的方式将关键信息以非常具有逻辑化的形式展示出来,让听众能够理解论证的思路和主要内容,这对学生的思维组织能力而言也是一次锻炼。此外，师生可以基于对留痕论证内容的思考从多个角度发表自己对论证的看法，这就弥补了传统面对面论证评价中关注数量（发言次数）而来不及注重质（发言内容）的不足，促使论证评价的质和量兼顾。

在教学效果评价阶段，通过内容分析法评价学生留痕的内容能够提升效果评价的客观性和精确性。批判性思维技能、论证技能、专业知识水平以及学生对论证式教学的态度能够比较全面地反映论证式教学给学生带来的影响，这些影响既涉及了学生的知识层面，也涉及了他们的技能层面。

二 建议

基于三个研究的设计与实践以及最终的研究结论，本论文分别从三种不同形式论证式教学的特点出发，基于论证式教学的六个步骤提出混合学习环境下高校课堂论证式教学的设计与实施要点（见表7.1）。总结而言，这些建议既有依据三个研究的共性提出的，也有依据每个研究自身的特征提出的。

表7.1　　混合学习环境下高校课堂论证式教学的建议表

教学阶段	情景一：教师指定论题和正反方的线上线下同步论证式教学	情景二：小组自选论题和正反方的线上可视化论证式教学	情景三：个人自选论题和正反方的线上可视化论证式教学
教师讲授	1 教师将上次论证中的典型例子作为案例进行分析 2 教师鼓励学生在课堂中开展论证形式的互动		
论题创设	通过将提论题纳入课程考核内容等方式提高学生提论题的积极性	教师在学生提论题过程中不断指导，提高论题与课程内容的关联性	论题的数量要适中
论题和站方选择	教师指导增加小组对所分配论题和站方的认同感	教师通过提供资料等鼓励组员积极参与论题和站方选择的讨论中	及时提醒学生每方的人数
论证准备	1 将准备的内容作为课程评价内容，提高学生的参与性 2 学生之间互相监督，提高参与的质量		

续表

论证建构	通过评价方式调整等促使线上线下论证者地位平等，都是论证中的主角	1 课后异步论证的方式给予学生充分的思考时间，但是要增加学生对课后异步论证的重视感 2 在线可视化论证增加了论证结构的清晰性，但是论证图只是工具，还要从学生知识或论证本身入手提升论证质量	
	1 学生批判性思维技能等的提升需要通过刻意练习、在对论证不断地修改打磨中实现 2 通过举办活动让学生彼此熟悉、在平台上增加消息及时提醒功能等提高学生线上论证的信任感和冲突氛围感		
展示反馈	教师给作为打分者的学生提供指导	教师通过奖励等方式鼓励学生积极给别人反馈	让学生提前了解彼此的论证内容
效果评价	1 关注学生的情感态度等 2 利用技术智能分析内容		

（一）教师讲授

教师的讲授虽然能够给学生提供知识和论证技能的支撑，但学生在学习这些知识或技能的过程中也会存在缺乏积极性等问题，为了让学生高效地学习教师讲授的知识，每次论证结束后，教师可以依据每组论证的特点挑选一组的论证成果作为下次课中分析的案例。由于这些案例来自学生，对案例的分析能够在某种程度上引发学生产生共鸣，让他们意识到自己在论证过程中存在的不足，从案例分析中学到更多的知识和技能，并最终为下次更好地开展论证奠定基础。

此外，教师也可以在课堂上采取措施鼓励学生间开展论证式的互动，让学生有更多体验论证的机会。如教师通过提问的方式让学生之间对问题进行论证，所有学生都可以针对问题发表想法，当某个学生发表完想法之后，对其互动（支持或反驳）的学生具有优先发言权，这就在课堂中营造了论证的氛围，促使学生在彼此的支持或反驳中寻找问题答案。

（二）论题创设

对于论题创设而言，鉴于不同形式的论证式教学中论题的提出具有不同的特点，其实践过程也需要不同的建议。对于情景一（教师指定论题和正反方的线上线下同步论证式教学）而言，虽然学生也能够提出论题，但论题最终是由教师确定，这会导致学生缺乏参与提出论题的积极性，因为他们知道自己提出的论题被选上的概率比较小，或者他们比较依赖教师提出的论题。因此，教师可以利用奖励或评价的方式促使学生积极提出论提，如学生每提一个论题算作适量的平时分，或让教师在最后提出论题，减少学生对其论题的依赖性。

对于情景二（小组自选论题和正反方的线上可视化论证式教学）而言，学生先提出论题然后以小组的方式选择论题，学生对论题有完全的掌控权。然而在实际的论证式教学中，学生由于自身经验和知识储备有限，导致他们有时候提出的论题与教师课堂所讲的内容偏离。为了解决该难题，教师可以在学生提出论题的过程中不断给予指导，这样当学生提出的论题出现偏差时，教师就能够及时阻止，并引导学生朝着与课程内容相关的方向思考论题。提高论题与所学内容的关联性不仅能够让学生在论证中有话可说，同时也能够让他们在论证过程中深化对于知识的理解。

对于情景三（个人自选论题和正反方的线上可视化论证式教学）而言，学生可以自己选择多个论题并进行论证，虽然学生自选多个论题能够让他们充分发挥自主性以及拥有更多的机会参与论证，给他们更多发表看法的机会，但过多的论题数量也会导致学生难以针对某个主题深入探究，开展的仅仅是蜻蜓点水的表面论证。因此，论证中也要对论题数量进行限制，在确保论题多样化的前提下提升学生的论证质量。

（三）论题和站方选择

对于论题和站方选择而言，鉴于不同形式的论证式教学中具有不同的特点，其实践过程也需要不同的建议。对于情景一（教师指定论题和正反方的线上线下同步论证式教学）而言，由于教师给学生指定论题和站方，学生没有选择站方的自主性，他们有时会对老师分配的论题和站方产生异议，进而给其后续参与论证的质量带来消极影响。因此，教师要能够及时给不同站方的学生提供指导，让学生接受并发现论题以及自己站方的价值和意义，进而寻找资料证据等维护自己的站方。

对于情景二（小组自选论题和正反方的线上可视化论证式教学）而言，由于论题和站方是小组成员共同协商的结果，这就要求小组成员都能够积极参与到论题和站方选择的讨论过程中，但是有些学生由于知识储备、个人特点等原因，导致其参与讨论的积极性不高。教师为小组成员提供充足的参考资料等是提高组员参与小组讨论积极性的有效措施之一。

对于情景三（个人自选论题和正反方的线上可视化论证式教学）而言，个人选择论题和正反方能够提高学生对于论题的兴趣感、确保异站方异观点以及同站方同观点，进而有效激发双方之间的观点冲突，并提高论证质量。但个人自选正反方也会带来双方人数失衡的问题，即一方选择的人数过多，而另一方没人选，这就导致学生之间难以开展反驳。因此，在平台上设置正反方人数实时自动提醒功能对学生高效开展论证具有重要意义。学生可以在发言前先在平台上选择站方信息，或者平台依据学生论证中的关键词自动识别其站方信息。

（四）论证准备

线上协同平台为所有学生参与论证以及协同准备论证内容提供了条件，所有学生都可以随时将论证材料等共享，进而提高论证的准备效率。但学生在协同准备过程中也面临一些问题，如参与的积极性不足，由于学生自愿参与论证的准备过程，其意识上的"松懈感"和"轻视感"是造成该问题的主要原因之一，因此，可以将学生的准备内容也作为课程评价的内容，促使学生积极参与论证的准备以及提供高质量的论证内容。

此外，学生在线上协同准备的过程也面临彼此之间无互动的难题，他们通常表现为各自准备自己的内容，彼此之间的"协同性"不高，鉴于学生在交流讨论中能够彼此学习以及加深对于知识的理解，因此，提高学生在论证准备过程中的互动性很有必要。可以通过在学生间设置监督的方式提高互动性和协作性，对于缺乏互动的学生及时提醒，对于积极互动的学生提供奖励，逐步帮助学生养成互动和协作的习惯。

（五）论证建构

鉴于不同形式的论证式教学中建构论证具有不同的特点，其实践过程也需要不同的建议。对于情景一（教师指定论题和正反方的线上线下同步论证式教学）而言，一部分学生在讲台上面对面口头论证，其余的学生在线上通过发帖的方式同步参与论证。线下论证者是大家关注的焦点，他们参与论证的积极性比较高，相比之下，线上论证者则容易被大家忽略，这就导致线上论证者自身容易产生松懈的心理。因此，确保线上和线下论证者在论证中具有同样重要的地位很有必要。后续可以通过投屏等方式将线上论证者发帖内容也实时在讲台上展示，让全班同学都能够明显且实时地看到线上论证者的想法，也可以将线上论证者的发帖内容作为课程评价的依据，促使线上论证者积极参与到论证中。

对于情景二和情景三（小组自选论题和正反方的线上可视化论证式教学、个人自选论题和正反方的线上可视化论证式教学）而言，以下分别从学生的参与时间和参与方式两个角度具体说明针对论证建构的建议。在学生的参与时间方面，虽然课后异步的方式给予学生充足的思考时间，为他们深入思考论证内容提供了条件。但相比于课堂时间，课后的时间更容易让学生产生松懈感，因为学生会认为这不是课堂活动的内容，且缺乏老师及时的监督。因此，每次论证开始前，教师都要给学生强调论证的价值以及其对于课堂教学的重要意义，这样能够增加学生对于论证的重视感，让学生为了自身综合能力的提升自觉在课后参与论证。

在学生的参与方式方面，可视化的方式能够将学生整个论证过程和结构以清晰化的方式展示，学生能够通过可视化的方式梳理论证内容之间的逻辑关系，进而让自己的发言内容紧扣论证主题。虽然可视化在提高论证质量方面发挥重要作用，但它仅仅是信息呈现的一种方式，其扮演的是工具和脚手架的角色，如果想要真正从本源上提高学生的论证质量，还需要鼓励学生多学习和掌握专业知识以及论证技能的相关知识。

对于情景一、情景二和情景三（教师指定论题和正反方的线上线下同步论证式教学、小组自选论题和正反方的线上可视化论证式教学以及个人自选论题和正反方的线上可视化论证式教学）而言，由于三个情景中开展的都是论证，且都有涉及线上的环境，以下分别从论证的练习和线上论证的挑战两个角度说明具体的建议。

首先，对于论证的练习而言，建构论证是一个持续反复的过程，学生相关知识和技能的习得需要经历多次重复性的刻意练习，论证效果的显现也需要经历长期的实践。但目前高校开展的论证活动大多数是一次性的，即学生首先建构论证，然后教师对学生的论证进行评价，评价结束就代表当次论证活动结束，学生在下次开启对另一个新主题的论证。

为了提高论证质量，学生需要不断接受改进建议并将建议落实，一个高质量的论证需要经过多次打磨和修改，学生也能够从每次论证修改完善过程中学到更多专业和论证技能等方面的知识。

其次，线上论证的挑战主要包含学生之间容易缺乏信任感和安全感以及他们很难感受到强烈的论证氛围感。具体而言，第一，信任感和安全感是实现高质量论证的关键因素，学生能够在充满信任感和安全感的环境中自由地表达自己的想法。但由于学生在线上论证中并不能看到彼此，导致他们容易缺乏信任和安全感，这会给学生参与论证的积极性带来影响。因此，通过在线下举办活动增加学生之间的熟悉度，让学生在充分了解彼此的前提下进行线上论证是比较好的解决方式。

第二，论证中双方由于观点冲突带来的强烈论证氛围感能够促使学生积极参与论证，这种氛围感多数情况下是通过学生的面部表情或手势体现的，但学生在线上环境中不能看到彼此的面部表情或手势，他们很难感受到双方由于观点冲突带来的论证氛围感。鼓励学生在发言的时候体现自身的情绪特征有助于增加论证的氛围感。如学生可以通过字体的不同颜色或大小表示心情，也可以通过一些表情（类似微信中的表情）来展示自己的心情。

第三，学生在线上论证的时候很难及时收到和回复对方的消息，这样也会削弱论证的氛围感，因为当学生的想法被搁置一段时间后，他们对其兴奋感和新鲜感也会减弱。如果线上环境中配有消息及时提醒系统，每个学生的发言都能够及时提醒到对方，让对方及时地进行反馈对增加论证氛围感也很有价值。

（六）展示反馈

鉴于不同形式的论证式教学中展示反馈具有不同的特点，其实践过程也需要不同的建议。对于情景一（教师指定论题和正反方的线上线下同步论证式教学）而言，学生作为评分者给线下论证者打分，鉴于学生缺乏打分经验等限制，他们会出现重视论证的氛围感而忽视论证内容质量的问题，导致论证无法被客观科学地评价。为了解决该问题，教师可以先给学生讲解论证评价的方法以及注意事项等，然后通过案例说明评价的具体过程，并给学生提供案例让学生练习评价，以此提高学生评价论证的准确性和客观性。

对于情景二（小组自选论题和正反方的线上可视化论证式教学）而言，学生以自愿的方式评价其他学生的论证，鉴于学生自身知识储备等限制，他们会缺乏参与评价的积极性，导致整个评价过程中只有教师发表意见。为了解决该问题，采取措施鼓励学生积极参与到论证评价中很有必要，如学生参与评价即可获得对应的奖励等，这样他们既可以通过参与评价获奖，还可以在参与评价中加深对于知识的理解。

对于情景三（个人自选论题和正反方的线上可视化论证式教学）而言，学生的评价是作为课程考核内容的，因此学生参与评价的积极性比较高，但学生由于对其他人展示的内容不熟悉，他们也面临难以发言进行评价的问题。为了解决该问题，在展示论证之前，教师可以让学生之间彼此熟悉论证内容，只有在对论证内容充分熟悉的基础上，学生才可以更好地发表自己对论证内容的看法。

（七）教学效果评价

评价内容和评价方式是评价的重要组成部分，论证式教学中的评价内容和评价方式也会直接影响其评价效果。一方面，从评价内容来看，无论是学生的批判性思维技能、论证技能还是专业知识水平，这些都属于知识或技能方面，而对于学生的个人情感态度等关注度不足，即使学生在表达对论证的态度时也能够表达个人情感，但感受的关注点在于论证式教学本身的设计，对学生的情感方面并没有单独关注，鉴于个人的情感态度能够影响他们参与论证的效率，这些内容在后续也可以成为论证式教学效果评价的内容。

另一方面，从评价方法来看，三个研究均采用人工编码的方式，基于相关框架对学生的论证内容、反思内容以及半结构化访谈内容进行分析，以评价学生的批判性思维技能、论证技能、专业知识水平以及学生对论证式教学的感受。虽然人工编码的方式精准度比较高，但其也比较耗费人力，尤其对于大量的内容而言，依靠人工编码的方式将会花费人们很长时间。技术的发展为提高内容分析的效率提供了新思路，后续可以开发智能的内容分析系统，将相关框架中的关键词等输入智能系统中，系统基于学生产生的内容开展自动分析。

第三节 创新点

一 理论创新

本书探究了混合学习环境下高校课堂论证式教学的步骤、内容以及学生的学习方式,并基于学生的论证内容等对其效果进行评价,打破了原有相关研究的局限性。在以往论证式教学的相关研究中,研究视角多聚焦在论证式教学的某个步骤中应用技术提高其教学效率,对论证式教学整个过程的关注度不足,对学生在过程中的学习方式关注度也不足。此外,对论证式教学效果的评价多使用问卷调查等方式,学生在填写问卷的过程中具有一定的主观性,基于对论证内容等分析的客观性评价还比较缺乏。故本研究突破现有论证式教学研究的局限性,借助混合学习环境的优势支持论证式教学的整个过程,然后分析了学生在整个过程中的学习方式,并通过内容分析法提高教学效果评价的客观性。

本书基于 ICAP 框架、批判性讨论模型、Toulmin 论证模型、论证式教学方式以及三节点论证学习框架构建了"混合学习环境下高校课堂论证式教学框架",从系统的视角呈现了混合学习环境下高校课堂论证式教学的步骤和内容,并分析了学生在不同教学步骤中的学习方式以及技术对学生学习的支持作用。本研究选择了可以聚焦解释如何论证(批判性讨论模型、Toulmin 论证模型)、如何组织和评价论证式教学(论证式教学方式、三节点论证学习框架)、如何分析学生学习方式(ICAP 框架)的模型和框架,在对其进行整合分析的基础上构建了以"混合学习环境"为大环境,以"批判性讨论模型和 Toulmin 论证模型"为论证指导,以"论证式教学方式"为基本流程,以"三节点论证学习框架"为具体内容,以"ICAP 框架"为理论支撑的"混合学习环境下高校课堂论证式教学框架"。该框架能较好地解决混合学习环境下高校课堂论证式教学的相关研究问题,并为研究者在高校课堂中借助混合学习环境优势开展论证式教学提供理论依据。

二 实践创新

基于"混合学习环境下高校课堂论证式教学框架",本书在高校的混合学习环境下设计并实施了三种不同形式的论证式教学研究，为高校利用混合学习环境支持论证式教学具体落地提供了实践案例与现实基础。三种不同形式的论证式教学研究分别为：教师指定论题和正反方的线上线下同步论证式教学研究、小组自选论题和正反方的线上可视化论证式教学研究以及个人自选论题和正反方的线上可视化论证式教学研究，研究也对不同形式的论证式教学中学生的批判性思维技能、论证技能、专业知识水平以及学生对不同形式论证式教学的态度进行了评价。根据实践研究的发现和反思优化教学设计和改进实践，具体每个子研究详细的实践过程以及反思经验可为其他相关研究者或实践者提供一定的示范和参考。

基于"混合学习环境下高校课堂论证式教学框架"以及最终的研究结论和实践反思，本书从混合学习环境下高校课堂论证式教学的七个步骤，即教师讲授、论题创设、论题和站方选择、论证准备、论证建构、展示反馈以及教学效果评价出发，为高校教师指出了混合学习环境下论证式教学中需要注意的具体要点，这也为高校教师在混合学习环境下开展论证式教学实践提供了指导。此外，研究也为高校教师在混合学习环境下开展论证式教学的效果评价提供了方法和内容层面的指导。本论文提出的要点建议聚焦混合学习环境下论证式教学的开展流程和效果评价，适用于任何关注课堂内外论证式教学活动的高校课程，各学科中有需要开展混合学习环境下论证式教学活动均可参考和迁移应用。

第四节　不足与展望

本书虽然对混合学习环境下高校课堂论证式教学开展了具有一定创新性的研究，但在以下几个方面还存在着较为明显的不足。

（1）研究对象的局限。本书的第三个研究中仅有17名学生选课，相比前两个研究，其被试数量明显减少，较少的研究对象可能给研究结果的解释性带来限制。此外，本书选择的三门实践课程均属于人文社科专业类课程，因此，最终得到的策略建议可能具有一定的学科局限性，还有待在更多学科中开展相关的验证性探索。

（2）评价测量工具的局限。本书中测量学生批判性思维技能（深度和行为)和论证技能的分析框架均来自前人研究者,这些框架在本书的研究场景中的适用性还有待进一步探究。

(3)过程性反馈的缺乏。本书中,虽然教师能够依据学生留痕的内容进行科学客观地反馈,但是这些反馈均属于总结性的,都是在学生展示完论证之后进行的评价,缺乏对于学生论证过程的反馈。

基于目前得到的发现和现有研究实施的不足,未来混合学习环境下高校课堂论证式教学研究还可以在以下这些方面继续推进:

(1)将本书探索得到的混合学习环境下论证式教学相关设计要点进一步应用到更广泛的群体(如不同学段)、不同课程情境以及学科类型中,以各种规律相关要素为自变量设置对照实验,通过开展验证性研究探索这些自变量对学生的影响,从科学角度增加这些规律的完整性、有效性和普适性。

(2)以本书中学生在混合学习环境下产生的留痕论证内容为成果基础,研制相关的测量或分析工具,用于描述、评价和表征学生在论证中的相关表现,以及探索基于此类测评工具开发论证智能分析系统及其教学应用的可能性。

(3)继续混合学习环境下论证式教学七个步骤和内容的优化研究,如在论题和站方选择阶段,探索论题个数处于怎样的范畴既能够给予每个人参与论证的机会,又能够提高他们论证的质量。在论证建构阶段,本书中只是将学生的论证过程以可视化形式展示出来,后续可以更多关注将学生论证的内容要点、参与论证的情感特征等以可视化的方式展示出来。在展示反馈阶段,要更加注重论证过程性的智能反馈,探索这些过程性的反馈如何促使学生不断改进和完善论证。

(4)进一步关注不同性格、不同年龄、不同性别的学生在论证中表现差异性的研究,尤其是探索线上环境应提供怎样的辅助设计可以呈现不同性格、不同年龄、不同性别学生在论证过程中的特点,以及采取怎样的方式为他们提供个性化的指导和帮助。

参考文献

中文文献

毕景刚、韩颖、董玉琦：《技术促进学生批判性思维发展教学机理的实践探究》，《中国远程教育》2020年第7期。

陈京明、赖康生：《试析图尔敏论证模型在大学英美文学课堂教学中的应用》，《广西教育学院学报》2019年第6期。

陈小红、余越、赵文、王雨函：《浅析大学生批判性思维测试量表的修订及应用》，《工业和信息化教育》2016年第6期。

杜爱慧：《论证式教学：一种有效的探究教学模式》，《教育导刊》2011年第9期。

范爱默伦·弗朗斯、熊明辉：《伦语用论辩学：一种论证理论》，《湖北大学学报》（哲学社会科学版）2017年第5期。

方旭燕：《英语辩论教学对提高英语专业学生思辨能力的一项实证研究》，《海外英语》2019年第8期。

方正泉：《主体性教育理论视角下的高校社会实践教育》，《江苏高教》2014年第2期。

风笑天：《社会性研究方法》，中国人民大学出版社2009年版。

谷羽、刘芝庆、谷木荣：《以辩论游戏提升大学生批判性思维能力——以新闻传播学课堂实践为例》，《高教发展与评估》2021年第2期。

国务院：《中国教育现代化2035》（2019），http://www.moe.gov.cn/jyb_xwfb/s6052/moe_838/201902/t20190223_370857.html。

韩葵葵、林长春、胡卫平：《合作论证科学实践活动对中学生合作解决问题能力的影响》，《现代中小学教育》2021年第1期。

何嘉媛、刘恩山：《论证式教学策略的发展及其在理科教学中的作用》，《生物学通报》2012年第5期。

黄崴：《主体性教育理论：时代的教育哲学》，《教育研究》2002年第4期。

黄维钢：《"合作论证式"教学在高中生物学教学中的实践应用》，《中学生物教学》2021年第15期。

教育部：《教育部关于一流本科课程建设的实施意见》（2019），http：//www.moe.gov.cn/srcsite/A08/s7056/201910/t20191031_406269.html。

教育部：《教育信息化十年发展规划（2011—2020年）》（2012），http：//www.moe.gov.cn/srcsite/A16/s3342/201203/t20120313_133322.html。

教育部：《教育部关于加快建设高水平本科教育全面提高人才培养能力的意见》（2018），http：//www.moe.gov.cn/srcsite/A08/s7056/201810/t20181017_351887.html.2018。

况姗芸、蔡佳、肖卫红、陈文红、卢昀：《知识建构的有效途径：基于知识可视化的辩论》，《中国电化教育》2014年第10期。

冷静、郭日发、侯嫣茹、顾小清：《促进大学生批判性思维的在线活动设计研究及可视化分析》，《电化教育研究》2018年第10期。

冷静、黄旦：《基于LSA的大学生批判性思维在线话语分析》，《中国电化教育》2019年第4期。

李海峰、王炜：《经验认知冲突探究法——一种翻转课堂模式下的深度协作知识建构学习策略探索》，《电化教育研究》2020年第1期。

李克东：《教育技术学研究方法》，北京师范大学出版社2002年版。

翎斐、胡瑞萍：《论证与科学教育的理论和实务》，《科学教育月刊》2006年第8期。

刘儒德：《论批判性思维的意义和内涵》，《高等师范教育研究》2000年第12期。

刘星、杨斌：《辩论与讲座对非全日制研究生情绪影响的研究》，《研究生教育研究》2022年第1期。

刘知新：《化学教育测量和评价》，广西教育出版社1996年版。

卢丹：《批判性思维导向的混合学习环境设计与应用研究——以大学实用

英语写作课为例》，博士学位论文，东北师范大学，2018 年。

卢忠耀、陈建文：《大学生批判性思维倾向与学习投入：成就目标定向、学业自我效能的中介作用》，《高等教育研究》2017 年第 38 期。

罗秀玲、黄甫全：《应用信息技术促进科学论证教学》，《电化教育研究》2014 年第 35 期。

马娟：《合作论证教学模式在高中生物课堂中的实践研究》，硕士学位论文，延安大学，2020 年。

蒙彩燕、陈怡颖、李翠、万妍君：《图尔敏论证模式的发展历程与实践运用》，《科学咨询》2021 年第 19 期。

欧阳护华、金茹花：《首届中荷语用论辩学学术研讨会综述——语用论辩学研究的历史、现状和趋势》，《逻辑学研究》2016 年第 3 期。

潘瑶珍：《科学教育中的论证教学》，《全球教育展望》2011 年第 3 期。

彭美慈、汪国成、陈基乐、陈满辉、白洪海、李守国、李继平、蔡芸芳、王君俏、殷磊：《批判性思维能力测量表的信效度测试研究》，《中华护理杂志》2004 年第 9 期。

彭正梅、伍绍杨、付晓洁、邓莉：《如何提升课堂的思维品质：迈向论证式教学》，《开放教育研究》2020 年第 4 期。

皮亚杰·王宪钿译：《发生认识论原理》，商务印书馆 2014 年版。

乔纳森·戴维、盛群力、向佐军：《首要学习原理》，《当代教育与文化》2015 年第 7 期。

任艳红、李广洲：《图尔敏论证模型在科学教育中的研究进展》，《外国中小学教育》2012 年第 9 期。

沈晓敏：《提升课堂辩论深度的教学策略——以社会学科课堂教学为例》，《课程·教材·教法》2013 年第 1 期。

盛群力、丁旭：《"ICAP 学习方式分类学"的循证研究》，《武汉科技大学学报》（社会科学版）2018 年第 2 期。

盛群力、丁旭、滕梅芳：《参与就是能力——"ICAP 学习方式分类学"研究述要与价值分析》，《开放教育研究》2017 年第 2 期。

田成良：《引发认知冲突，发展科学思维》，《物理教师》2018 年第 5 期。

王国华、聂胜欣、袁梦霞、俞树煜：《使用问题解决法促进批判性思维发展的研究——基于交互文本的分析》，《电化教育研究》2016 年第

5 期。

王鉴、王明娣：《大学课堂教学改革问题：生活世界理论的视角》，《高等教育研究》2013 年第 11 期。

王志军、冯小燕：《基于学习投入视角的移动学习资源画面设计研究》，《电化教育研究》2019 年第 6 期。

文秋芳、王建卿、赵彩然、刘艳萍、王海妹：《构建我国外语类大学生思辨能力量具的理论框架》，《外语界》2009 年第 1 期。

吴航：《我国主体性教育理论研究的现状及反思》，《华中师范大学学报》（人文社会科学版）2000 年第 6 期。

武宏志：《论批判性思维的核心元素：论证技能》，《延安大学学报》（社会科学版）2016 年第 1 期。

吴南中：《混合学习视域下的教学设计框架重构——兼论教育大数据对教学设计的支持作用》，《中国电化教育》2016 年第 5 期。

吴其蔓、关钡琪、胡位荣：《基于 TAP 模型的"光合作用的探究历程"教学设计》，《中学课程资源》2021 年第 3 期。

吴亚婕、赵宏、陈丽：《网络环境下大学生批判性思维培养教学模式的实践》，《现代远程教育研究》2015 年第 2 期。

肖睿、刘千慧、尚俊杰、黄文彬：《在线教学平台学习者参与方式研究》，《中国远程教育》2021 年第 7 期。

徐勇：《课堂辩论在线上线下混合式教学中的应用探索——以互联网金融课程为例》，《软件导刊》2022 年第 1 期。

杨楷芳、范佳丽、马苗：《线上辩论式教学法 + 课程思政的教学模式研究》，《计算机教育》2021 年第 5 期。

杨善华、孙飞宇：《作为意义探究的深度访谈》，《社会学研究》2005 年第 5 期。

叶映华、尹艳梅：《大学生批判性思维的认知特点及培养策略探析——基于小组合作探究的实证研究》，《教育发展研究》2019 年第 39 期。

于璐：《基于论证式教学的高中物理教学设计研究》，硕士学位论文，曲阜师范大学，2021 年。

袁维新：《认知建构论》，中国矿业大学出版社 2002 年版。

张长海：《基于批判性思维和创造力的我国大学生信息素养教育模式研

究》,《中国图书馆学报》2016 年第 42 期。

张铭凯:《高校教学高质量发展的核心意蕴、价值追求与实践路向》,《中国电化教育》2022 年第 3 期。

张铭凯、廖婧茜、靳玉乐:《技术与教学相遇:历程检视与进路选择》,《教育发展研究》2016 年第 12 期。

郑淑贞、盛群力:《社会互赖理论对合作学习设计的启示》,《教育学报》2016 年第 6 期。

英文文献

Aeran Choi, Elsun Seung, DaEun Kim, "Science Teachers' Views of Argument in Scientific Inquiry and Argument-Based Science Instruction", *Research in Science Education*, Vol. 8, 2019.

Albert J. Mills, Gabrielle Durepos, Elden Wiebe, *Encyclopedia of Case Study Research*. Thousand Oaks, CA: Sage, 2010.

Alfonso Rodriguez-Dono, Antoni Hernández-Fernández, "Fostering Sustainability and Critical Thinking through Debate-A Case Study", *Sustainability*, Vol. 13, No. 11, 2021.

Allan Paivio, *Imagery and verbal processes*. Hillsdale: Erlbaum, 1971.

Amanda Crowell, Deanna Kuhn, "Developing Dialogic Argumentation Skills: A Three-year Intervention Study", *Journal of Cognition and Development*, Vol. 15, No. 2, 2014.

Anat Zohar, Flora Nemet, "Fostering Students' Knowledge and Argumentation Skills Through Dilemmas in Human Genetics", *Journal of Research in Science Teaching*, Vol. 39, No. 1, 2002.

Angela Petit, "Already Experts: Showing Students How Much They Know About Writing and Reading Arguments", *Journal of Adolescent & Adult Literacy*, Vol. 45, No. 8, 2002.

Anton E. Lawson, "Sound and Faulty Arguments Generated by Preservice Biology Teachers When Testing Hypotheses Involving Unobservable Entities", *Journal of Research in Science Teaching*, Vol. 39, No. 3, 2002.

Aroosa Zia, Umar Farooq Dar, "Critical Thinking: Perception and Disposition of Students in a Medical College of Pakistan", *Journal of the Pakistan Medical Association*, Vol. 69, No. 7, 2019.

Bagus Shandy Narmaditya, Dwi Wulandari, Siti Rosnita Sakarji, "Does Problem-based Learning Improve Critical Thinking Skill?", *Journal Cakrawala Pendidikan*, Vol. 37, No. 3, 2018.

Baruch B. Schwarz, Yair Neuman, Julia Gil, Merav Ilya, "Construction of Collective and Individual Knowledge in Argumentative Activity", *The Journal of the Learning Sciences*, Vol. 12, No. 2, 2003.

Beatriz M Reyes-Foster, Aimee DeNoyelles, "Influence of Word Clouds on Critical Thinking in Online Discussions: A Content Analysi", *Journal of Teaching and Learning with Technology*. Vol. 5, No. 1, 2016.

Berty Nsolly Ngajie, Yan Li, Dawit Tibebu Tiruneh, Mengmeng Cheng, "Investigating the Effects of a Systematic and Model-based Design of Computer-Supported Argument Visualization on Critical Thinking", *Thinking Skills and Creativity*, Vol. 38, 2020.

Brigid Barron, "Achieving Coordination in Collaborative Problem-solving Groups", *Journal of the Learning Sciences*, Vol, 9, No. 4, 2000.

Cheng-Chia (Brian) Chen, Karen Swan, "Using Innovative and Scientifically-based Debate to Build E-learning Community", *Online Learning*, Vol, 24, No. 3, 2020.

Christa S C Asterhan, Baruch B Schwarz, "Argumentation for Learning: Well-Trodden Paths and Unexplored Territories", *Educational Psychologist*, Vol. 51, No. 2, 2016.

Christa S C Asterhan, Tammy Eisenmann, "Introducing Synchronous E-discussions in Co-located Classrooms: A Study on the Experiences of 'Active' and 'Silent' Secondary School Students", *Computers in Human Behavior*, Vol. 27, 2011.

Christine Chin, Jonathan Osborne, "Supporting Argumentation Through Students' Questions: Case Studies in Science Classrooms", *Journal of the Learning Sciences*, 19 (2), 2010.

Christopher P. Dwyer, Michael J. Hogan, Ian Stewart, "The Evaluation of Argument Mapping as a Learning Tool: Comparing the Effects of Map Reading Versus Text Reading on Comprehension and Recall of Arguments", *Thinking Skills and Creativity*, Vol. 5, No. 1, 2010.

Christopher P. Dwyer, Michael J. Hogan, Ian Stewart, "An Evaluation of Argument Mapping as a Method of Enhancing Critical Thinking Performance in E-learning Environments", *Metacognition and Learning*, Vol. 7, No. 3, 2012.

Chrysi Rapanta, Douglas Walton, "The Use of Argument Maps as an Assessment Tool in Higher Education", *International Journal of Educational Research*, Vol. 79, 2016.

Chun-Yen Tsai, Brady Michael Jack, Jin-Tan Yang, Tai-Chu Huang, "Using the Cognitive Apprenticeship Web-based Argumentation System to Improve Argumentation Instruction", *Journal of Science Education and Technology*, Vol. 21, No. 4, 2012.

Chun-Yen Tsai, Chih-Neng Lin, Wen-Ling Shih, Pai-Lu Wu, "The Effect of Online Argumentation Upon Students' Pseudoscientific Beliefs", *Computers & Education*, Vol. 80, 2015.

Claudia von Aufschnaiter, Sibel Erduran, Jonathan Osborne, Shirley Simon, "Arguing to Learn and Learning to Argue: Case Studies of How Students' Argumentation Relates to Their Scientific Knowledge", *Journal of research in science teaching*, Vol. 45, No. 1, 2008.

Clotilde Pontecorvo, Hilda Girardet, "Arguing and Reasoning in Understanding Historical Topics", *Cognition and Instruction*, Vol. 11, No. 4, 1993.

Daniel H. Robinson, Kenneth A. Kiewra, "Visual Argument: Graphic Organizers are Superior to Outlines in Improving Learning from Text", *Journal of Educational Psychology*, Vol. 87, No. 3, 1995.

David Newman, Brian Webb, Clive Cochrane, "A Content Analysis Method to Measure Critical Thinking in Face-to-face and Computer Supported Group Learning", *Interpersonal Computing & Technology*, Vol. 3, No. 2, 1995.

David W. Kunsch, Karin Schnarr, Russell van Tyle, "The Use of Argument Mapping to Enhance Critical Thinking Skills in Business Education", *Journal of Education for Business, Vol. 5, 2014.

David W. Johnson, Roger T. Johnson, *Cooperative Learning and Social Interdependence Theory*. In Bandura A, et al (Eds.). Social Psychological Applications To Social Issues, Verlag: Springer. 1998.

Deanna Kuhn, *Education for Thinking*. London: Harvard University Press, 2005.

Deanna Kuhn, Wendy Goh, Kalypso Iordanou, David Shaenfield, "Arguing on the Computer: A Microgenetic Study of Developing Argument Skills in a Computer-supported Environment", *Child Development*, Vol. 79, 2008.

Deanna Kuhn, Yanan Wang, Huamei Li, "Why Argue? Developing Understanding of the Purposes and Values of Argumentive Discourse", *Discourse Processes*, Vol. 48, 2011.

Dennis Fung, Christine Howe, "Group Work and the Learning of Critical Thinking in the Hong Kong Secondary Liberal Studies Curriculum", *Cambridge Journal of Education*, Vol. 44, No. 2, 2014.

Dimitra Tsovaltzi, Thomas Puhl, Raluca Judele, Armin Weinberger, "Group Awareness Support and Argumentation Scripts for Individual Preparation of Arguments in Facebook", *Computers & Education*, Vol. 76, 2014.

Dini Wulandari, Liliasari Liliasari, Tuszie Widhiyanti, "The Effect of Argument-driven Inquiry on Chemistry Reaction-rates to Enhance Pre-service Chemistry Teachers Critical Thinking Skills", *Journal of Physics: Conference Series*, Vol. 5, 2021.

Dundes Lane, "Small Groups: Fostering Critical Thinking in Oral Presentations with Maximal Class Involvement", *Teaching Sociology*, Vol. 29, No. 2, 2001.

Duplass James, Zeidler Dana, "Critical Thinking and Logical Argument", *Social Education*, Vol. 66, No. 5, 2002.

Edwin B. Van Lacum, Miriam A. Martin J. Goedhart, "A Teaching Strategy with a Focus on Argumentation to Improve Undergraduate Students' Ability to Read Research Articles", *CBE Life Sciences Education*, Vol. 13, No. 2, 2014.

Elif Sönmez, Büşra Nur Çakan Akkaş, Esra Kabataş Memiş, "Computer-aided Argument Mapping for Improving Critical Thinking: Think Better! Discuss Better! Write Better!", *International Journal of Contemporary Educational Research*, Vol, 7, No. 2, 2020.

Elif Sönmez, Esra Kabataş Memiş, Zekeriya Yerlikaya, "The Effect of Practices Based on Argumentation-based Inquiry Approach on Teacher Candidates' Critical Thinking", *Educational Studies*, Vol. 2, 2019.

Elissa Thomann Mitchell, "Using Debate in an Online Asynchronous Social Policy Course", *Online Learning*, Vol, 23, No. 3, 2019.

Elizabeth Murphy, "An Instrument to Support Thinking Critically about Critical Thinking in Online Asynchronous Discussions", *Australasian Journal of Educational Technology*, Vol. 20, No. 3, 2004.

Emily Lai, *Critical Thinking: A Literature Review* (Research report). Pearson Research Report, 2011.

Esra Kabataş Memiş, Esma Karakuş, "An Evaluation of Academic Achievements Through the Use of Argument and Concept Maps Embedded in Argumentation Based Inquiry", *Asia Pacific Education Review*, Vol. 22, No. 3, 2021.

Frans H. van Eemeren, A. Francisca Sn Henkemans, *Argumentation: Analysis and Evaluation*, 2nd Edition. New York: Routledge, 2017.

Giyoo Hatano, Kayoko Inagaki, *Sharing Cognition Through Collective Comprehension Activity*. In L. B. Resnick, J. M. Levine & S. D. Teasley (Eds.), Perspectives on Socially Shared Cognition. Washington, DC: American Psychological Association, 1991.

Howard W. Combs, S. Graham Bourne, "The Renaissance of the Educational Debate: The Results of a Ive-year Study on the Use of Debate in Business Education", *Journal of Excellence Teach*, Vol. 5, No. 1, 2004.

Ioanna Vekiri, "What is the Value of Graphical Displays in Learning?" *Educational Psychology Review*, Vol. 14, No. 3, 2002.

Jen-Her Wu, Robert D. Tennyson, Tzyh-Lih Hsia, "A Study of Student Satisfaction in a Blended E-learning System Environment", *Computers & Education, Vol. 55, No. 1, 2010.

Jens Breivik, "Argumentative Patterns in Students' Online Discussions in an Introductory Philosophy Course", *Nordic Journal of Digital Literacy*, Vol. 15, No. 1, 2020.

Jennifer C. Richardson, Philip Ice, "Investigating Students' Level of Critical Thinking Across Instructional Strategies in Online Discussions", *Internet and Higher Education*, Vol. 12, No. 2, 2010.

John Sweller, *Cognitive Load Theory: Recent Theoretical Advances*. In J. L. Plass, R. *Moreno* & R. Brünken (Eds.), Cognitive Load Theory. New York: Cambridge University Press, 2010.

Jonathan Osborne, Sibel Erduran, Shirley Simon, "Enhancing the Quality of Argumentation in School Science", *Journal of Research in Science Teaching*, Vol, 41, No. 10, 2004.

Julie Wargo Aikins, Karen L. Bierman, Jeffrey G. Parker, "Navigating the Transition to Junior High School: The Influence of Pre-transition Friendship and Self-system Characteristics", *Social Development*, Vol. 14, No. 1, 2005.

Kabataş Memiş, E. & Çakan Akkaş, "Developing Critical Thinking Skills in the Thinking-Discussion-Writing Cycle: The Argumentation- based Inquiry Approach", *Asia Pacific Education Review*, Vol, 21, No. 3, 2020.

Kate Anders Ericsson, Neil Charness, "Expert Performance", *American Psychologist*, Vol. 49, 1994.

Kati Vapalahti, Miika Marttunen, "Collaborative Argumentation Through Roleplay by Students on a Degree Programme in Social Services", *Social Work Education*, Vol. 39, No. 4, 2020.

Kim Lützén, "Nursing Ethics Into the Next Millennium: A Context-sensitive Approach for Nursing Ethics", *Nurse Ethics*, Vol. 4, No. 3, 1997.

Kristi Kaeppel, "The Influence of Collaborative Argument Mapping on College Students' Critical Thinking about Contentious Arguments", *Thinking Skills and Creativity*, Vol. 40, 2021.

Kuang-Hung Chiang, Cheng-Yu Fan, Hsiao-Hung Liu, Gwo-Dong Chen,

"Effects of a Computer-assisted Argument Map Learning Strategy on Sixth-grade Students' Argumentative Essay Reading Comprehension", *Multimedia Tools and Applications*, Vol, 75, No. 16, 2016.

Kuan-Hue Yeh, Hsiao-Ching She, "On-line Synchronous Scientific Argumentation Learning: Nurturing Students' Argumentation Ability and Conceptual Change in Science Context", *Computers & Education*, Vol. 55, 2010.

Kyoo-Lak Cho, David H. Jonassen, "The Effects of Argumentation Scaffolds on Argumentation and Problem Solving", *Educational Technology: Research & Development*, Vol. 50, No. 3, 2002.

Laura Hemberger, Deanna Kuhn, Flora Matos, Yuchen Shi, "A Dialogic Path to Evidence-Based Argumentive Writing", *Journal of the Learning Sciences*, Vol. 26, 2017.

Leslie Rupert Herrenkohl, Marion R. Guerra Herrenkohl. Participant Structures, Scientific Discourse, and Student Engagement in Fourth Grade. *Cognition and Instruction*, Vol. 16, No. 4, 1998.

Lev Vygotsky, *Mind in Society: The Development of Higher Psychological Processes*. Cambridge: Harvard University Press, 1978.

Li Zhang, Richard Beach, Yue Sheng, "Understanding the Use of Online Role-play for Collaborative Argument Through Teacher Experiencing: A Case Study", *Asia-Pacific Journal of Teacher Education*, Vol. 44, No. 3, 2016.

Lijuan Wang, Carolyn MacCann, Xiaohua Zhuang, Ou Lydia Liu, Richard D. Roberts, "Assessing Teamwork and Collaboration in High School Students: A Multimethod Approach", *Canadian Journal of School Psychology*, Vol. 24, No. 2, 2009.

Malikhatul Lailiyah, Prilla Lukis Wediyantoro, "Critical Thinking in Second Language Learning: Students' Attitudes and Beliefs", *Ijole-International Journal of Language Education*, Vol. 5, No. 3, 2021.

Maralee Harrell, "No Computer Program Required: Even Pencil-and-paper Argument Mapping Improves Critical Thinking Skills", *Teaching Philosophy*, Vol. 31, 2008.

Mark Felton, Deanna Kuhn, "The Development of Argumentive Discourse

Skill", *Discourse Processes*, Vol. 32, No. 2, 2001.

Mark Felton, Merce Garcia-Mila, Sandra Gilabert, "Deliberation Versus Dispute: The Impact of Argumentative Discourse Goals on Learning and Reasoning in the Science Classroom", *Informal Logic*, Vol. 29, 2009.

Martin Davies, "Concept Mapping, Mind Mapping and Argument Mapping: What are the Differences and Do They Matter?" *Higher Education*, Vol. 62, No. 3, 2011.

Mary Gick, Keith J. Holyoak, "Schema Induction and Analogical Transfer", *Cognitive Psychology*, Vol. 15, 1983.

Mary Means, James F. Voss, "Who Reasons Well? Two Studies of Informal Reasoning Among Children of Different Grade, Ability, and Knowledge Levels", *Cognition and Instruction*, Vol. 14, No. 2, 1996.

Maryam Eftekhari, Elaheh Sotoudehn, "Effectiveness of Computer-assisted Argument Mapping for Comprehension, Recall, and Retention", *ReCALL*, Vol. 30, No. 3, 2018.

Maryam Eftekhari, Elaheh Sotoudehna, Susan Marandi, "Computer-aided Argument Mapping in an EFL Setting: Does Technology Precede Traditional Paper and Pencil Approach in Developing Critical Thinking?" *Educational Technology Research and Development*, Vol. 64, No. 2, 2016.

Michael James Baker, "Collaboration in Collaborative Learning", *Interaction Studies*, Vol. 16 No. 3, 2015.

Michael James Baker, Matthieu Quignard, Kristine Lund, Marije van Amelsvoort, *Designing a Computer-Supported Collaborative Learning Situation for Broadening and Deepening Understanding of the Space of Debate*, In Proceedings of the Fifth International Conference of the International Society for the Study of Argumentation, Amsterdam, Amsterdam: Sic Sat Publications, 2002.

Michelene T. H. Chi, Ruth Wylie, "The ICAP Framework: Linking Cognitive Engagement to Active Learning Outcomes", *Educational Psychologist*, Vol. 49, No. 4, 2014.

Ming Ming Chiu, Yu Won Oh, Ioana A Cionea, "Serving the Greater Social

Good for Personal Gain: Effects of Polite Disagreements in Online Debates" *Communication Research*, Vol. 3, 2021.

Neil Mercer, Lyn Dawes, Rupert Wegerif, Claire Sams, "Reasoning as a Scientist: Ways of Helping Children to Use Language to Learn Science", *British Educational Research Journal*, Vol. 30, No. 3, 2004.

Neni Hasnunidah, Herawati Susilo, Mimien Henie Irawati, Hedi Sutomo, "Argument-Driven Inquiry with Scaffolding as the Development Strategies of Argumentation and Critical Thinking Skills of Students in Lampung, Indonesia", *American Journal of Educational Research*, Vol, 3, No. 9, 2015.

Nonik Indrawatiningsih, Purwanto Purwanto, Abdur Rahman Asari, Cholis Sa'dijah, "Argument Mapping to Improve Student's Mathematical Argumentation Skills", *TEM Journal*, Vol. 9, No. 3, 2020.

Omid Noroozi, Armin Weinberger, Harm J. A. Biemans, Martin Mulder, Mohammad Chizari, "Argumentation-Based Computer Supported Collaborative Learning (ABCSCL): A Synthesis of 15 Years of Research", *Educational Research Review*, Vol. 7, No. 2, 2012.

Osguthorpe Russell T, Graham Charles R, "Blended Learning Environments: Definitions and Directions", *Quarterly Review of Distance Education*, Vol. 4, No. 3, 2003.

Paula San Millan Maurino, "Looking for Critical Thinking in Online Threaded Discussions", *Journal of Educational Technology Systems*, Vol. 35, No. 3, 2006.

Penny Pennington Weeks, "Examining Online Debate and Discussion", *Academic Exchange Quarterly*, Vol, 17, No. 1, 2013.

Peter Facione, *Critical Thinking: What It Is and Why It Counts*. California Academies Press, 1998.

Peter Facione, *The California Critical Thinking Skills Test: CCTST*. San Jose, CA: California Academic Press, 2002.

Philip Bell, Marcia C. Linn, "Scientific Arguments as Learning Artifacts: Designing for Learning from the Web with KIE", *International Journal of Science Education*, Vol. 22, No. 8, 2000.

Pilar Jiménez-Aleixandre, Anxela Bugallo Rodríguez, Richard A Duschl. "Doing the Lesson or Doing Science: Argument in High School Genetics", *Science Education*, Vol. 84, No. 6, 2000.

Rabia Latif, Sadaf Mumtaz, Rafia Mumtaz, Aamir Hussain, "A Comparison of Debate and Role Play in Enhancing Critical Thinking and Communication Skills of Medical Students During Problem Based Learning", *Biochemistry and Molecular Biology Education*, Vol. 46, No. 4, 2018.

Randi A. Engle, Faith R. Conant, "Guiding Principles for Fostering Productive Disciplinary Engagement: Explaining an Emergent Argument in a Community of Learners Classroom", *Cognition and Instruction*, Vol. 20, 2002.

Resnick, Lauren B. Salmon, Merrilee Zeitz, Colleen M. Wathen, Sheila Haley Holowchak, Mark, "Reasoning in Conversation", *Cognition and Instruction*, Vol. 11, No. 4, 1993.

Richard Arum and Josipa Roksa, *Academically Adrift: Limited Learning on College Campuses*, Chicago: University of Chicago Press, 2011.

Robert H. Ennis, "Critical Thinking: A Streamlined Conception", Teaching Philosophy, Vol. 14, 1991.

Saad A. Khan, Hanan Omar, Muneer Gohar Babar, Chooi G Toh, "Utilization of as an Educational Tool to Learn Health Economics for Dental Students in Malaysia", *Journal of Dental Education*, Vol. 76, No. 12, 2012.

Sanford Gold, "A Constructivist Approach to Online Training for Online Teachers", *Journal of Asynchronous Learning Networks*, Vol. 5, No. 1, 2001.

Sarit Barzilai, Anat Zohar, "Reconsidering Personal Epistemology as Metacognition: A Multi-faceted Approach to the Analysis of Epistemic Thinking", *Educational Psychologist*, Vol. 49, No. 1, 2014.

Seana Hogan, Julie Dunne, "Evaluating the Effectiveness of a Focused Debate on the Development of Ethical Reasoning Skills in Pharmacy Technician Students", *American Journal of Pharmaceutical Education*, Vol. 82, No. 6, 2018.

Shaké Ketefian, "Moral Eeasoning and Moral Behavior Among Selected Groups of Practicing Nurses", *Nursing Research*. Vol. 30, No. 3, 1981.

Sibel Erduran, Shirley Simon, Jonath Osborne, "Tapping into Argumentation: Developments in the Application of Toulmin's Argument Pattern for Studying Science Discourse", *Science Education*, Vol. 88, 2004.

Stephen Edelston Toulmin, *The Use of Argument*. London: Cambridge University Press, 1958.

Stephen Edelston Toulmin, *The Uses of Arguments (Updated Edition)*. Cambridge, UK: Cambridge University Press, 2003.

Tim van Gelder, Melanie Bissett, Cumming Geoff, "Enhancing Expertise in Informal Reasoning", *Canadian Journal of Experimental Psychology*, Vol. 58, 2004.

Tim van Gelder, Melanie Bissett, Cumming Gill, "Enhancing Expertise in Informal Reasoning", *Canadian Journal of Experimental Psychology*, Vol. 58, 2004.

Timo Salminen, Miika Marttunen, "Defending Either a Personal or an Assigned Standpoint: Role Play in Supporting Secondary School Students' Argumentation Face to Face and Through Chat", *Journal of Argumentation in Context*, Vol. 7, No. 1, 2018.

Theresa L. Charrois, Michelle Appleton, "Online s to Enhance Critical Thinking in Pharmacotherapy", *American Journal of Pharmaceutical Education*, Vol, 77, No. 8, 2013.

Thormann, Samuel Gable, Patricia Seferlis Fidalgo, George Blakeslee, "Interaction, Critical Thinking, and Social Network Analysis (SNA) in Online Courses", *The International Review of Research in Open and Distributed Learning*, Vol. 14, No. 3, 2013.

Tony Anderson, Christine Howe, Rebecca Soden, John Halliday, Jennifer Low, "Peer Interaction and the Learning of Critical Thinking Skills in Further Education Students", *Instructional Science*, Vol. 29, No. 1, 2001.

UNESCO. "Soft Power for the 21st Century" (November 1, 2016), http://www.unesco.org/new/en/media-services/single-view/news/soft_power_for_the_21st_century/.

Vetti Giri, M. U. Paily, "Effect of Scientific Argumentation on the Development of Critical Thinking", *Science & Education*, Vol. 29, No. 3, 2020.

Victor Sampson, Douglas B. Clark, "Assessment of the Ways Students Generate Arguments in Science Education: Current Perspectives and Recommendations for Future Directions", *Science Education*, Vol, 92, No. 3, 2008.

Victor Sampson, Jonathon Grooms, Joi Phelps Walker, "Argument-Driven Inquiry as a Way to Help Students Learn How to Participate in Scientific Argumentation and Craft Written Arguments: An Exploratory Study", *Science Education*, Vol. 95, 2011.

Watson-Glaser, "Watson-Glaser Critical Thinking Appraisal forms Manual", https://www.pearson.com/content/dam/one-dot-com/one-dot-com/global/Files/efficacy-and-research/reports/Watson-Glaser_One_Page_Summary.pdf.

Weillie Lee, Chi-Hua Chiang, I-Chen Liao, Mei-Li Lee, Shiah-Lian Chen, Tienli Liang, "The *longitudinal* Effect of Concept Map Teaching on Critical Thinking of Nursing Students", *Nurse Education Today*, Vol. 33, 2013.

Willem Doise, Gabriel Mugny, Anne-Nelly Perret-Clermont, "Social Interaction and the Development of Logical Operations", *European Journal of Social Psychology*, Vol. 6, 1975.

Wol-Ju Kim, Jin-Hee Park, "The Effects of Debate-based Ethics Education on the Moral Sensitivity and Judgment of Nursing Students: A Quasi-experimental Study", *Nurse Education Today*, 2019.

Ya-Ching Fan, Tzu-Hua Wang, Kuo-Hua Wang, "Studying the Effectiveness of an Online Argumentation Model for Improving Undergraduate Students' Argumentation Ability", *Journal of Computer Assisted Learning*, Vol. 36, No. 4, 2020.

Zhernovnykova, Oksana Nalyvaiko, Oleksij Chornous, "Intellectual *Competence*: Essence, Components, Levels of Formation", *Science Education*, Vol. 58, 2017.

后　　记

伴随着东教学楼中辩论声的结束，我知道毕业的脚步越来越近了，当真正感触即将告别时却又很多不舍，感谢这四年里帮助我的老师和同学，"浙"里的爱和感动都将成为我记忆里最灿烂的"求实蓝"。

首先，感谢我最爱的导师李艳老师，何其幸运能够遇到这样一位温柔、有爱且"严格"的老师。对我而言，读博一开始是个很大的挑战，前期的探索过程比较艰难，而李老师的出现就像是一束光，让在黑夜中的我看到了希望。李老师是位宽容的老师，她鼓励我基于自己的兴趣去探索，在探索迷茫时又给予及时的指点，仍清晰地记得在论文选题时跟老师无数次商讨的情景，这应该是我记忆中最美的画面，"授我以渔"的训练让我在以后的科研道路上受益匪浅。李老师也是"严格"的，在写毕业论文的过程中，老师几乎逐句地给出修改意见，让我明白了科研的严谨性。李老师更是有爱的，耐心地对待每个学生的态度让我真正理解了"德高为范"的意义。

其次，感谢学科的欧阳璠老师、耿凤基老师、陈娟娟老师和翟雪松老师在我论文写作过程中提出的宝贵意见，促使我的论文内容和结构更加完善。感谢董艳老师对论文的指导，每次跟董老师交流都有新收获。感谢马克思主义学院的张彦老师、吴旭平老师、尤云第老师为我提供的课堂实践机会。感谢佳姐和皓月陪伴了我整个读博过程。感谢晓鑫、季銮、逸煊、淑君师姐、王琳师姐、孙丹、雨萌、周扬、王丽等的帮助，感谢同学得菲、芸芸、仇晓春的一路陪伴。

最后，感谢我的父母和姐姐，还有我的男朋友蔡晓博，是你们一直以来的默默支持让我无忧无虑地读完了博士，完成了博士论文的写作。

陈新亚